남도 여성과
살림예술

남도 여성과
살림예술

강진, 해남의 지역예술과 여성

지역의 역사와 함께 이 책에서 소개되는 지역예술가들의 구술을 보면 지역예술가의 길을 걷게 되는 동기와 과정은 개인적인 꿈의 실현, 중년을 넘어서서 자아 찾기, 생업의 필요성과 결합된 경우, 문화분권 운동과 지역 문화 · 예술의 결합 시도 등과 같이 매우 다양하다. 그러나 그 다양성의 바닥에는 한국 문화 독창성의 한 축인 남도 문화 · 남도 예술이라는 큰 맥이 흐른다. 다양한 지역예술 활동은 김수영이 '거대한 뿌리'로 표현하기도 한 이 맥의 바탕 위에서 이루어지기 때문에 문화분권운동 차원의 지역예술 활동이나 운동도 도시와는 달리 그 바탕이 튼실하다.

김정희 지음

이 책은 한국연구재단의 2010년도 일반기초연구과제지원(단독연구)(KRF-2010-327-H00018) 사업의
지원을 받아 연구되었음.

서문

"아직은 이들이 세상을 보는 눈은 넉넉했고 상상력은 무척 광대하여 우주를 생각하고 하늘과 땅 위, 땅 아래의 세계를 독창적으로 보거나 해석하고 있다는 느낌을 준다. 그리고 그들은 그러한 생각을 그림이나 문자, 조각, 건축 등을 통해 삶의 여러 곳에 드러내고 있었다. 모든 것을 직접 만들고 그리고 쓰며 새기는 일을 하면서 살아가는 이들은 만능의 예술가라는 느낌을 준다."(김수남, 2004: 291)

위의 글은 아시아의 여러 소수 민족 사회를 둘러본 사진작가 김수남의 글이다. 이 글은 살림문화로서의 예술에 대해 말하고자 하는 이 책의 주제를 압축적으로 제시해 준다. 2008년과 2009년 문화체육관광부의 '양성평등지역문화확산사업' 연구를 진행하였다. 2년 동안 연극, 영화를 제작하거나 여성문화유산 답사 코스를 개발하는 각 지역 여성단체들을 컨설팅하기 위해 전국의 10여 개 지역을 돌아다니면서 지역문화와 여성문화의 현장에 다가갈 수 있었던 절호의 기회였다. 그중 어떤 곳은 근대 발전에서 소외된, 그야말로 '깡' 농촌 지역으로, 농촌진흥청의 『살고 싶고 가 보고 싶은 농촌마을 100선』에 선정될 정도로 아름다운 곳이었다. 그 지역들의 훼손되지 않은 자연의 아름다움에 탄성을 발하면서도 동시에 거의 절대적인 절망과 좌절감도 엄습하였다. 동막골과 같은 아름다움을 지닌 곳이라 한들, '가장 젊은 부부가 50대

중반을 넘었고 더 이상 아이 울음소리가 들리지 않는다면 10년, 30년 후에는 어찌 될 것인가?' 하는 의문이 그 절망의 원인이었다.

강진과 해남도 이렇듯 탄성과 절망감을 동시에 자아내게 하는 지역들 중의 하나였다. 아이가 어릴 때, 다산초당을 스쳐 지나가면서 한 번 들렀을 때는 실체를 파악하지 못했지만, 컨설팅을 위해 몇 번을 반복해서 방문하면서 왜 '남도문화'라고 하는지 어렴풋한 그 무엇이 느껴지기 시작했다. 그것은 도시에서는 느낄 수 없었던, 어떤 탄탄한 삶의 무거움으로 내게 다가왔다; "집 주변의 대나무로 얼기설기 만든, 그러나 아주 튼튼하고 예(藝)스러운 책장, 자기가 태어난 그 집에서 90세 친정 아버님과 여전히 함께 살고 있는 60대 아주머니와 그 집이 주는 무게감, 촌 식당에 들러도 범상치 않게 걸려 있는 글귀들이나 식당 주인이 직접 그린 그림이나 글씨들, 역시 예스럽게 장식된 소품들, 정식 국악 교육을 받지 못한 아저씨의 멋드러진 해금 연주, 새벽에 3시간 동안 춤 연습을 하고 식당 문을 여는 아주머니가 사는 곳, 난생 처음 접한 연극 대본을 농사짓는 틈틈이 외워 절대적으로 짧은 연습 기간에도 불구하고 훌륭히 공연을 해낸 농촌 할머니들, 새마을운동을 용케 넘기고 지금은 문화재가 된 돌담길을 지켜온 병영 사람들, 새벽에 산으로 달려가 몇 시간 동안 1kg이 넘는 야생 녹차 잎을 따서 몇 번을 덖어서 40g으로 가벼워진 녹차를 만들어서 먹는 사람들, 거인의 전설을 담고 있는 고인돌 또는 패총이 밭에 널려 있는 수천 년의 역사를 안고 있는 마을들, 결코 가방끈이 길지 않지만 그 열정과 공부가 범상치 않은 향토학자들, 지역에 굳게 뿌리내려 생활 속의 문화예술 활동을 해 가고 있는 향토예술가들…."

이렇게 나는 강진에 빠져 들어갔는데, '남도답사 1번지'라는 말이 붙을 만큼 풍부한 문화유산을 갖고 있는 강진이지만, 문화만이라면 내가 빠져들기에는 2퍼센트 부족했을 것 같다. 강진에는 널려 있는 자연이 있었다. 만덕산 깃대봉에서 내려다본 강진만은 숨이 멎을 것같이 아름다웠다.

이런 인연을 통해 강진을 만났고 강진을 통해 거대한 뿌리 '남도'를 만났다. 당시 '함동정월'이라는, 여성 국악인의 삶을 연극으로 만드는 강진문화원 사업을 컨설팅해 주러 강진을 들락거리게 되었다. 산과 들, 만이 만나는 아름답고 자원이 풍부한 자연과 청자와 다산의 문화유적을 가진 서울 면적의 강진이 인구 4만밖에 안 된다는 것은 충격이었다. 그러나 그 가운데 생활 가까이에 있는 문화, 지역예술이 눈에 들어왔다. 할머니들로만 구성된 함동정월 연극팀이 제대로 연극을 올릴 수 있을까 싶었는데, 2년 후 선보인 할머니 연극팀의 공연은 아주 우수했다. 그녀들에게는 몸에 밴 신명이 있었다. '이 뭐꼬?'라는 화두가 오늘 이 책을 낳게 되었다.

남도를 다이아몬드 원석에 비유할 때 그 원석을 이루는 원소들은 무엇일까? 첫째는 산업화로부터 소외되어 상대적으로 덜 훼손된 자연이요, 둘째는 집의 음식 문화로 이어지는 한식의 핵심인 발효 맛 문화(간장, 된장, 액젓, 장아찌 등)요, 셋째는 삶 속에 들어와 있는 살림예술, 지역예술이다. 이 책은 이중에서 남도라는 다이아몬드 원석의 세 번째 요소인 살림예술, 지역예술을 조명하였다. 이 책을 통해 한국 문화의 독창성은 변방의 열악한 조건 속에서도 도시보다는 이곳에서 상대적으로 튼실하게 자라고 있으며 여기서 여성 지역예술가들이 중요한 역할을 하고 있음을 보여주고 싶다. 이들은 개인적인 꿈의 실현, 자아 찾기, 생업으로서의 필요성, 문화 분권 운동으로서의 지역예술 운동 등 다양한 경로를 통해 지역예술 활동을 하고 있지만, 이들의 다양성 밑에는 한국 문화 독창성의 한 축인 남도문화·남도예술이라는 큰 맥이 흐르고 있다. 이 책은 이러한 개인적 차원과 사회적 맥을 동시에 보여주고자 한다.

책을 내는 여건이 순탄한 적이 한 번도 없었고 이번도 예외는 아니었다. 한편으로는 연구교수를 내려놓으면서 갱년기가 지나 몸이 좀 좋아지면서 '(사)가배울'을 만들었다. 연구와 동떨어진 일은 아니다. 내가 보고 느낀 이 문화를 도시민과 나누면서, 문화 나눔을 도농 상생의 직거래와도 연결시키는 일을 해야겠다 싶어 만든 단체다. 이렇게 도농 교류의 매개 역할을 하다 보면 귀촌하는 인연도 만들고 귀촌 마을도 만들어지고, 주 거점 마을인 달마지 마을이 활기를 띠면 어르신들의 자제분들 중 귀촌하는 사람들도 있고, 그러면 그 마을의 손맛, 짚신공예, 강강술래가 전승될 수 있겠지, 마을이 사라지지 않겠지라는 희망을 품고 벌인 일이다.

일과 연구를 병행하는 것이 쉽지 않았다. 종일 전화하고 여행 주선을 위해 사람들을 만나고, 그러고 나면 녹초가 되었다. 직거래 회원을 모아야 한다는 마음이 굴뚝 같으니 원고에 집중하기가 어렵기도 하였다. 원고를 마치기 위한 절대 시간이 새벽뿐이 없는데 나이 들면 새벽잠이 없어진다는 데 왜 나는 이런 기미가 안 보이는지…. 잠 많은 나를 원망하면서 한 땀 한 땀 바느질하듯, 겨우겨우 원고를 끝내기는 하였다. 아직도 내가 보지 못한 너무나 많은 것들이 있음을 안다. 이 책은 관심을 갖기 시작했다는 신고식으로 받아들여졌으면 좋겠다. 이후의 성과가 나오려면 계속 주경야독할 수 있어야 하는데, 내 몸만 협조해 준다면 그렇게 하고 싶지만 쉬운 일은 아니다.

일일이 거론하기에는 너무 많은, 수십 명의 강진·해남의 지역 예술가와

주민 분들이 자기 시간을 기꺼이 내주셨고, 그분들의 시간과 구술이 이 책에 녹아 있다. 한 분 한 분 찾아뵙지 못하고 이렇게 지면을 통해서나마 깊이 감사드린다. 『불교, 여성, 살림』의 인연을 이어 이 책의 출판 과정의 수고를 기꺼이 해주신 도서출판 모시는사람들 식구들에게도 감사드린다. 구술을 읽을 수 있는 상태로 교열을 보는 작업이 쉽지 않았을 터인데, 기꺼이 이 작업을 해 주신 소경희 편집장님께 특히 감사드린다.

2013년 11월
저자

남도 여성과 살림예술

01
지역예술,
살림예술,
여성

대부분의 생태마을은 특정의 영적 관행을 강조하지 않지만, 그들만의 고유한 방식으로 지구와 모든 살아 있는 것들에 대한 존중과 지지를 문화적이고 영적으로 풍부하게 표현한다. 영적인 생명력(vitality)은 곧 문화적 생명력이다. 이 생명력은, 모든 생명 요소들이 상호 연결되고 상호 의존하는 전체 창조계와 공동체가 연결되어 있고 그 공동체 내에서 창조성 표현, 문화 활동, 의례(rituals and celebrations)가 공유되는 것으로부터 나온다. 살림문화는 생태마을의 이같은 문화적·영적 차원을 지칭한다.

1. 생태마을과 지역예술, 여성

1) 향토색이 강한 지역예술

대도시가 아닌 변방 지역에서 현재 벌어지고 있는 예술 활동을 무엇이라 불러야 할까? 내가 강진과 해남에서 본 지역예술은 장르 면에서 보자면 전통적인 것에서부터 현재적인 것까지 모두 들어와 있는 복합적인 것이었다. 마을의 작은 축제에서는 트로트 가요, 전문성과 대중성을 겸비한 한국무용, 성악, 통기타 음악, 중창, 판소리, 국악 연주, 강강술래와 같은 오랜 전통을 갖는 민속예술 등 이 모든 것들이 한데 어우러진다. 또한 전문적인 예술인과 아마추어 예술인(주민)이 격의 없이 함께 연주하고 노래한다. 이 복합적인 지역의 예술 현상을 무엇이라고 불러야 할까? 민속예술, 향토예술, 생활예술, 지역예술, 공동체 예술 등 이와 관련된 여러 개념이 논자의 학문적 경향과 강조에 따라 다양하게 쓰이고 있다. 특히 나의 관심은 지역예술 중에서도 그 역사가 좀 더 오래된 예술들에 있었다. 그래서 이를 민속예술이나 향토예술로 지칭해야 하는 것인지 오래 고민하였다. 그러나 이들 용어보다는 지역예술이라는 말을 선택하기로 하였다.

또한 이 지역예술 중 소통과 합일을 추동하는 성격이 분명한 예술을 살림예술이라고 부르고자 한다. 연구를 시작할 때는 향토예술이라는 개념을 갖고 시작했고 연구 대상도 강강술래, 도예, 천연염색, 들노래, 한국화 등과 같이 지역예술 중 향토예술이나 민속예술[1]로 볼 수 있는 것이 주를 이루었다. 이같이 내가 관찰한 사례가 역사성이 있는 예술 활동임에도 불구하고 연구를 진행하면서 이 용어를 고수해야 하는지 고민이 생겼다. 이는 '오랜 세월 동안 한 공간에서 변함없이 이루어져 오고 있는 예술'이라는 선입견을 주는 '향토예술'로는 변화해 온 지역예술의 역동성을 포착해 내기 어렵다는 것이 연구를 진행해 가면서 점점 더 분명해졌기 때문이다.

향토예술도 포함하여 문화는 애초부터 서로 간에 처음에는 낯설고 이질적인 것을 서로 교류하면서 받아들이는 과정 없이는 설명되지 않는다. '나서 태어난 곳'이라는 의미를 함축하는 향토라는 말과는 정반대로, 지금 강진이나 해남에서 향토예술을 만들어 가는 예술가는 정작 외지에서 이주해 온 귀촌인일 수 있다. 지금은 전통 문화재로 지정되어 보호받고 있는 병영의 돌담 예술은 순수한 전통이 아니라 약 4세기 전 이 마을에 정착해 7년(1656.3~1663. 3월 초)을 살았던 하멜이 전해 준 네덜란드식 기법을 수용한 산물이다. 과거에는 여성들이 배제되었던 도예나 한국화에 이제는 여성들의 진출이 눈부시기도 하다.

또한 우리가 오늘날 오랜 역사를 가졌다고 생각하는 진도, 신안 장산도, 강진의 들노래가 형성된 것은 실제로는 조선 후기 이후다. 이들 지역은 조선 후기 이래 간척에 의해 농경지가 확대되고 이와 관련해 농경문화의 전통이 새롭게 형성된 곳이다. 본래부터 농경문화가 활발하게 전승되었다기보다 새롭게 조성된 생태 환경 속에서 들노래 수요가 크게 확산되는 과정에서 인근 지역의 민요를 창조적으로 수용하게 되었고 그 결과 어느 곳보다 들노래가 발달하게 된 것이다(나승만, 이경엽, 2003: 14).

향토색 짙은 지역예술의 이 같은 변화와 역동성을 이해해 가면서 이 책에서는 연구 시작점의 키워드였던 향토예술보다는 지역예술이라는 용어를 쓰는 것이 맞겠다는 결론을 내렸다. 이렇게 변화를 내재한 개념으로 지역예술이라는 용어를 선택할 때도 지역예술의 이해 방식은 크게 둘로 구분된다.

첫째로 예술다운 예술은 애초에 지역예술이라는 입장이다. 양효실은 유럽 여러 곳을 돌아다니고 나서 "내 나라에서는 한 번도 보지 못한 해질녘 노을 색깔, 국경을 넘으면 바뀌는 숲과 마을과 전원의 풍경과 그들의 예술은 굳게 연결되어 있었다. 예술은 보편적 인간의 가치이기에 앞서 그것이 만들어진 장소와 사람들의 일상, 그곳의 누적된 역사에 대한 보고서이다."라고 했다(양효실, 2011). 예술다운 예술은 지역성(locality) 혹은 지역의 장소성(placeness)과 하나가 된 예술일 수밖에 없다는 입장으로, 이는 곧 생태주의 예술론이기도 하다. 생태마을이 지구의 지속가능성을 담보한다고 보는 생태주의자들은 지역예술이라는 말보다는 웬델 베리처럼 공동체 문화예술과 같은 용어를 쓰고 있다(2004: 139, 167~168). 생태마을의 예술은 문화적·영적 차원과 굳게 결합되어 있고 이는 문화적이고 영적인 생명력으로 이해된다.

> 대부분의 생태마을은 특정의 영적 관행을 강조하지 않지만, 그들만의 고유한 방식으로 지구와 모든 살아 있는 것들, 문화적이고 예술적인 풍부함과 표현, 영적 다양성을 존중하고 지지한다. 문화적이고 영적인 생명력(vitality)은 창조성, 표현, 문화 활동, 의례(rituals and celebrations)가 공유되고 있으며 하나의 공동체이며 상호 지지받고 있다는 느낌, 다양한 방식의 영적 표상에 대한 존중과 지지, 공동체 소속, 문화유산, 각 공동체의 독특함을 표현하는 전망의 공유와 합의, 곤경에 대한 유연하고 성공적인 대처, 지구상의 모든 생명 요소들의 상호 연결성과 상호 의존성 및 평화스럽고 사랑스러우며 지속 가능한 옴살스러운 창조계 속에 있고 그것과 연결되어 있는 공동체 위치에 대한 이해를 말한다.[2]

지역예술에 대한 두 번째 입장은 새로운 제도, 가치, 질서를 갈망하는 1968 년 사회변혁 운동 과정에서 본격적으로 등장하였고 커뮤니티 아트, 공동체 예술로도 불린다. 커뮤니티 아트는 문화 엘리트주의에 바탕을 둔 기존의 문화(established culture)에 대항하는 대안예술(alternative arts) 운동의 일환이었다. 전통적인 관점에서의 예술과 대중과의 관계인 소통의 일방성을 거부하고, 문화 민주주의의 이념을 바탕으로 다수의 대중이 예술 창작에 직접 참여하여 예술가와의 상호 교류(interaction)를 통한 쌍방형 소통을 지향한다(전병태, 2007).

이같이 지역과 주민 활동에 기반한 대안예술 운동에 대한 호칭은 나라마다 연구자나 예술가 개인에 따라 다양하다. 유럽에서는 공동체예술, 영국에서는 자발적 예술(voluntary arts), 미국에서는 참여 예술(participatory arts) 혹은 비공식 부문 예술(informal arts), 독일은 아마추어 예술(laienkungst; amateur arts) 등과 같이 다양하게 불린다(전병태, 2007). 한편 화가 김봉준은 '지역문화예술'이란 표현을, 잰 코언-크루즈(Jan Cohen-Cruz)는 지역예술·공동체예술 혹은 공동체 중심 퍼포먼스라는 용어를 쓴다(김봉준, 2010; 잰 코언-크루즈, 2009).

최근 10년간 한국의 도시들에서 전개되고 있는 공동체예술운동은 대구의 벽 허물기에서 비롯된 주민 축제와 같은 성과가 없는 것은 아니지만, 대개는 이 같은 서구 공동체예술운동의 영향을 강하게 받은 것이며 프로젝트 형태로 진행되기 때문에 주민과의 결합은 여전히 과제로 남아 있다고 보인다.

서구와 한국의 대도시는 철저하게 지역의 전 근대문화와 단절된 채, 과거의 마을들을 불도저로 밀어낸 위에서 세워졌다. 그렇기 때문에 이전의 지역 문화나 예술의 바탕 위에서 공동체예술운동이 전개되는 것이 아니라, 성폭력 문제나 소외 계층 청소년 문제 등과 같은 현재의 도시 공동체가 안고 있는 문제의 극복을 예술 활동을 통해 치유해 가고자 하는 정체성이 강하다. 공동체예술운동가 잰 코언이 '공동체예술은 예술과 예술가들이 아름다움을 구하는 것 이외의 어떤 의무나 책무에서도 자유로워야 한다.'고 주장하는 근대예술론과 달리 예술은 제의·오락성과 유효성 사이에 있으며 어떤 대가를 치르고라도 위대한 예술을 만드는 것이 아니라 참가자들에게 '주요한 긍정적 체험'을 제공하는 것이라고 말하는 것은 이러한 의미이다(잰 코언, 2009: 152).

　그런데 내가 강진과 해남에서 관찰한 지역예술은 이같이 최근 서구에서 도입된 공동체예술론과는 무관하게 이미 자체적인 지역예술로서 공동체예술이 의도하는 바를 오히려 더 탄탄하게 수행하고 있다. 요컨대 내가 강진과 해남에서 관찰한 지역예술은 첫 번째 의미의 향토색이 강한 지역예술의 바탕 위에서 지역문화 공동체 활동이 융합되는 지역예술로 정의되며, 이 책에서는 이런 의미로 지역예술이라는 말을 쓸 것이다. 김봉준의 지역문화의 정의는 이 책에서의 지역예술에 가장 근사한 설명을 보여준다.

　　…지역문화는 성격상 분류를 하자면 시간적, 공간적 특징으로 분류해 볼 수 있습니다. 공간적 특징은 생활성, 전통성, 향토성, 시대성으로 분류할 수 있습니다. 문화는 삶의 양식이라는 측면에서 생활양식으로 나타나고, 계절이나 인생 통과의례를 반복해서 따르게 된다는 측면에서 전통성을 지니며, 문화는 물질문화나 정신문화가 대개 생태지리적 산물이라는 측면에서 향토성을 가지며, 그 지역의 특별한 산업, 교육, 군사, 공공사업 등 시대적 삶의 조건에 따라 조직적 특성화가 나타납니다. 거기에 몸담은 사람들-어린이, 학생, 청소년, 군인, 공무원, 교수, 상인 등등의 독특한 시대성을 나타내며 저마다 지역문화의 한몫을 합니다. 따라서 지역문화는 그 자체로도 문화적 다양성을 가집니다(김봉준, 2010).

한편, 강진과 해남의 지역예술에는 강강술래나 베틀놀이와 같은 오랜 전통을 갖는 지역예술과 달리 기타 동아리나 동영상 동아리 등과 같이 10년 안팎의 활동 역사를 갖는 지역예술 활동들도 적지 않다. 이 활동 중 일부는 오랜 세월이 흘러 지역문화의 굵은 뿌리로 커 갈 수 있을 것이다. 그러나 이제 막 새싹을 내민 혹은 여린 가지를 내밀고 있는 이들 지역예술은 본 연구에서는 제외하였다. 이 책에서 대상이 된 지역예술은 지역의 역사와 함께한 지역예술로 국한한다.

지역의 역사와 함께 이 책에서 소개되는 지역예술가들의 구술을 보면 지역예술가의 길을 걷게 되는 동기와 과정은 개인적인 꿈의 실현, 중년을 넘어서서 자아 찾기, 생업의 필요성과 결합된 경우, 문화분권 운동과 지역 문화·예술의 결합 시도 등과 같이 매우 다양하다. 그러나 그 다양성의 바닥에는 한국 문화 독창성의 한 축인 남도 문화·남도 예술이라는 큰 맥이 흐른다. 다양한 지역예술 활동은 김수영이 '거대한 뿌리'로 표현하기도 한 이 맥의 바탕 위에서 이루어지기 때문에 문화분권운동 차원의 지역예술 활동이나 운동도 도시와는 달리 그 바탕이 튼실하다. 오랜 세월 주민들이 지속해 온 향토 지역예술이 주민들의 고령화로 심각한 소멸 위기에 처해 있는 것도 사실이지만 동시에 아래 〈해남우리신문사〉 박영자 대표의 구술이 보여주듯이 지역 문화, 지역의 개성으로서의 장소성과 굳게 결부된 지역예술 활동 또한 한반도 남단 땅끝에서 지금, 활발하게 이루어지고 있기도 하다.

마을 축제는 주민과 신문사, 지역예술가들이 하나가 되어 진행하는 저예산 축제예요. 축제를 기획하면서 마을의 자연, 마을 지형과 어떻게 어울리게 할 수 있을 것인가를 고민해요. '한옥과 막걸리가 만난 음악회'도 그런 고민을 하면서 기획했고 그런 차원에서 팔각 정자에서 황진이 춤을 추었고 내일은 배추밭에서 '선녀와 나뭇꾼' 춤을 내보내요. 무대를 어떻게 살려야 하는 가를 마을 들어가서 많이 고민해요. 선녀가 배추밭 사이로 나타나 춤을 추는 거예요. 둑에 무대가 있을 거 아니에요. 배추밭 사이에서 춤을 추는 선녀를 조명을 비추면 얼마나 아름답겠어요. 이 외에도 색소폰, 플룻 하는 주민들 동원해서 색소폰, 플룻도 불고, 밤이라서 사람들의 감성을 움직이게 할 트로트 노래 잘하시는 분들도 발굴해서 노래하게 하고, 이런 식으로 하거든요. 축제 하고 나니까, 주민들이 밭이 이렇게 이쁜지, 아름다운 무대가 된다는 걸 당신들도 모르신 거예요. 축제 하고 나서는 명절 때 마을 콩크르 대회를 여기서 하신대, 마을 콩크르 대회를, 우린 당신들의 일터가 얼마나 아름다운지 가치를 발견해 드린 거지요.

오랜 역사, 문화, 마을의 전통 위에서 이루어지는 이 같은 지역예술 활동을 보고 있노라면 대체로 문화체육관광부의 프로젝트 지원 없이는 이루어지지 못하는 도시의 공동체예술운동이 허약하기 짝이 없게 느껴진다. 이쯤에서 이미 이 책의 결론이 나온다. 과거에도 그랬듯이 한국 문화의 독창성은 변방의 열악한 조건 속에서도 이곳에서 도시보다는 상대적으로 튼실하게 자라고 있음을(위기가 없다는 말은 아니다) 보여주는 것, 이것이 이 책을 쓴 목적이다.

2) 현대 사회에서 생태마을의 위상

근대의 산업 발전은 자연에는 한계가 없고 산업 기술에 기반하는 문명이 언제까지나 지속될 수 있다는 낙관 속에서 이루어졌다. 그러나 더 이상 이러한 낙관은 유지되기 힘들다. 서구에서는 1970년대에 이미 산성비로 인한 생태계 파괴, 탄산가스 증가에 따른 기후 온난화, 대기 오염으로 인한 오존층의 파괴, 화학물질의 과용으로 인한 부작용들,[3] 사막화, 열대우림의 감소, 물의 오염, 핵 문제 등 환경문제의 심각함이 드러나면서, 지구 멸망의 위기감이 대두되었다(러브럭, 1993: 243). 최근에는 각종 암·아토피·천식 등과 같은 환경병(Environmental Illness), 광우병으로 널리 알려진 먹을거리 오염의 문제 등이 더해지면서, 이제 지구 전체의 지속가능성의 위기는 암초를 향해 돌진하는 타이타닉호의 위기에 비유될 정도이다.

기후 변화에 관한 정부간협의체(IPCC) 제4차 보고서는 21세기 말(2090~2099년) 지구의 평균 기온은 1990~1999년에 비하여 최대 6.4°C 상승하고 해수면이 59㎝ 상승할 것으로 예견하면서 기후변화가 더 이상 미룰 수 없는 인류 최대의 과제임을 천명하였다(오일영, 2007: 8). 이미 전 세계적으로 18개의 작은 섬들이 수몰되었고 수몰 위기의 섬나라들은 점점 더 늘어 간다.[4] 기후변화로 인한 지구온난화는 이들 수몰 지역 나라들만의 문제는 아니다. 온난화는 종의 다양성에 심각한 위협이 된다.

세계동물기금(WWF)에 의하면 우리는 지구상의 종이 정확히 얼마나 되는지 모른다. 따라서 지구온난화로 사라지는 종이 얼마나 되는지도 정확하게 모른다. 다만 우리가 알고 있는 적지 않은 사실들을 갖고 추론해 볼 때 상황이 좋지 않은 것은 분명하다. 만약 지구상에 1억의 종이 있고 매년 멸종률이 0.01%라면 해마다 적어도 일만 종의 생물이 사라지는 것이고, 2억의 종이라면 2만 종이 사라지고 있는 게 된다. 과학자들은 매년 0.01%에서 0.1%의 종이 사라지고 있다고 추정한다. 이것은 자연적인 멸종보다 1000~10,000배 더 높은 비율이다. 이제까지의 지구상의 대멸종과 달리 최근의 종의 멸종은 전적으로 우리 인간에게 그 책임이 있다.[5]

이 같은 지구 생태계의 위기는 여성만이 아닌 인류 전체의 문제이지만 생태여성주의와 살림여성주의[6]는 이 문제를 젠더와 관련 지어 이론적 탐구와 실천으로 발전시켜 왔다. 남성 중심의 생태주의운동과 여성운동은 여성 문제와 환경 이슈를 연결시키는 데 별 관심이 없었지만 서구 생태여성주의와 한국의 살림여성주의는 이 둘을 결합시키고자 한다. 여성성을 어떻게 보느냐와 관련해 급진생태여성주의와 사회생태여성주의 간의 차이가 있긴 하지만, 생태여성주의자로서의 공통점이 있다. 그들은 남성 생태주의자들이 남성 중심주의를 직시하지 못하고 따라서 충분히 근본적이지 못하다고 비판하며, 여성주의 없는 생태주의는 생태학적으로 조화로운 삶을 사는 데 요구되는 태도 변화를 이끌어 낼 수 없다고 말한다(Kheel, 1990: 135-137; Plant, 1990: 21; Slicer, 1994: 3). 살림여성주의도 한국의 생태주의에 대해 이와 유사하게 진단하되, 여성이 여성 스스로를 생태적으로 완전한 존재로 보는 편견에서 벗어나서 여성 자신에 대한 성찰도 수반해야 함을 강조한다(김정희, 2005: 41-47).

한편 생태여성주의는 생태계를 파괴하고 세계적인 남북 간의 부익부 빈익빈을 가져오는 자본의 지구화, 대규모 기술의 영향력 강화, 세계시장으로의 남쪽의 종속에서 최대 희생자는 가난한 여성과 어린이임을 주목하는데[7](로지 브라이도티 외, 1995: 241) 한국에서도 여성 빈곤율은 남성보다 높게 나타난다. 2005년 한국 노동 패널 조사에서 남성 빈곤율은 11.67%인데 비해 여성 빈곤율[8]은 14.72%로 높게 나타난다(홍백의·김혜연, 2007: 135). 여성 가구주의 빈곤율도 2000년 초반 21~22%에서 2006년 27%로 증가 추세에 있고(한국보건사회연구원, 2007) 2011년 OECD 조사에 의하면 한국의 65세 빈곤율은 여성 47.2%, 남성 41.6%로 OECD 가입국 평균(여성 15.2%, 남성 11.1%)보다 3배 이상 높고 특히 여성이 남성보다 높다(한국여성정책연구원, 2011).

이와 같이 근대산업 발전이 환경 파괴와 자원 고갈을 가져오며 지구적 범위에서 계급적이고 성차별적인 부익부 빈익빈을 심화하고 있다는 점이 분명해지면서, 지구의 지속가능성 여부는 지구촌 인류가 공감하는 중요한 문제가 되었다. 환경 악화와 자원 고갈을 막을 수 있는 지속 가능한 개발은 1972

년 스톡홀름 유엔 인간환경회의에서 고려되기 시작하면서, 이후 2009년 말의 코펜하겐 기후변화협약회의에 이르기까지 유엔 정책의 지속적인 의제가 되어 왔다. 유엔이 스톡홀름 회의 20주년을 기념하기 위해 개최한 1992년의 지구환경개발회의(UNCED: UN Conference Environment and Development, 지구정상회의, 리우 회의로도 불림)는 지구환경 질서를 지키기 위한 기본 원칙인 리우 선언과 환경 보전을 위한 실천 계획인 '행동 의제 21(Agenda 21)'[9]을 채택하였다. 이를 통해 지속 가능 발전이라는 개념은 전 세계적으로 확산되었다(환경부, 2004: 15-17).

이 회의에 참석한 세계 각국의 여성들은 앞서 1991년 마이애미 세계여성 회의에서 서로 다른 배경, 지위, 지리적 환경을 가진 1,500명의 여성들이 지배적인 개발 모델을 비판하는 의견에 전적으로 동의하였다. 그녀들은 이를 지구환경개발회의에 '여성 행동 의제(the Women's Action Agenda)'로 제시하였고 의제의 완전한 이행을 보장하라고 촉구하였다. 그 결과 '의제 21'의 24장에 '여성을 위한 지속 가능하고 평등한 발전을 향한 세계 여성의 행동'을 포함시킬 수 있었다. 24장은 '행동 의제 21'의 성공적 이행은 경제적·정치적 의사 결정에 여성들의 적극적 참여를 반영하고 성 평등 실현을 위한 후속 협약과 과거 유엔이 채택한 관련 행동 계획을 성실히 이행하는 데에 달려 있음을 강조하였다. 또한 모든 인간의 지속가능한 생계를 위한 선행조건으로 여성의 역량 강화가 필수적임을 분명하게 주장하였다(여성환경연대, 2001: 348-355; 로지 브라이도티 외, 1995: 159-162). 이 주장은 '북경여성대회 행동강령 K장 여성과 환경'에도 일관되게 이어진다.[10] 특히 '여성 행동 의제'와 리우 회의의 '의제 21'의 24장은 자신들의 목표가 부자를 위한 지속가능한 이익이 아니라 모든 민중을 위한 지속가능한 생계라는 점을 반복적으로 강조한다.

지속가능성을 보장하는 대안적 질서나 삶의 양식에 대한 논의와 실천은 마음·영성의 회복에서부터 녹색 정당을 중심으로 하는 정치 참여에 이르기까지 다양하다. 그러나 산업 기술 문명에 기초하는 거대도시보다는 생태적인 소규모 지역이 더 지속 가능하다고 보는 점에서는 근본생태주의, 사회생태주의, 근본생태여성주의, 사회생태여성주의자들은 강조점의 차이에도 불구하고 공통점을 보인다.

특히 생태/생명 중심의 지역 또는 마을 만들기의 이론과 실천은 급진생태주의의 한 부류인 생명지역주의(Bioregionalism)와 그 실천 양상인 생태마을운동에서 집약적으로 강조된다. 생명지역주의자들은 자연 지배적 개발을 비판하면서 자연을 사랑하거나 가이아(Gaia, 대지의 여신)와 조화롭게 살기를 원하는 것만으로는 부족하다고 말한다. 인간과 자연 세계와의 관계는 특정 장소에서 일어나기 때문에 그 관계는 그 장소의 정보와 경험에 근거해야만 한다고 말한다. 이것은 장소를 이미 정해진 우리의 기호에 맞추는 것이 아니라 우리 자신을 특정의 장소에 적응시키는 것, 토박이가 되는 법을 배우는 것을 의미한다(Snyder, 1990: 17-18). 또한 이들은 운반 비용을 줄이고 교역을 최소화할, 지역적으로 지속 가능한 수준의 지역 생산과 지역 소비를 제안한다. 소규모 마을이나 공동체, 자급자족할 수 있는 개발, 수계·토양 형태·식생·기후 등과 같은 자연 특성을 훼손하지 않고 이에 의한 지역 경계 정하기, 권력의 탈중심화, 인간과 자연 공동체를 재건하기 위해 사회조직을 자치 형태로 변화시키는 것 등이 생명지역주의의 핵심 내용이다(로지 브라이도티 외, 1995: 225, 249, 271).

생명지역주의는 풀뿌리 운동에서는 생태마을운동(ecovillage movement)으로 나타난다. 생태마을은 자연에 영향력을 적게 미쳐, 자연 생태계를 파괴하지 않는 생활 방식을 유지하고자 애쓰는 도시나 농촌의 인간 공동체이다. 자연을 파괴하지 않기 위해 생태마을 주민들은 생태적 설계, 퍼머컬처(permacul-ture), 생태 건축, 녹색 생산, 대안 에너지, 공동체 건설 등의 다양한 측면을 통합한다. '의제 21'에서 생태마을은 "우리의 사회적, 생태적, 영적 환경의 퇴보에 효율적이고 접근 가능하게 맞서는 방식을 대변"하는 21세기 지속가능성을 위한 실천의 예로 제시된다. 이후 유엔이 1998년에 정한 '지속가능한 삶의 최고 우수한 100개의 실천 모델' 목록 중 생태마을은 공식적으로 맨 처음으로 거명되었다.[11]

〈가이아 트러스트〉(Gaia Trust)에 의하면 '생태마을(ecovillage)'이란 말이 처음 출현한 것은 시애틀(Seattle)에 있는 〈컨텍스트 연구소(the Context Institute)〉가 주선한, 1991년 9월 덴마크 다이(Thy)에서 열린 가이아 트러스트 준비 모임 세미나에서이다. 그 세미나는 「생태마을과 지속가능한 공동체: 가이아 트러스트를 위한 보고서(Ecovillages and Sustainable Communities: A Report for Gaia Trust)」 작성을 위해, 확인된 여러 개의 서로 다른 생태마을 프로젝트 중 대표적인 것들을 처음으로 모았다. 그 프로젝트는 아이슬랜드(Iceland)의 솔하이머(Solheimer), 스코틀랜드(Scotland)의 피드혼(Findhorn), 호주의 크리스털 워터스(Crystal Waters), 독일의 레벤스가르텐(Lebensgarten)과 같은 안정된 생태 공동체부터 남반부의 전통 마을은 물론, 이제 막 시작한 소규모 집단까지 다양한 장소를 확인하였다. 미래에도 모든 형태의 생명의 안녕을 기약할 수 있는 방식으로 생존하고 있는 전통 마을은 물론, 의도적으로 창조되는 생태마을도 확인했다. 당시의 지속가능 담론의 부상과 함께 통용되던 '지속가능한 공동체(sustainable communities)'라는 말은 분명한 의미를 전달하지 못했고 새로운 용어가 요구되었다. 많은 토론 끝에 생태마을이라는 이 용어가 '지속가능한 공동체'라는 용어를 대체하였다. 생태마을에 대한 토론에서 공통적인 것은 물리적 구조라기보다는 가치 체계였다. 생태마을 프로젝트는 모두 사는 것이 재미있으면서 동시에 자연과 영(spirit)에 밀접히 연결되는 작은 공동체에서의 삶이라는 유사한 전망을 지녔고 지구 위에서 좀 더 가볍게 살 필요성을 예증하고 있

었다.[12]

　한국의 경우 계획적인 생태마을 만들기는 "자연과 인위, 즉 천(天)·지(地)·인(人)의 조화를 도모하여, 풍부한 물자와 건강과, 친애의 정으로 가득 찬, 안정되고 쾌적한 사회를, 인류에 가져오는 것"을 취지로 하는 일본의 〈행복회 야마기시회〉(1953년 창립하였고 공동체는 1958년 세워짐)의 한국 실현지가 1984년 화성에서 세워진 것을 그 시초로 볼 수 있을 것이다. 이후 유기농 생산자 중심의 공동체(전북 부안 변산공동체, 충북 괴산 풀무평화공동체 등), 치유 중심의 공동체(지역 의료생협들과 경기 평택의 한마음치유공동체), 대안학교 중심의 마을공동체(충북 제천 간디청소년학교, 충남 홍성 풀무학교, 과천 무지개학교 등), 종교 중심의 생태공동체(경북 문경 정토수련원, 경기도 포천 디아코니아, 충북 보은 예수살이), 민관 협력의 생태마을('박원순, 『마을에서 희망을 말하다』, 2009'의 책에 소개된 지역들), 어린이집·생협·신협 등 15개 단체가 결합해 있는 원주협동사회경제네트워크와 같은 복합적인 유형 등 다양한 형태의 생태 지역 만들기가 시도되고 있다. 또한 접근 방법에서는 진안 지역에서와 같이 기존의 지역을 생태마을로 만들어 가려는 유형과 기존 지역과의 연계성은 약하거나 거의 없이 계획적인 생태마을을 만들어 가려는 유형으로 구분해 볼 수 있다.

　한편 생태·살림여성주의는 앞에서 언급한 생태주의 일반의 지속가능성을 위한 유력한 대안으로서의 생태마을에 대한 지지 속에서 좀 더 구체적으로 어떤 특별한 관계나 관심을 생태마을 운동에 갖고 있을까? 생태마을이 자연과 조화되는 삶을 지향하면서도 공통점은 물리적 구조라기보다는 가치 체계라는 〈가이아 트러스트〉의 지적은 생태마을과 생태·살림여성주의의 상호 관계를 이해할 수 있는 기준이 된다. 서구의 사회생태여성주의자와 급진 생태여성주의자 모두 강조점의 차이는 있지만 생태마을을 지지하는 데에서는 차이가 없다.

사회생태여성주의는 사회생태주의의 주 가치인 정치적 분권화와 직접민주주의의 확대로서의 풀뿌리민주주의를 수용한다. 이는 사회생태주의자들은 권력의 엄청난 중앙집권화가 경제적인 경쟁이나 대규모의 착취 그리고 대규모 전쟁을 위해 불가피하게 이용되기 때문에, 민족국가는 본래 위험스러운 것이라고 믿기 때문이다. 중앙집권적 국가 중심 질서의 대안으로 소규모 지역을 기반으로 하는 풀뿌리민주주의를 지지하게 된다(스프네낙·카프라, 1990: 89). 생명지역주의는 생태적으로 지속가능한 인간 문화의 기초로서 권력의 탈 중심화와 인간과 자연 공동체를 재건하기 위해 사회조직을 자치 형태로 변화시키는 것과 연관이 있다(브라이도티 외, 1995: 271-272). 짐머만(Zimmerman)은 일정 장소에서 일정 사람과 장소와 관계를 맺으며 살아야만 인류는 관계되는 모든 것을 존중하는 법을 배우게 된다고 말한다(1990: 150). 북반부 미국에서도 생태여성주의 운동의 일부인 여성주의 평화운동은 80년대에 가시적이며 정서적으로 풍요로운 소집단을 기반으로 조직화되었고 문제에 대한 통합적 해결을 모색하는 여성 문화에 의지하여 전개되었다(King, 1989: 27).

이상에서는 생태/생태여성/살림여성주의와 생명지역주의에서 생태적 실천 양태인 생태마을이 생태계 위기를 극복할 수 있는 이론적·실천적 대안으로 제시되고 있음을 살펴보았다. 이를 살펴본 것은 지역예술이 생태마을의 핵심이기 때문에 현대사회에서 생태마을이 차지하는 위상에 대한 이해 없이 오늘날 지역예술의 생태적 위치, 의미를 이해할 수 없기 때문이다.

3) 생태마을에서 살림문화로서의 지역예술의 위상

생태마을이 생태계 파괴 시대의 유력한 대안이라면, 지역예술이 생태마을에서 차지하는 의미와 위상은 어떤 것인가? 여기서는 이 질문에 대한 답을 서술해 보기로 하겠다.

첫째로 지역의 흙, 햇빛, 기타 천연자원, 오랜 문화 전통과 밀접한 연관 속에서 수백 년 이상 동안 발전해 온, 향토색이 살아 있는 지역예술은 생태마을·살림문화의 핵심적 차원이다. 생태마을은 사회적 차원, 생태적 차원과 더불어 문화적·영적인 차원으로 구성된다.[13] 생태마을의 문화적·영적 차원에서 지역예술은 이 차원의 핵심을 이룬다. 도시화는 각 지역 문화의 고유성, 즉 장소성을 말살시키면서 획일화된 도시적 삶을 가져왔다. 영국의 신경제재단의 2004년 연구에 의하면 영국 도시들의 42%는 이미 지역의 특색을 상실한 '복제도시(clon town)'로 변해 있다.[14] 복제도시화는 그 지역에 고유한 문화가 사라짐을 의미한다.

대부분의 생태마을은 특정의 영적 관행을 강조하지 않지만, 그들만의 고유한 방식으로 지구와 모든 살아 있는 것들에 대한 존중과 지지를 문화적이고 영적으로 풍부하게 표현한다. 영적인 생명력(vitality)은 곧 문화적 생명력이다. 이 생명력은, 모든 생명 요소들이 상호 연결되고 상호 의존하는 전체 창조계와 공동체가 연결되어 있고 그 공동체 내에서 창조성 표현, 문화 활동, 의례(rituals and celebrations)가 공유되는 것으로부터 나온다.[15] 살림문화는 생태마을의 이 같은 문화적·영적 차원을 지칭한다.

문화와 예술의 핵심은 창조성과 합일이다. 창조는 스스로 생각해 내고 이를 실행해 내는 능력으로 이는 곧 마음·영성의 핵심이다. 따라서 지역예술이 사라진다는 것은 지역민들이 향유할 수 있는 문화 서비스가 사라진다는 것을 넘어서서 그 지역이 생기가 없는 장소가 된다는 것을 의미한다. 생태마을이 마을을 구성하는 핵심으로 문화적·영적 차원을 말하는 것은 마을의 창조력과 관련된다. 마을의 창조력은 마을을 구성하는 사회적·경제적·문화적·영적 차원 모두에서 발현되어야 하지만 특히 문화적·영적 차원은 주민의 창조력·창의력 배양의 토양을 이룬다. 생태·살림주의자들은 경험을 통해 인간은 어떤 것에 대해 책과 같은 관행적인 자료만을 통해서 보다는 정서적 경험이나 예술을 통해서 더 잘 알게 된다는 것을 이해하고 있다. 그렇기 때문에 생명지역주의자들은 정보의 원천으로서 감정[16]의 중요성을 강조하고 이를 자연스럽게 여긴다(Booth, Annie, 2000: 3). 『Born on a Blue Day』의 저자 다니엘 타멧(Daniel Tammet)은 인식에서 추상적 추론이 아니라 미학적 판단이 더 중요하다고 주장한다. 그는 추상적 추론이 아니라 우리의 개별적 지각, 미학적 판단이 우리가 알고 있는 것, 우리 모두가 알게 되는 과정을 안내하고 형성한다고 주장한다. 우리 지각은 공감각들의 흔치 않은 혼선이며, 우리가 쓰는 언어도 색깔, 감각, 질을 갖는다. 언어는 청자의 주관적 경험과 개개인의 직관 경험에 어울리고 부합하는 방향으로 진화하며 색깔, 감정, 수, 형태를 갖는다(Daniel Tammet, 2011).

예술은 이와 같이 창조·창의적 경험을 통해 마음·영을 고양시키고자 하는 존재의 내적 욕구를 충족시키는데, 이는 곧 자신·자연·공동체·우주와 하나가 되고자 하는 합일의 욕구를 충족하는 것이기도 하다. 우리는 클래식이든 대중가요든, 그 음악에 취했던 경험을 떠올릴 수 있다. 그 순간에 사실 '나'라는 분별지는 사라지고 나와 음악이 하나된 상태만이 존재한다. 이런 상태는 언어화하기 힘든 마음의 상태이고 생태주의는 예술을 통해 도달할 수 있는 이런 상태가 바로 분별지를 벗어난 마음의 상태, 영성이 만개한 상태라고 말하는 것이다. 이와 같이 마음·영적 차원으로서의 예술에 대한 분명한 이해를 우리는 김지하에서 본다. 김지하는 주역의 감이수통(感而遂通), 최치원이 난랑비서(鸞郞碑序)에서 말한 접화군생(接化群生)으로서의 풍류, 민중 미의식의 핵심으로서의 신명 등의 개념을 제시하며 예술의 최고 경지는 마음·영적 차원임을 분명히 한다(김지하, 2002). 이 주제는 여기서는 이 정도로만 언급하고 이 장의 세 번째 부분 '예술로 표현되는 특별히 중요한 것'에서 더 상세하게 살펴보기로 하겠다.

한편 문화·예술이 생태마을의 핵심적인 한 차원을 구성한다는 것은, 우리가 자기가 사는 지역에서 이러한 예술을 좀 더 자주 쉽게 접할 수 있는 것이 주민들의 영적 복지를 향상시키는 것이며, 그 지역사회의 생태성을 유지하는 데에도 중요함을 의미한다. 여기서 예술은 배타적이며 고도의 예술 전문가들의 영역으로 인식되는 근대 예술이나, 모든 예술이 영성과는 무관한 특정한 텍스트로만 이해되는 포스트모던식의 예술 이해와도 다른, 예술의 지역색·향토색을 자각하는 생태 예술이다. 예술의 지역색·향토색은 하루아침에 형성되는 것이 아니다. 거기에는 오랫동안 형성된 지역 문화와 그곳에서 살아온 주민들의 삶이 있다. 지역예술가 김영자는 농촌 지역의 지역예술이 전승되어야 하는 이유를 그것이 단순히 여가를 즐기는 문화 서비스가 아니라 역사이고 역사는 우리의 뿌리이기 때문이라고 말한다.

> 기계농이 되면 사라지는 건 어쩔 수 없는 건가? 보존해야지 역사지. 우리 뿌리인 거지. 신전 들노래라면 신전 마을에 대한 것도 있어요. 가사에 분명히 마을 역사들에 대한, 민초들이 살았던 거, 그런 것들이 많이 들어 있지요. 역사 자체가 들어 있는 거야. 강강술래에 '저 건너 묵은 밭에, 임자 없어 묵었는가', 그런 가사들이 묵은 밭은 지심이 많은 밭을 말해요. 풀이 많은 밭, 잘된 데는 찰조 갈고 못된 데는 모조 갈아, 옛날 우리 조상들이 모조나 찰조를 농사져서 드셨구나 그런 것들을 하면서 이 노래를 불렀구나, 이런 역사가 기록되어 있는데, 그런 것들이 없어지면 노래 자체만이 아니에요. 노래 자체라면 하고 싶은, 부르고 싶은 노래를 부르면 되는데, 삶 자체가 있는 거예요.(김영자, 2011. 3)

김영자의 이 같은 구술에서 우리는 문화적 전통, 역사가 주민들의 마음·영에 닿아 있는 문제임을 느낀다. 역사적 연속성 속에서 우리는 과거·현재·미래가 통합된, 존재로서의 안정성을 지닌다. 반면에 역사적 단절에서 우리는 영혼이 방랑하는 미아가 된다. 도나 조하(Danah Zohar)·이안 마셜(Ian Marshall)이, 개인은 자기 문화와 전통을 통해서만 영적 중심과 관계하는데 오늘날 도시인은 이런 면에서 영양 결핍 상태라고 말할 때(Zohar, Danah and Ian Marshall, 2000: 24), 이들은 바로 이 문제를 말하는 것이다. 따라서 '생태주의 예술론'이 근대사회에서 생활로부터 멀리 달아난 예술을 다시 생활 속으로 가져오고자 할 때, 그 지역의 역사 속에서 오랫동안 전승되어 온 역사성을 갖는 지역예술일수록 그 예술은 그 지역의 영적 뿌리가 된다고 말할 수 있다. 영이 깃든 문화이며 지역의 뿌리이다. 이와 같이 지역예술을 역사적 차원에서 이해할 때 지역 문화는 민족문화로서의 특수성을 확보해 주는 문화이며 지역 문화 없는 민족문화도 없다는 임재해의 인식도 이해될 수 있다(임재해, 2002: 34). 지역예술은 지역 문화의 핵을 이룬다.

생태마을에서 차지하는 지역예술의 두 번째 의미와 위상은 그것이 지역사회의 지속 가능한 경제의 토대라는 점이다. 문화 여행, 생태 여행(eco-tour)이나 책임 여행(responsible travel), 슬로시티 여행 등의 발전은 지역예술의 이 같은 경제적 중요성을 더욱 더 부각시킨다.

문화와 여행이 결합된 문화 여행이 지구화 시대 신사업으로 본격적으로 관심의 대상이 된 것은 80년대 중반 이후이다.[17] 일반적으로 문화 여행은 단순히 미술관이나 박물관 같은 고급문화뿐 아니라 여행하고자 하는 지역의 다양한 문화를 체험하는 것을 목적으로 한다. 미술 같은 고급문화 외에도 지역 사람들의 고유한 삶의 방식이라든지, 역사·종교·공간 구조·음식·축제·관습 등 그들만의 삶의 방식을 이루는 그 어떤 것이라도 의미 있는 문화 경험이 될 수 있고 문화 관광의 자원이 될 수 있다. 문화 여행이 본격적으로 유행하기 시작한 것은 낙후 지역 활성화 전략으로 1985년 유럽 공동체가 '문화 수도(Cutlural Capital)'[18]를 지정하면서부터이다(신지영, 2010). 성공적인 문화 여행 사례인 에딘버러 페스티벌은 음악·무용·연극·마임 등 다양한 지역예술을 공연함으로써 에딘버러 시 자체뿐 아니라 스코틀랜드 전체 경제를 40% 향상시키는 경제적 효과를 가져왔다. 이후 영국 각 지역 도시에 페스티벌이 경쟁적으로 생겨났고, 국제 여행 인구가 급격히 늘어나면서 페스티벌을 활성화하는 문화 정책이 세계적으로 유행하게 되었다(Greg Richards, 2005: 65; Greg Richards, 2007: 265-267; 신지영, 2011에서 재인용).

한국은 선사시대의 고인돌부터 수백 년 된 고궁과 사찰, 이천 년 된 가야의 유적지나 유네스코 세계문화유산 등이 전국 곳곳에 산재해 있어, 전 국토가 박물관이라는 말이 있을 정도이다. 따라서 그 지역의 문화유산, 향토 문화, 지역색을 지닌 지역예술을 핵심으로 하는 문화도시를 통한 지역 살리기를 눈여겨볼 필요가 있다. 그러나 한국은 이런 면에서 거꾸로 가고 있다고 해도 과언이 아니다. 한국의 도시화는 급격한 산업화와 상업주의에 의해 문화 정체성이 훼손되면서 형성되었기 때문이다. 다행히 낙후 지역들에는 역설적으로 연명되고 있는, 훼손되지 않은 향토 문화와 문화유산, 지역예술 들이 있다. 이 문화 자원의 일부는 새롭게 창의적으로 복원되기도 하나 많은 것들이 중앙정부나 지자체의 체계적인 관리를 받지 못한 채, 보유자들이 고령화하고 사망하면서 사라져 갈 위기에 처해 있다. 이 책의 다음 장에서 여성 지역예술을 중심으로 이러한 문제를 살펴보고자 한다.

한편 생태 여행(eco-tour)이나 책임 여행(responsible travel), 슬로시티 여행 등의 발전 또한 지역예술의 보존과 현대적 전승의 중요성을 더해 준다. 최근 교통·통신의 발달 속에서 국제 여행은 급속히 늘어나고 있다. 1950년에 2천5

백만이었던 국제 여행 인구는 2011년에는 9억 8천3백만 명에 이르렀고 이 중 아시아·태평양 지역 방문자는 2억 천7백만이었다. 2010~2030년까지 여행자는 매년 3.3%, 약 4천3백만 명씩 증가할 것으로 예측된다. 전 세계 여행자들의 소비액(영수증 기준)은 2007년 8천5백2십억 달러였는데, 2010년, 2011년은 9천2백8십억 달러에서 1조 3백억 달러로 11% 증가하였다. 이 중 여행 경비는 유럽에서 4천6백3십4억 4백만 달러, 아시아·태평양 지역은 2천8백9십4억 4천8백만 달러로 유럽 다음을 기록하고 있다. 2030년까지 세계경제는 연평균 2.2% 성장하는 데 비해 여행업은 4.4% 성장하여 세계경제 성장률보다 2배씩 더 성장해 갈 것으로 예측된다(UNWTO, 2008: 2, 5~6, 2012: 2, 4, 7~8).

이러한 국제 여행의 증가 속에서, 제1세계 사람들이 가난한 개도국으로 가는 여행이 증가했고, 여행지를 찾는 제1세계 사람들은 그들의 여행이 여행지 현지민들과 그들의 지역사회에 해가 되지 않고 이롭게 작용하면 좋겠다는 소망을 갖게 되었다. 또한 유엔 등을 중심으로 한 지구 시민사회에서는 세계 극빈층을 줄이고자 하는 '새천년 목표'를 위해 국제 여행 비용에 관심을 가졌으며, 비교적 생태계가 파괴되지 않은 토착민 사회의 환경이 국제 여행으로 파괴되지 않도록 하기 위해 국제 여행의 방법론에 관심을 가졌다.[19] "사람들이 여전히 호기심을 갖는 옛날 마을, 여전히 느린 계절의 흐름을 인식할 수 있게 해 주는 극장·광장·카페·일터·식당·영적 장소, 인공적으로 손대지 않은 조망과 매력적인 장인들, 그리고 취향을 존중하는 그들의 순전한 생산물들, 건강과 자발적인 관습들…"과 같은 슬로시티 여행의 목록[20]도 지역예술의 목록과 중첩된다. 토착민 사회나 낙후 지역의 환경과 문화의 보존을 꾀하는 생태 여행이나 슬로시티 여행에서 향토색 짙은 지역예술의 보존과 전승은 중요한 고려 대상이 될 수밖에 없을 뿐 아니라, 이들 여행이 발전할수록 지역예술은 지역 공동체의 지속가능한 여행 사업의 핵심 자원이 될 수 있다.

하노이 공예 축제는 그 좋은 사례가 된다. 2010년 제2회 하노이 공예 축제를 세계 대표적 여행 사이트 프로머(Frommer's)는 그해 '톱(top) 10대 관광지' 중의 하나로 선정하였다(http://www.frommers.com). 근대화의 거센 물결에서 조금 비켜선 베트남 공예 마을에서 만나는 다른 삶의 방식, 음식, 생각, 관습 등이 문화 관광 상품으로서 손색이 없기 때문이다. 베트남에는 시골 곳곳에서 2천 개가 넘는 공예품이 여전히 생산되는데 이 공예품의 80%가 생산되는 곳이 북부 홍강 주위, 하노이 주변에 밀집되어 있다. 하노이 공예 축제는 근처의 5백여 개의 공예 마을이 참여하여 자수, 실크 짜기 등 가지각색의 공예를 보여준다. 공예 축제는 베트남 문화의 정점으로 공예라는 오래된 전통을 베트남, 하노이 천년 문화의 본질로 규정한다. 웹사이트에서 베트남 정부는 공예 축제가 '안팎으로 베트남의 풍부한 문화를 알릴 뿐 아니라 관광과 경제·사회적 효과를 거두기 위한 것'임을 밝히고 있다. 베트남은 더 이상 전쟁과 빈곤으로 얼룩진 나라가 아니라 각양각색의 다채롭고 흥미로운 전통문화, 공예로 가득찬 나라라는 것이다(신지영, 2011).

다음 2장에서 보여주겠지만 강진과 해남의 지역색을 띤 대표적인 지역예술도 전문적인 여행 기획과 함께 할 경우 향토적이면서도 보편적 미의식에 닿아 있는 국내외적으로 가치 있는 여행 프로그램으로 발전할 수 있는 수준을 보여준다. 그러나 앞서 언급했듯이 보유자들의 고령화와 지역 낙후화로 인한 체계적 관리와 전승의 부족이나 부재로 인해 향토색 짙은 좋은 지역예술의 지속가능성은 풍전등화의 기로에 놓여 있다.

4) 여성 중심성이 커져 가는 지역예술

앞에서는 생태마을의 문화적·영적 차원을 고양시키는 지역예술의 의미를 살펴보면서, 이 지역예술이 오늘날에 이르러서는 문화 여행, 생태 여행,

공정 여행 등과 만나면서 지역의 지속 가능한 경제의 토대가 될 수 있음을 살펴보았다. 이러한 논의에 이어 여기서는 지역예술과 여성-지역예술가 여성, 주민 여성 모두-의 관계, 여성 지역예술의 특징을 살펴보고자 한다.

앞에서도 언급했듯이 남도의 지역예술은 거대한 뿌리를 연상시킨다. 굵은 뿌리의 윤곽만이라도 온전하게 이해하기 위해서는 강진과 해남 외에 다른 남도 지역의 지역예술가들을 계속 만나고 그들의 예술 활동을 보고 듣고 가능하다면 체험해야 한다. 지역예술에서 성(gender) 문화의 차이를 인식하면서 관찰과 참여가 지속되어야겠지만, 남도 지역예술의 포괄적 이해는 연구 대상을 여성에 국한하지 않고 여성, 남성 모두 포함해야 한다. 이런 통합적 시각에서 보면 연구 대상이 여성 지역예술에 치우쳐 있는 본 연구는 지역, 성에서 한계를 갖는다.

이후에는 이런 한계를 넘어서 연구를 진행할 것을 유념하면서 여기서는 우선 지난 2년 동안 강진과 해남에서 관찰한 여성 중심의 지역예술과 지역예술에 관련되는 여성 경험을 중심으로 서술할 것이다. 구술 면접은 개인 면접과 집단 면접을 합해 41사례 50여 명과 하였고, 축제를 포함하여 19개의 지역문화예술 활동을 관찰하였다. 남성 중심 지역예술은 여성과의 관계 속에서 간략하게 언급될 것이다. 이 글의 관찰 대상이 된 지역예술의 사례 중 일부는 2장 '강진, 해남의 여성 향토예술과 지역 문화' 에서 사례별로 구술을 정리해 소개한다. 여기서는 구술 내용을 바탕으로 여성 중심의 지역예술과 지역예술 관련 여성 경험의 특징을 일반론적으로 서술할 것이다.

지역예술을 성을 중심으로 남성 중심의 지역예술과 여성 중심의 지역예술로 구분해 볼 수 있다. 남성, 여성 각 성이 중심이 되는 지역예술도 어느 한 성을 온전히 배제하지는 않는다. 다만 한 성이 중심 역할을 맡으면 다른 한 성은 보조 역할을 맡는다. 필자가 여성 지역예술을 주된 연구 대상으로 하였다는 한계를 감안하더라도, 전체적으로 지역예술에서 여성 중심성이 강하면서 여성과 남성이 함께 상보적으로 지역예술을 이끌어간다고 말할 수 있다.

강진과 해남의 경우, 지역예술에서 나타나는 여성 중심성은 다음의 몇 가지로 설명된다. 첫째로 몇몇 여성 중심의 지역예술은 지역예술을 대표하는 위상을 갖고 있다. 해남 우수영의 강강술래가 대표적인 예이다. 해남 우수영 강강술래는 대한민국 중요무형문화재 8호일 뿐만 아니라 2009년에는 유네스코 세계무형문화유산으로도 지정되었다. 강진의 강강술래는 2009년 성전면 9개 마을의 35명 여성팀으로 복원되었다. 내가 관찰한(2012.7.27) 할머니들에게는 강강술래 장단이 원래부터 배어 있었다. 그 장단의 자연스러움은 3년이 채 안 되는 복원 이후의 춤 연습으로는 설명되지 않는다. 어릴 적부터 익히고 몸에 밴 강강술래 장단이었다. 할머니들의 신명난 장단을 따라가다 보니 순식간에 우리 몸과 숨길은 그녀들의 강강술래 장단에 실렸다. 이렇게 해서 마을 마당은 순식간에 함께 즐거운 접화군생(接化群生)의 공간이 되었다. 사람의 숨길을 다듬어 놓은 장단은 춤과 노래와 놀이판의 기저를 이룬다. 장단은 한국 예술의 가장 중요한 장치이자 출발점이라고 할 수 있다. 이미 다듬어진 장단에 자신의 숨길을 실어 풀어내는 구조를 갖는 것이 우리 예술이다(박흥주, 2004: 271).

지역예술의 대표격인 사례를 하나 더 들자면 1986년 처음 선보인 이후로 매년 청자 축제 때마다 공연되어 온, 강진군 군동면 비자마을 부녀자가 모두 참여하는 베틀놀이 가무를 들 수 있다. 베틀놀이는 전통 사회에서의 베짜기의 전 과정을 춤과 노래로 재현한다. 공연 소도구인 1930년대 제작된 손 물레는 그 이전, 수천 년 동안 내려온 손 물레와 같은 수준의 도구이다. 하신마을 베틀놀이는 마을 주민들의 자발적 노력에 의해 28년째 유지되어 오고 있다. 이 가무가 수천 년에서 일만 년 이상이 되는, 실을 잣고 면을 짜기까지의 전

〈표1〉 구술면접자의 특징

구술자 번호	나이	소속	주민특성	면접일
1	33	문화활동가	귀촌	2010.6.5
2	64	강진군문화재연구소	원주민	2010.7.2/7.26
3	44	국악인	남편 따라 귀촌	2010.7.7
4	56	가죽공예 제다사	해남에서 혼인하면서 강진 정착	2010.7.7/2011.1.30
5	46	사진가, 예인회	중고교 서울서 보내고 귀향, 자녀 셋	2010.7.7
6	36	도예가	인근 지역에서 강진으로 정착	2010.7.8/2011.8.13/ 2012.4.6
7	49	도예가	원주민	2010.7.8~9/2012.4.6
8	72	도예가	원주민	2010.7.9
9	48	천연염색	혼인하면서 강진 정착	2010.7.9
10	44	조각가	귀향	2010.7.10
11	57	전남팜스테이협회	귀촌	2010.7.11
12	59	문인화가	귀촌	2010.7.24/2012.6.20
13	65	강진군문화관광해설사	원주민	2010.7.25
14	85	대월마을 토박이	원주민	2010.7.25
15		서각인	인근지역서 이주	2010.8.10
16	80	비자동베틀놀이팀	혼인 정착	2010.8.12
17	72	비자동베틀놀이팀	혼인 정착	2010.8.12
18	77	비자동베틀놀이팀	혼인 정착	2010.8.12
19	64	청자요 운영	원주민	2010.8.12
20	46	해남문화원	귀향	2010.8.27/2011.12.13
21	59	한지 공예가	귀촌	2010.9.28/2012.4.7
22	50대	아쟁연주가	원주민	2010.11.13
23	47	해남우리고을신문	혼인 정착	2010.10.28/2011.10.29
24	70대	신전 들노래	주민들	2010.11.26/2012.7.17
25	45	한국무용가	진도 고향, 광주살다 해남으로 귀향	2010.11.30/2011.1.7 2012.2.10/2.23/4.8/4.30
26	30대	희곡작가	귀촌	2011.1.26
27	59	제다사	귀향	2010.7.26/2011.3.18
28	60대	강진향토문화연구자	원주민	2011.6.24~25
29	60대 10명	비자동베틀놀이 대표 외	원주민	2011.9.22
30		이주 여성 한글 강사	혼인 정착	2011.9.25
31		푸른누리공부방 센터	혼인 정착	2011.10.15
32	53	여성 농민	원주민	2011.10.28
33	76	해남우수영	원주민	2011.12.13

구술자 번호	나이	소속	주민특성	면접일
34	76	해남우수영	강강술래무형문화재 원주민	2011.12.13
35	24	중학교 상담교사	원주민	2011.12.17
36	44	동화읽는어른모임	원주민	2012.2.9/3.10
37	40대	동화읽는어른모임	혼인 정착	2012.3.10
38	45	환희지	혼인 정착	2012.3.9
39	50대	화가	외부 지역민(원주)	2011.10.28
40	80대	과거 우수영 선소리꾼	원주민	2011.3.28
41	61	성전면 강강술래 회원	원주민	2012.4.6

과정을 보여주고, 춤에 등장하는 손 물레의 역사가 그만큼 오래되었다는 점에서 인류 문화유산으로서의 가치를 지니는 것으로 보인다. 이러한 가치를 지니는 춤이 주민들의 자발적 노력에 의해 28년째 유지되어 오고 있다는 것은 춤의 장소성, 개성을 분명히 말해 준다.

베틀놀이는 만들어진 지 28년밖에 안 된다. 그러나 이 가무는 몇 가지 점에서 제작 연대를 뛰어넘는 역사성을 지니고 있다. 첫째로 이 집단 가무는 목화를 심어 거두고 물레로 실을 뽑고 이 실로 베틀에 앉아 천을 짜고 다듬이질까지 해서 완성된 천을 만들어 내기까지의 전 과정을 재현하고 있다. 국립부여박물관은 1999년 능산리 절터 제6차 조사에서 수습한 폭 2㎝, 길이 약 12㎝의 직물이 면직물임을 확인했다. 이 직물과 함께 출토된 '창왕명 사리감'의 제작 연도는 567년이다. 삼국사기, 양서(梁書) 등 고문서에 '백첩포(白疊布)'라는 면이 있었다는 기록도 있다. 이런 기록과 유물은 삼국시대 때 이미 목화가 재배되고 면직물이 생산되었음을 보여준다("'문익점' 보다 800년 앞선 백제 면직물 발견 능산리 절터 출토 유물서", 서울신문 2010.7.16). 이런 사료를 따르면 한반도에서 물레와 베틀의 역사는 1,500여 년 전으로 거슬러 올라가게 된다. 한편 재야 사학자들을 중심으로 주장되는 한 미국 인디언 부족과 한민족의 동일 뿌리설이 옳다고 판명될 때는 한반도 직조, 직물의 역사는 미국 인디언들이 아메리카

대륙으로 건너간 6,000~15,000년 이전으로 거슬러 올라간다. 인디언들이 물레와 베틀을 갖고 있기 때문이다.

비자마을 베틀놀이에는 손 물레 두 대와 기계 물레 두 대가 등장한다. 기계 물레는 1950년대에 나온 것이고 이 물레에 실을 끼는 것은 누구나 할 수 있다. 손 물레는 1930년대에 제작된 것으로 주민들은 알고 있다. 이 물레는 그 기본 틀이 고대의 물레와 다를 바 없고, 이 점에서 베틀놀이는 짧게는 1,500여 년 전에서 길게는 15,000~6,000년 이상의 역사를 갖는 직조, 직물의 전 과정을 전체적으로 보여주는 집단 공연물로 볼 수 있다. 이런 점에서 베틀놀이는 강강술래와 마찬가지로 인류 문화유산이 될 만한 무형문화재로서의 가치

〈표2〉 관찰한 지역예술 행사

참여관찰	날짜	축제 행사명
1	10.4.10	팔대국사 다례제
2	5.7~9	제10회 다산제
3	5.15	초의제
4	7.16	천연염색 해오름 신축 개장식 참가
5	7.18	해남 대흥사 천운 큰스님 영결식, 다비식 참관
6	7.20~24	김남주, 고정희와 함께하는 2010 땅끝 시문학제
7	8.9~12	청자축제 참관
8	9.26	강진 신전면 신흥마을 작은음악제 참관
9	10.10	명량대전 축제(해남)
10	10.29	해남 화원면 월산마을 축제
	11.1	강진문화원 함동정월 서울공연 관람
11	11.7.29~30/8.3~4	청자축제 참관
12	9.24~26	문화귀촌 워크숍 참가
13	10.15	다산제 참가
14	10.29	3회 해남군 북평면 남창마을 줄다리기 참관
15	11.19	서울국제영화제 '할머니와 란제리' 강지 아트홀 상영 및 관객과의 대화 참가
16	12.2.9	강진 아트홀 문순덕 표류기 관람
17	2.10	진도 노인회관 한국춤 강습반 참관
18	4.8	임하도 임하교회 부활절 예배 한국 춤공연 참관
19	3.21~23	강진 한지동아리 참여 관찰

를 지닌다.

"옛날 어른들 고생 아니면 홀라당 벗고 살았제."라는 한마디는 주민들이 베틀놀이 춤의 이러한 역사적 가치를 제대로 이해하고 있음을 말해 준다. 그러기에 공연은 마을 공동체 모두의 일이 된다. 춤 연습과 공연은 마을 여자들이 맡아 하지만, 남자들은 출전할 때 북·꽹과리 치고, 깃발 흔들고, 고장난 물레나 베틀을 고치고, 공연에 필요한 일체의 도구와 장비들을 공연장으로 운반하고 다시 거두는 수고를 마다하지 않는다. 마을 여성들의 공연을 위해 기꺼이 조력자가 되어 주는 것이다. 웬델 베리(Wendell Berry)는 시골의 공동체 문화예술은 도시의 대중문화 예술의 여성에 대한 폭력성과 달리 "신뢰와 친절, 관용, 자제, 동정, 용서의 미덕"에 기반하여 여성과 남성 간의 건강한 관계를 유지시키는 데 더 기여하며, 그 목적은 가르치고 기쁨을 주며 감동을 주는 것이라고 말한다(2004: 139, 167~168). 이 같은 공동체 예술에 대한 이해는 전통적인 전 근대 지역공동체가 마치 어떤 성차별도 없이 남녀가 상호 존중하는 문화라는 결론으로 자칫 잘못 귀결될 우려가 있다. 전통 지역공동체에는 전근대적인 다양한 가부장적 관습과 규칙들이 존재하며 어떤 측면에서는 이로 인한 억압은 도시에서보다 더 심한 것이 사실이다. 그럼에도 불구하고 농촌에는 이러한 가부장적 지역 문화와 별도로, 베리가 주목한 남녀 상생(相生)의 질서를 고양시키는 지역예술도 존재해 왔다는 그의 관찰도 나름의 근거가 있다. 강강술래, 베틀놀이와 같은 여성 군무(群舞)는 베리가 말하고자 하는 건강한 시골 공동체 문화예술의 전형적인 모습을 보여준다. 하지만 비자마을의 경우 고령화로 인해 여성이건 남성이건 주민들 스스로 품을 팔아 진행해야 하는 공연을 점점 더 부담스러워하고 있음이 역력하고, 자신들의 힘만으로는 놀이의 전승이 위태롭다는 것을 알고 있다. "앞으로 어떻게 될란가, 군에서 어떤 조치가 있겠지."라며 불안한 마음으로 정책 지원의 필요성을 말한다.

지역예술에서 여성 중심성이 확대된다고 말할 수 있는 두 번째 근거는 근대화가 여성들이 지역예술에 참여하는 기회와 조건을 확대한다는 데서 찾을 수 있다. 우선 근대화는 과거 남성의 전유물이었던 영역에 성별 분리의 금기를 해체시키면서 여성이 이 영역에 진출할 수 있는 기회와 조건을 만들어 준다. 예를 들면 문인화는, 사군자를 친 신사임당의 예가 있기는 하지만, 거의 전적으로 남성 사대부에 한정되는 예술 활동이었다. 그러나 이제는 다음 장, 정인순 씨의 사례가 잘 보여주듯이 소 키우던 아줌마가 십여 년 배운 끝에 지역예술가·강사로 우뚝 서서 지역 여성들에게 다시 문인화를 전파하는 전도사가 되었다. 청자 도예 쪽으로의 여성 진출 또한 활발하다. 도예는 신석기시대 사람들이 옹기를 쓰기 시작한 데 그 연원을 둔다. 여성 인류학에서는 옹기는 살림 도구이므로 그 발명가는 여성이었을 것으로 추정한다. 그러나 이것이 언제부터인가 장식 도예로 발전을 했는데 이즈음에 도공은 남자가 된 것 같다. 그러나 근대 교육이 보편화되면서 이 금기는 깨지기 시작했다. 이제는 대학 도예과에는 여학생이 더 많다. 고려시대 청자 도요지였던 강진에 현재 활동하는 도예가는 30여 명이고 이 중 열 명 정도가 여성 도예가들이다. 이러한 영역의 성별 분리 원칙의 해체는 지역예술의 모든 분야에서 일어나고 있다. 본래 들노래는 남성 두레 조직의 노동요였기 때문에 선소리꾼은 당연히 남자였고 여자들은 후렴구를 부르는 데 그쳤다. 그러나 강진군 신전면 논정마을의 들노래 보유자가 죽자 그 부인이 뒤를 이어 선소리꾼으로 들노래 명맥을 유지해 가고 있다. 그러나 이곳 역시 마을 주민들의 고령화로 들노래가 언제 명맥이 끊길지 모르는 위태로운 지경이다.

　　남성 중심 제의와 군무의 성격을 지녔던 농악도 오늘날에는 마을공동체 제의로서의 성격을 상실하거나 그 성격이 약화되는 반면 공연물로서의 성격은 강해지면서 풍물놀이, 풍물굿, 사물놀이 등으로 불린다. 이 변화 속에서 오늘날의 풍물은 여성과 남성이 함께 하는 지역예술로 변화하였다. 농악은 전통 사회에서는 마을의 남성 중심 공동 노동조직인 두레와 결합되어 여성은 마을 제의는 물론 농악에도 접근할 수 없었다. 그러나 일제강점기에 가해진 일제의 정책적 탄압, 자본주의의 파급, 기독교의 확대와 같은 외부적 영향이 크게 작용하면서 마을 농악은 쇠퇴의 길을 걸었고 대신 공연을 중심으로 하는 '연예 농악'이 발전해 갔다. 일제강점기 산미증산계획 및 문화정치의 맥락에서 농악경연대회가 성행하였고, 특산품 전람회나 공출제, 전승기념행사 등 식민지 정책의 홍보 수단으로 농악이 이용되기도 하였다. 해방 이후에도 '농악경연대회'가 자주 열렸다. 농악이 이처럼 마을 공동체와는 무관한 대중적인 공연 방식을 취하게 되자 여성들이 농악에 참여하기가 한층 쉬워졌다(권은영, 2008).

　필자의 강진과 해남 지역 연구에서도 초기에는 청년 남성 중심으로 꾸려지던 지역 풍물패가 남성들이 생업으로 바빠서 하지 못하게 되고 여성들은 육아 기간 동안 활동이 원활하지 못하더라도 그 이후 꾸준히 풍물 모임을 이어 가는 사례가 있었다(구술 25). 강진군 성전면의 경우 과거에는 마을마다 농악대가 있었으나, 이제 그것은 불가능하고 대신 성전면 전체 마을 주민들로 구성된 하나의 풍물패만이 활동하고 있다. 이 풍물패는 1990년대 초반 약 20명의 회원들로 구성되어 지금은 60대의 고령 회원들과 50대가 함께 대보름, 면 행사나 노인 행사에서 풍물을 하고 있다. 이 패는 지금은 여성이 2/3, 남성이 1/3로 여성 회원이 더 많다. 해남군 황산면 관두리에서는 2012년 마을 보름굿을 18년 만에 재현했는데, 그 재현 주체는 마을 부녀회였다. 과거 남성 중심으로 연희되던 굿을 여성들이 재현하고 있는 것이다('황산면 관두리 마을 보름굿 18년 만에 재현', 〈해남우리신문〉 2012. 2.10).

　또한 근대화는 천민·양민·양반이라는 신분제도를 타파하였고 그 결과 과거 무당·기생이나 사당패 같은 천인에게 묶여 있던 기예(技藝)는 이 구속으로부터 해방되어 서민들이 편견 없이 이 기예에 접근할 수 있는 조건을 만들었다. 특히 천대 받던 이들의 기예가 중·고등학교와 대학에서 한국 춤과 음악의 원형으로 가르쳐지고 사회단체의 문화 프로그램으로 자리 잡게 되면서 이제 전통 예술의 보급은 여전히 척박한 토양 가운데서도 시민권을 갖게 되었다. 1960~1970년대까지 들노래처럼 논일, 밭일과 연계되어 농민들이 스스로 민요를 부르고 장구를 두드리는 놀이 문화가 있었으나 농기계가 도입되면서 이 자생적 놀이 문화는 사라져 갔다. 대신 1990년대 이후 점차로 사회단체, 문예회관, 복지관과 학교의 방과 후 문화 프로그램에서 한국 예술은 전문 강사들에 의해 가르쳐지기 시작하였다. 강강술래, 베틀놀이, 들노래와 같이 마을 주민들의 집단 예술 활동과 같은 경우를 제외하고 필자에게 자기의 이야기를 들려준 개인 지역예술가들은 모두 유치원, 초중등 방과 후 학교, 문화원, 사회단체, 면민회 등에서 한국 춤, 국악, 바느질, 천연 염색, 문인화 등을 가르치는 강사로 활동한다.

근대화는 도시에서는 남성 생계 부양자, 여성 주부라는 근대 가부장제의 성 이분법적 질서를 구축했다. 반면에 근대화로 전통 사회의 성 이분법이 일정 부분 해체되면서 전통 예술에서의 성 이분법도 함께 해체되었다. 또한 전통 기예를 보편 교육의 틀에 수용함으로써 과거 양반이나 남성의 전유물이었던 예술 영역이나 천민 여성의 예술 영역에 일반 여성들이 손쉽게 다가갈 수 있는 사회적 조건을 만들었다. 이런 점은 근대화가 가져온 해방적 효과로 평가할 수 있다.

지역예술에서 여성 중심성이 확대되어 간다고 말할 수 있는 세 번째 전거는 과거 농경 사회에서 살림의 일부였던 수공업이 오늘날에는 부가가치를 갖는 생태 산업으로 발전할 수 있는 가능성을 보여주기 때문이다. 천연 염색,

한지 공예와 같은 것이 그 예이다. 천연 염색은 지역의 풍광과 흙의 성격, 염색의 소재가 되는 꽃과 나무껍질, 열매와 같은, 지역의 자연 지리적 특성에 좌우된다. 이런 점에서 천연 염색은 지역의 장소성과 강하게 결합된 지역예술이다. 한편 전주 한지 공예가 사라진 예에서처럼 오늘날 공예가 특정 지역의 지역예술이 될 수 있는지 여부는 자연 지리적 특성 외에도 지자체나 정부의 예술 사업 지원이나 관련 정책에 더 큰 영향을 받음을 알 수 있다.

지역예술에서 여성 중심성이 확대되는 네 번째 근거는 지역예술에서 여성이 보여주는 다양한 리더십이다. 여성들은 그냥 지역예술가 개인에 머무는 것이 아니라 자신의 예술 활동을 바탕으로 전문 강사, 사회적 기업가, 관련 협동조합이나 협회 및 기타 단체의 대표, 이사나 임원, 독립 경영자 등으로 활약하고 있다. 이같이 개별 활동을 통한 자기 분야에서의 리더십을 벗어나 〈해남우리신문사〉 박영자 대표같이 지역 문화를 보다 주도적으로 만들어 가는 대모(大母)형 리더십도 관찰된다.

한편 남성 중심의 지역예술은 강진군 대구면 산동마을의 영동별신굿, 강진군 작천면 교동마을의 선돌감기(서낭굿), 해남에서 최근 복원된 우수영의 용잽이놀이와 북창면 남창마을 줄다리기를 들 수 있다.

과거 마을 공동체의 두레나 마을굿이나 줄다리기가 거의 다 사라진 가운데 마을굿은 굿을 준비하는 마을 어른들의 고령화 속에서도 위태롭게 간신히 명맥을 유지하고 있다. 이 의례로서의 지역예술을 남성 중심의 지역예술로 분류하는 것은 그 제의가 마을의 남성 연장자들에 의해 수행되기 때문이다. 전통적으로 마을 여성들은 제의가 진행되는 동안 제의 장소인 나무나 선돌에 가까이 가지 못하고 제의에 쓸 음식을 마련하기만 했다.

그러나 이 남성 중심 의례에서도 마을굿을 받는 신들이 여신, 남신 함께이거나 여신이라는 점은 눈여겨봐야 한다. 영동별신굿은 당산 할아버지, 할머니를 함께 사장나무 밑에서 모신다. 교동마을의 선돌감기도 선돌할아버지가 벼락을 맞아 부서지기 전까지는 선돌할아버지와 선돌할머니 두 입석에 줄을 감고 당산제를 지내는 것이었다. 나는 이전 글에서 부도지의 음양상보적 구절[21]과 수로왕과 허왕후가 함께 나라를 다스렸고 허왕후가 아들에게 성을 주었으며(『삼국유사』 '금관성파사석탑'), 박혁거세와 알영을 선도성모(仙桃聖母)가 낳은 두 성인으로 표현하는 삼국유사의 기록(『삼국유사』 권제5감통 '선도성모수희불사')을 전거로 한국 고대의 민간신앙은 양 우위의 성차별적인 음양론과는 다른 음양상보적 음양론임을 주장한 바 있다(김정희, 2011: 93-98). 마을의 당산제가 남신만이 아니라 여신을 함께 모시는 것은 이러한 음양상보적 음양론이 아니고는 설명이 되지 않는다. 하지만 고대사회의 음양상보적 세계관을 바탕으로 하는 제의가 또한 여자 무당이 마을굿을 주재하는 제관의 역할을 역사 속에서 해 왔음에도 불구하고, 마을 제의 주관자를 배타적으로 남성에게 국한시키는 이 관습은 우리 사회의 가부장제 역사와 함께 하는 것이리라.

따라서 이러한 제의의 현대적 계승을 위한 노력은 상생의 성 평등 세계관에 부합하게 진행되어야 한다. 요컨대 제의 음식을 여성과 남성이 함께 준비하고, 여성은 제의에 근접하지 못할 부정한 몸으로 취급되는 게 아니라 함께 제의를 모시는 변화가 요구된다. 도시의 문화 행사 제의에서는 이런 변화가 일어나고 있다. 근대사회에 들어와서 굿이나 농악이 연희적 놀이로 변하고 여기에 여성들이 참여하고 1980년대 이후 민주화운동에 여성들이 참여하면서 행사의 초입부에 과거의 민간신앙과는 구분되는 문화 의례로 고사가 도입되었다. 도시 문화 행사 초입에 올리는 고사에서는 제의 주관자를 남성에 한정하지 않는다. 상황에 따라 여성, 남성 누구든 제주가 된다. 이러한 자연스러운 변화가 현재 남아 있는 몇 안 되는 마을굿에서 일어나기를 기대하기는 쉽지 않지만, 제의 주관자의 세대 교체가 일어나고 도시 문화를 가져가는 귀촌인과 결합하면서 변화가 일어날 것을 예측해 볼 수 있다. 그러나 당면한 좀 더 심각한 문제는 제의를 지켜 온 고령의 할아버지의 다음 세대가 제의를 이어갈 의지가 있느냐 하는 것이고, 마을에 따라서는 아예 그다음 세대를 찾기 힘들 만큼 농촌은 고령화·공동화되어 간다는 것이다.

한편 2009년 11월 28일 6·25전쟁 이후 50년 만에 해남 민예총에 의해 복원된 북창면 남창마을 줄다리기나, 해방 이후 끊겼었고 2012년 2월 5일 목포대 도서문화연구원과 지역예술가들이 함께 복원한 해남 우수영의 용쟁이놀이는 모두 용맹을 과시하는 거친 용싸움, 용줄 태우기 등을 특징으로 하는 남성중심의 놀이이다. 줄다리기에서 여성도 함께 줄을 당기거나 남창마을 줄다리기의 경우처럼 아드럼(아랫 마을), 우드럼(윗 마을)의 여성들이 두 패로 나뉘어 긴 장대 대나무 가지를 들고 하는 대나무 싸움이 있기는 하다. 그러나 전체적으로 남성적 성격이 강하다. 하지만 놀이가 다 끝나고 새끼줄을 끊어 나누어 가지며 각자 소원을 비는 의식에서 남성 중심 놀이도 마을 공동체 놀이로 귀결됨을 보여준다(참여 관찰 14, 구술 18).

2. 예술에 대한 진화론적 이해: 삶의 문화로서의 지역예술[22]

생태 사회의 한 차원으로서의 예술을 이해하고자 하는 필자의 입장은 사회마다, 또 예술 이론에 따라 예술이 서로 다르다는 사실 앞에서 벽에 부딪친다. 모든 미학 이론들을 다 섭렵하고 거기서 생태예술론을 끄집어내야 한다면, 미학 연구자가 아닌 생태주의자로서의 관심에서 비롯하는 예술 이해는 불가능하게 된다. 이런 곤경 속에서 동서양의 학자들이 취하는 또 하나의 태도는 고대로 돌아가는 것이다. 예를 들면 예술이 소수 전문 예술가의 전유물이 아니라 모든 사람들이 개발하고 즐겨야 할 인간의 보편적 행위라는 결론을 끌어내기 위해 엘렌 디사나야케(Ellen Dissanayake)가 취하는 접근 방법도 바로 이러한 방법이다. 그녀는 다음과 같이 말한다.

> 예술이 무엇인가 또는 무엇으로 회복될 수 있는가를 이해하기 위해 우리는 인류 역사의 9분의 1(혹은 르네상스 이후로만 본다면 80분의 1)이라는 짧은 기간 너머로 눈을 돌려 읽기와 쓰기를 배우기 이전에 '미학적 인간, 호모 에스테티쿠스'가 발휘했던 미적 성향의 증거를 찾아야 한다. 만일 우리가 오늘날 존재하는 식자 이전의 사회 그리고 모든 사회의 어린아이들을 관찰하면서 그로부터 발견한 정보를 구석기의 인공물들로부터 추론할 수 있는 것들과 결합한다면, 예술은 오늘날의 이론가들이 주장하는 것보다 더 다면적인 동시에 더 단순하다는 사실이 드러날 것이다(2009: 395-396).

즉 온고이지신(溫故而知新)의 방법론을 취할 때, 예술 이해는 예술의 발생을 들여다보는 것에서 실마리가 풀릴 수 있다는 것이다. 다행스럽게도, 또 지극히 당연한 일이겠지만 다양한 예술론에도 불구하고, 예술과 관련해 보편적으로 동의되는 것은 예술의 기원이다. 예술은 그 기원에서는 오늘날에는 예술과는 무관해 보이는 생존·생활의 필요에서 발생하였다는 점에는 이론의 여지가 없는 것으로 보인다.

예를 들면, 에른스트 피셔(Ernst Fischer)는 "예술의 결정적인 기능은 힘―자연(自然)·적(敵)·성적(性的)인 파트너를 제압하고 현실을 지배하며 인간 집단을 강화시키는 힘―을 발휘하는 것이었다. 인류의 여명기에 예술은 '미(美)'와는 거의 무관하였으며 어떤 미학적 욕구가 개재된 것도 아니었다. 즉, 예술은 인간 집단이 생존을 위한 투쟁에서 필요로 했던 마법적 도구이자 무기였던 것이다."라고 말한다(1984: 48). 나약한 동물인 인간은 위험스럽고 불가해하며 공포스러운 자연과 대결하는 데서 마법을 필요로 했고, 예술의 기원은 실재하지만 밝혀지지 않은 세계를 정복하기 위한 마술적 보조 수단이었다는 것이다(앞글: 23). 예를 들면 석기시대에 동물 형상을 가능한 한 실물과 유사하게 만들고자 한 것은 미학적인 창조적 기쁨과 같은 것이 아니라, 소름끼칠 정도로 심각한, 죽느냐 사느냐라는 집단 생존과 사멸이 걸린 문제였다는 것이다(앞글: 189-190).

하지만, 인류 여명기에 예술은 처절한 생존 행위로서의 마법적 도구이자 무기였다는 이 사실이, 마법이 이미 종교·과학·예술로 철저하게 분화된 듯한 현대사회에 어떤 의미를 가질 수 있다는 것일까? 고대인에게 마법은 생존, 생활을 위해 절대적으로 필요한 것이었다. 마법의 보조 수단으로서의 예술은 더 이상 필요하지 않지만, 일상 삶의 유지와 불가분의 관계였던 태고적 예술의 속성은 여전히 폐기되지 않은 것이 아닐까? 그리고 폐기될 수 없는 것이 아닐까? 근대 이전까지 이 연결은 부인할 수 없이 명명백백한 것이었다.

들노래, 노동요는 서민 예술인 동시에 그들의 일이기도 했다. 가락에 맞추어 몸을 움직이고 소리를 내면서 노동의 고됨은 놀이로 녹여질 수 있었다. 또 대표적인 종합예술인 굿은 슬픔과 병마 같은 육체적 괴로움과 심적인 괴로움, 쌓이고 쌓인 고통인 한마저도 '내 마음대로 가지고 놀며 자유자재로 놀려서' 마침내 극복하고 물리쳐 내는 방법이었다. 그러기 위해 춤과 노래와 재담이 동원되었다(박흥주, 2004: 271). 사람의 숨길에 터를 잡고 숨길을 그대로 반영하는 장단은 사람이 쓸 수 있는 모든 짓거리와 사람이 낼 수 있는 모든 소리를 담아낼 수 있고 표현해 낼 수 있는, 음악적 울타리에만 가둘 수 없는 그런 것이다. 또한 장단은 사람뿐만 아니라 숨을 쉬는 모든 생명체의 숨결을 담았다. '중모리 12박 장단'은 일 년 열두 달이 돌아가는 자연의 변화와 흐름을 장단화한 것이다. 다양한 삶의 희로애락의 울림을 장단에 맞춰 목소리에 실어 내면 '소리'이고, 몸짓으로 실어 내면 '춤'이며, 악기에 실어 내면 '악'(樂)이 되었다(앞글: 272). 이같이 전통 예술은 삶의 희로애락과 불가분의 관계에 있었다.

김수남이 여행하며 관찰한 아시아 소수민족의 예술은 삶과 자연, 우주에 대한 그들의 생각과 해석을 표현하고 있었다. 이 관찰은 여전히 삶과 예술의 긴밀한 결합은 희귀한 현상이 아니라 널리 퍼져 있는 현상임을 말해 준다. 농촌 노인을 심층 면접한 김미숙, 오수성의 연구에서도 한국의 세시 풍속, 마을 회의, 각종 상조계, 굿, 강강술래, 탈춤 등의 전통적인 집단 놀이는 한국 농촌 마을에서 공동의 지혜를 모아 개인과 집단의 마음의 문제를 풀어 온 치유 문화로 드러나고 있다(김수남, 2007: 11). 이같이 산업화로부터 소외됨으로써 발전이 낙후된 지역에서는 장소의 개성으로서의 장소성이 아직 훼손되지 않거나 덜 훼손되었고, 그런 지역에서의 지역예술은 바로 삶과 유리되지 않은 예술의 모습을 도처에서 보여주고 있는 것이다.

그러나 한국과 같이 산업화된 나라에서는 낙후 지역도 기계농이 일반화되었고 두레와 같은 마을의 공동 노동이 사라졌다. 이와 더불어 들에서 더 이상 들노래를 들을 수 없다. 근대 이전 시기에 형성되었던 삶에 스며든 향토예술, 민속예술들은 사라져 가고 극히 일부가 공연 예술화되거나 디지털화되어 명맥을 유지하고 있을 뿐이다. 그렇다면 더 이상 삶에 스며든 예술은 불가능한 것일까?

엘렌 디사나야케는 그렇지 않다고 말한다. 그녀는 예술의 여명기에 의례와 분리되지 않던 예술이 절대적 생존 가치를 지녔고 예술은 식자 능력이 없었던 수만 년 동안 인간의 주된 의사 전달 활동이었음에 주목한다. 그녀는 근대 예술론과 포스트모던 예술론 둘 다를 비판하고 예술은 삶과 더불어 있으면서 생존에 기여하는 가치를 지니는 것이고, 오늘날에도 예술은 여전히 모든 사람들의 삶에 스며드는 예술로 복구되어야 한다고 말한다. 그녀는 또한 행위와 감상 모두 전문적 교육과 훈련을 받은 사람만 향유했던 근대 예술은, 바로 그 특성 때문에 일반인에게는 모욕적인 어떤 것으로 다가갔다고 말한다. 포스트모던 미학은 근대 예술의 이러한 고급 예술론을 이끈 예술가들은 대부분 성차별적이거나 인종차별적이거나 정치적으로 보수적 혹은 반동적이었고, '예술을 위한 예술'이 사실은 계급적 이익을 표현하는 개념을 드러냈다고 말한다. 그러나 포스트모던 미학 또한 한계가 있다. 그것은 예술의 자기 초월의 기능을 텍스트 읽기로 폄하함으로써 예술에서 초월 경험은 일반적이고 여기에는 생존 가치가 있을 수 있음을 이해하지 못하기 때문이다(엘렌 디사나야케, 2009: 245-249).

예술 개념의 이러한 혼란스러운 지형 속에서 그녀는 예술을 진화론 관점에서 이해하는 자신의 입장을 제3의 입장으로 제시한다. 진화론적으로나 사회적·문화적으로나 중요했던 것은 예술이 아니라 종이나 사회나 문화에 생존적으로 중요한 어떤 것을 특별하게 만드는 것이었다. 특별화하기(making special)는 인간의 보편적인 고유 특성이고 따라서 특별화하기의 한 사례인 예술은 생존에 도움이 되는 행동이기 때문에 그런 행동이 선택되었고, 그 욕구 충족이 만족감을 준다는 것이다. 그리고 이 같은 특별화하기의 사례로서의 예술은 인간 진화에 필수적이었다(앞글: 87-117, 124, 197). 그렇기 때문에 그녀는 "중요한 것을 특별하게 만드는 인간의 보편적 선천성인 예술이 단지 예술계의 예술가들뿐만 아니라 학교와 지역사회를 비롯해 사실상 모든 사람의 삶으로 스며들 수 있도록 지원받고 장려될 가치가 있음"을 깨닫는 것이 오늘날 절실히 필요한 일이라고 말한다(앞글: 400).

디사나야케의 예술에 대한 진화론적 견해는 예술이 생활 속에 존재하며 삶의 유지에 기여해야 함을 설득력 있게 말해 준다. 뒤에서 다시 논하겠지만 필자는 이러한 예술을 살림예술로 칭하고자 한다. 그러나 여기서 의문은 여전히 남는다. 예술로서 특별하게 중요하게 만들어야 했을 만큼, 생존적으로 중요한, 그것은 도대체 무엇이었을까? 그녀는 아래와 같은 문화 이전의 욕구들을 제시함으로써 대략적인 암시를 준다.

> 문화는 문화 이전의 욕구를 표현하고 충족시키는 방법이다. 예술은 이 문화 이전의 욕구들-공동체와 상호 호혜, 비일상적이고 초월적인 것, 유희와 가장, 애착과 결속, 체제 구축, 자연환경 및 자연현상과의 화해와 그에 대한 존중-에 관심을 기울인다(서양 예술은 다시 관심을 기울여야 한다). 다시 말해 예술은 언어로는 접근할 수 없는 것, 말로 형언하거나 해체하거나 지울 수 없는 것, 비언어적이고 식자 능력과 무관한 앎의 전근대적 방법들을 통해 지각되기 위해 존재하는 것에 관심을 기울인다(앞글: 384).

인간은 인간의 여명기부터 생물학적인 종인 동시에 문화적인 종이기도 했다고 보는 견지에서, '문화 이전의 욕구'라는 표현은 오해의 소지가 있다. 그 욕구는 종으로서의 보편적인 존재론적 욕구일 수는 있지만, 그 욕구의 충족이나 좌절이 진공 상태에서 일어나는 것이 아니라 바로 그 문화로 인해 충족되고 좌절되기도 하기 때문이다. 이러한 인식의 차이로 필자는 문화 이전의 욕구를 인간에 내재한 보편적인 존재론적 욕구로 이해하면서, 예술로 특수화되어 온, 이 욕구 중 두드러지게 눈에 띄는 합일의 존재론적 욕구에 주목해 보고자 한다. 이러한 작업은 예술에 대한 존재론적, 사실적 이해에 좀 더 다가가게 만들 것이기 때문이다.

3. 예술로 표현된 특별히 중요한 것: 합일을 추동하는 예술

"우리가 '미적'이라 부르는 것은 보통의 감정적, 인지적 상호 연결과 공명 이상의 것을 가진, 그래서 종종 '형언할 수 없다.'거나 '말로 표현할 수 없다.'고 느껴지는 그런 지각이다(앞글: 284)." 문자 과잉의 시대에 말로 표현할 수 없는 것이 대표되기는 힘들다. 그러나 생태주의는 말로 표현할 수 없는 것의 정보 기능에 관심을 보인다. 생명지역주의(bio-regionalism)에서는 책과 같은 관행적 자료 외에도 예술·시·문학·드라마와 같은 것도 앎의 주요 원천으로 매우 중요하게 여겨진다. 특히 비언어적인 예술 체험은 지각이라기보다는 감정임에도 불구하고 정보의 원천으로, 또한 사람들과 공동체의 창조적이고 영적인 복지를 위해 특별히 중요한 원천으로 여겨진다(Booth, Annie, 2000: 3). 그러나 이는 이론적 지지 속에서 이루어졌다기보다는 심층생태주의가 전통적인 서구 세계관에 대한 비판적 성찰과 비서구 세계의 앎의 방식을 취하기 위해 각별히 노력함으로써 얻어진 결과였다. 예술은 식자(識字) 능력이 없었던 수만 년 동안, 인간이 자신의 체험을 표현하는 미적인 동시에 인지적인 활동이었다. 통각과 내적 질서로서의 형상 간의 서로 사랑인 동양의 감이수통(感而遂通)이 미(美) 발생의 근거라는 주장도(김지하, 2002: 401) 예술의 비언어적 인지성에 대한 통찰의 예이다. 생태주의는 예술의 이러한 비언어적 인지 기능이야말로 예술을 공동체의 영적 복지를 위한 주요한 원천이 되게 함을 직관하면서 예술을 생태 사회의 한 차원으로 자리매김한다.

그렇다면 예술이 비언어적 방식을 동원하여 표현하는 것은 삶의 어떤 인지인 것일까? 앞 장의 마지막 인용구에서 디사나야케는 예술이 관심을 기울이는 것은 "공동체와 상호 호혜, 비일상적이고 초월적인 것, 유희와 가장, 애착과 결속, 체제 구축, 자연환경 및 자연현상과의 화해와 그에 대한 존중"이라고 말한다. 그녀는 이 욕구를 '문화 이전의 욕구'라 말함으로써 그 보편성을 강조한다. 필자는 이 욕구를 관통하는 하나의 본원적인 존재론적 욕구가 있고 이는 합일의 욕구라고 본다. 디사나야케가 다양한 보편 욕구를 관통하는 하나의 욕구를 호명하지 못하는 것은 그녀 자신이 지적하고 있는 예술의 비언어적 지각성 때문일 듯싶다. 이하에서는 왜 합일의 욕구를 문화를 관통하고 있는 기본 욕구로 볼 수 있는지 논구해 보고자 한다.

인간이란 존재는 어떤 상태에서 행복할까? 자기 수행을 기본 바탕으로 하는 동양의 노장사상이나 불교 세계관은, 그 상태는 오늘날의 사회에서 성공이라 일컫는 원자론적인 자아실현이 아니라, 이 작고 편협한 자아를 내려놓았을 때 좀 더 넓은 자기, 대승적이고 심지어 자연·우주와도 하나가 될 수 있는 넓고 깊은 자기가 되는 것이며 이것을 행복한 자기실현이라고 말한다. 좁은 자아를 내려놓는 이 작업을 불교나 노장사상에서는 자신을 공(空)한 존재로 비우는 것이라고 말한다. 임제는 이를 '어느 곳이든 제한이 없는 맑은 빛'으로서의 마음의 청정함이고 이것이 곧 부처라고 표현한다.

> 부처란 마음의 청정함이며 법은 마음의 밝음이고, 어느 곳이든 제한이 없는 맑은 빛이다. 셋이 곧 하나지만 모두 빈 이름일 뿐 참으로 실체로 존재하는 것은 아니다. 진정한 구도자라면 생각하는 한 순간 순간 마음이 끊어짐이 없다.[23]

여기서 마음이 맑은 빛으로 화하게 하지 못하는 제한, 넓은 대승적 자아가 되기 위해 버려야 할 그것은 무엇인가? 불교는 이를 탐진치(貪瞋癡) 삼독(三毒)에 대한 집착을 버리는 것이라고 말한다. 노자에서도 마찬가지로 색, 소리, 맛, 놀이, 재화, 주장, 과시, 사상, 명예에 대한 집착을 버려야 한다고 이야기

한다.[24]

> 수행승들이여, 나는 너희들을 위해 무위와 무위로 이끄는 길을 설하겠다.
> 잘 들어라.
> 수행승들이여, 무위란 어떠한 것인가? 수행승들이여, 탐욕이 소멸하고 성냄
> 이 소멸하고 어리석음이 소멸하면 그것을 수행승들이여, 무위라고 한
> 다.(『쌍윳따 니까야』7권: 354)

무위는 곧 아래의 인용구에서처럼 어떤 처지에도 안분자족(安分自足)하는 경지를 말하며 이것이 불교나 노자가 말하는 행복이다.

> 어떠한 경계를 당하든지 분수에 편안한 사람이 제일 편안한 사람이며, 어떠
> 한 처지에 있든지 거기에 만족을 얻는 사람이 제일 부귀한 사람이니라.(『원
> 불교전서』〈대종경〉요훈품: 20)

> 고귀한 벼슬은 큰 걱정거리로 흡사 자기의 몸과도 같다는 것은 무엇을 뜻하
> 는가. 큰 근심이 있는 까닭은 내게 몸이 있기 때문이다. 만일 자기 자신이
> 없는 데 이르면 무슨 근심 걱정이 있겠는가.(『감산의 노자풀이』13장)[25]

이렇게 일차원적 욕망에 속박된 자아를 내려놓을 때 우물 안을 지극한 경지로 알고 살던 개구리는 홍수와 가뭄에도 늘어나지 않고 줄어들지 않는 망망대해를 노니는 거북이의 세계를 비로소 알게 된다.[26] 편협하고 좁은 자아가 무아(無我)로 확대되는 것인데, 이 무아는 천지 만물과 자기를 동일시하는 그런 자연, 우주와 자기를 동일시할 정도로 확대된 무아이다.

천지는 나와 함께 존재하고 만물도 나와 함께 하나가 된다. 이미 하나가 되었으니 또 무슨 말이 있겠는가?[27]

불교와 노장사상은 이렇게 좁은 자아를 버림으로써 자연, 우주와 자기를 동일시할 수 있는 합일에서 존재는 행복하다고 말한다. 이는 곧 분열적인 자아를 버리고 절대적 공적(空寂)이나 절대적 분별, 어느 쪽에도 떨어지지 않는 존재의 안정성을 말한다. 불교와 노장은 이러한 존재의 안정성, 혹은 자기 확대의 방법론으로 좌선이나 처처불상 사사불공(處處佛像 事事佛供)의 생활윤리를 제시한다. 필자에게 합일은 인간이 충족해야 하는 존재론적 요청으로 보인다. 그 방식이 건강할 때 그것은 자기가 속한 공동체, 자연, 우주와의 합일이 된다. 건강한 합일을 선택할 수 없는 주객관적인 인연과 상황 속에서는 이 합일은 섹스 중독·알코올중독·마약중독·스포츠 중독·나치즘 등등과 같은 왜곡된 형태로 표현된다.[28]

한편, 인간이 모두 종교에 의해 물아일체라는 합일의 경지로 나아가는 길을 선택하는 것은 아니다. 예술도 바로 이러한 자기 확대의 효과를 가져온다. 작게는 예술 행위 자체에의 몰입을 통해 잠시 소(小) 자아를 내려놓으며, 의례예술이나 오늘날의 공동체예술에서는 공동체로, 더 나아가서는 자연, 우주와 자기를 합일시키려는 경지로까지 나아간다. 예술 행위자가 합일을 위한 노력으로 예술 행위를 의식적으로 선택하지 않았다 하더라도 예술 행위는 이러한 방향으로의 자기 확대의 효과를 낳는다고 보인다. 예술의 능동적 행위자가 아니라 수동적 수용자로서도 예술의 몰입 효과는 경험적으로 확인된다. 적어도 음악을 듣는 몰입에 빠져 있는 동안은 온갖 사념이나 번뇌를 내려놓게 된다. 예술 행위 자체에의 몰입과 이로 인해 예술 행위가 행위자들에게 긍정적 체험으로 작용하는 것은 필자가 면접한 구술자 모두에게서 일관되게 관찰되는 현상이다. 그 몰입은 밤을 새도 피곤한 줄을 모르고, 정신일도가 안 되면 작품이 안 될 정도의 강한 집중이 있어야 하고, 자신의 춤이 인간과 자연을 매개하는 고리, 이 삼자를 하나로 만드는 그런 몰입이나 자연과의 합일의 경지로 표현된다.

질문 : 예술을, 춤을 정의한다면, 어떻게 정의할까요?

구술 : 예전에는 뭐를 한다는 개념이었는데 춤이라는 테마가 자연이어야 돼요. 자연. 그니까 내가 희망하는 춤이 자연으로 돌아가기 위한… 사람이 사람과 자연 가운데 있는 고리 역할을 해야 한다고 할까, 그 테마가 되어야 해요. 전류가 백 볼트인데 이백이십 볼트로 바꾸기 위해서는 어댑터가 필요하듯이, 내 춤의 세계는 사람과 자연을 연결하는 어댑터 역할을 해야 한다는 거죠.… 내 춤을 보면서 자연을 공유하게 되면서 그러면 곧 춤은 사람이되, 자연도 되는, 그런 세계를 표현하고 싶은 거지요.

질문 : 그런 춤관은 스스로 정립한 걸까요?

구술 : 어려서 엄마, 엄마의 생각을 많이 닮았다고 생각해요. 딸이 하나기 때문에 엄마와 대화를 많이 하고 어렸을 때 자랐던 곳이 우수영 바다, 앉아 보면서 생각하게 되잖아요. 자연이 널려 있었지요. 바다 옆에 산도 있었고 시시 때때 갈매기가 춤을 추고 사람들이 시시 때때 다녔고, 그런 것들이 하루하루 차곡차곡 쌓이면서, 어렸을 때 환경, 어렸을 때 가톨릭을 크면서도 중시하면서 살았기 때문에 그런 것들…(구술 25).

시간 가는 줄 몰라요, 새벽 세시까지 해도 안 피곤해요. 흙이 너무 좋았던 거 같고, 처음에 흙 다뤄 봤을 때 옛날에 땅 깊이 파 보면 검정 찰흙 나오잖아요. 그런데 도자기 흙이 너무 부드럽고 놓고 싶지 않았고, 그러면서 매력을 느꼈지요(구술 7).

만들어 놓은 작품이 아름답다고 생각한 적이 없어요. 만들어 놓고도 작품을 해 가지고, 내 자신 정말 잘 했구나, 흡족하고 그런 것 없어요.… 하얀 종이에 먹색이 좌악 번질 때 그게 아름답던데요. 그게 정말 멋있다고 생각하거든요. 먹을 찍을 때 거기서 중묵, 담묵, 비묵이 좍 나가요. 그 순간이 제일 아름답지요. … 하얀 종이를 놓고 경건한 마음을 하고 이게요, 마음이 흐트러지면 온 정신을 딱 집중해야지 어떤 작품이 나오지, 내가 뭔 일 있어가지고 정신이 없고 그러면 절대로 안 돼요(구술 12).

오늘날 이러한 몰입 혹은 합일 경험의 편재성은 미하이 칙센트미하이 (Csikszentmihalyi, 2004)의 심리학적 연구에서도 확인된다. 몰입 혹은 합일은 장자 같은 도인만의 경험이 아니라 각 분야에서 사회적 성공과는 무관하게 가난하고 교육을 못 받은 사람들도 자신이 하고 싶은 일 또는 활동을 하며 순간순간 경험하고, 인간은 그 순간에 행복하다는 것이 천여 명을 인터뷰한 그의 결론이다. 예술은 능동적 행위자 혹은 수용적 향유자로서 이러한 몰입을 체험할 수 있는 주요 통로 중의 하나이다. 불교에서는 마음을 세 차원으로 구분한다. 온갖 번뇌로 뒤범벅된 혼란스러운 진흙탕 물 같은 마음, 일단은 진흙을 바닥에 가라앉힌 맑은 물 같은 마음, 일체 번뇌의 근원인 욕망을 뿌리째 뽑아 버려 떠오를 아무 진흙이나 오물이 없는 부처의 마음이 그 셋이다(김정희, 2011: 51-53). 몰입이 번뇌 다발로서의 우리를 두 번째의 마음 차원으로 옮아가게 하는 것은 분명해 보인다.

그러나 영화 '아마데우스'가 잘 보여주고 있듯이 모차르트에게는 신들린 듯한 몰입의 작곡 과정과 스스로 빠져나오지 못하는 비루한 일상생활의 습(習)이 병존한다. 몰입을 수반하는 활동들이 번뇌의 뿌리까지 뽑아 버리지는 못한다. 즉 예술은 일순간의 몰입과 이로 인한 평정만을 줄 뿐이다. 이 평정은 진흙을 바닥에 가라앉힌 마음 수준이다.

예술의 몰입, 합일의 의의와 한계에 대한 이 같은 인식은 쇼펜하우어(Schopenhauer)에게서 분명하게 나타난다. 쇼펜하우어는 "표상으로서의 세계는, 사람들이 의욕에서 벗어나 단지 그 세계만 의식에 받아들이게 하면서, 그것을 따로 떼어서 고찰한다면, 삶의 가장 즐겁고 유일하게 순결한 면이다." 라고 말한다(아르투어 쇼펜하우어, 2009: 449). 예술은 "의지가 거리낌 없이 자체를 포기"[29]함으로써 대상을 "보다 집중적이고도 완전하게, 의도적으로 사려 분별 있게" 표상한 "보다 높은 상승이자, 보다 완전한 발전"이며 "의지가 자체의 본질을 가장 완전하게 인식함으로써 생기는 하나의 커다란 진정제"가 된다(앞글: 391, 450). 그러나 "모든 아름다움의 향유, 예술이 주는 위안, 예술가로 하여금 삶의 수고를 잊게 만드는 그 열정, 다른 사람보다 우월한 천재의 이러한 장점, 이런 사실의 보상으로 그는 의식의 명석함과 같은 정도로 비례해서 커지는 고뇌를 겪고 이질적인 사람들 틈에서 적막한 고독감을 느끼게 된다.… 이제 그에게는 세계의 본질을 순수하고 참되며 깊이 인식하는 것이 목적 자체가 된다. 그 때문에 그에게 그런 인식은 … 의지의 진정제가 되지 않고, 그를 영원히 구제하지 않으며, 한순간만 삶으로부터 구제하는 데 지나지 않을 것이다. 그래서 아직 삶에서 벗어난 길이 그에게 있는 것이 아니라, 일시적 삶에서 위로받는 것에 지나지 않는다."(앞글: 450-451).

쇼펜하우어의 논구대로 대부분의 예술은 일시적인 위로에 그치는 것이 맞다고 보인다. 사물놀이 판을 벌일 동안은 적어도 사물놀이에의 몰입은 만사를 잊게 한다. 그러나 판이 끝나면, 다시 팍팍한 삶으로 돌아와야 한다. 이것이 영원한 구제는 아니지만, 그렇다고 하찮은 것으로 비하될 수는 없다. 극단적으로 불합리한 현실을 부단히 수용하게 하는 수련을 통해 미치지 않고 삶을 유지해 가는 사람들의 경우처럼, 가까이에 있는 사물놀이라는 예술 활동은 사물을 치는 그들이 미치지 않고 다시 부조리한 삶을 살아갈 수 있게 하는 동력이 된다.

한편 사기성 굿과는 구분되는 마을굿이나 시김새가 있는 예술은 일시적 합일과 위로라는 예술의 한계를 뛰어넘는 것으로 보인다. 이른바 한을 녹여 버리거나 죽음을 우주로 떠나보내는, 울음과 웃음이 교차하는 놀이와 축제로 승화시키는 경지의 한판 굿은 번뇌를 뿌리째 뽑아 버리는 경지, 우주와 합일하는 경지에까지 다다르고자 하는 몸짓으로 보인다. 이하에서는 이를 논구해 보기로 하겠다.

우리는 고통의 해소가 거듭 좌절되면서 쌓이고 쌓인 미칠 것 같은 비애의 정서를 '한'이라 불러 왔다. 이 한은 희로애락의 정서 중 견줄 수 없는 가장 무거운 정서이다. 신산 고초를 겪어 고통을 알고 느끼면서 이를 삭임으로써 초월하는 신명의 힘이 어우러진 그늘이 우리의 전통적인 미의식, 한국 현대 민족 미학의 준거 기준, 미적·윤리적 패러다임으로 설명되기도 한다.

> 그늘이 없으면 저 소리 끝났다 그래요. 그늘은 어디에서부터 오는가. 그늘은 한과 관련이 있어요. 한은 신산 고초, 피투성이 삶과 관련되고 또 반면 신명과 관련이 있어요. 신명은 뛰는 것, 약동하는 것, 밝은 것, 순환하는 것, 영성이죠. 한과 신명이 어우러지는 것이 그늘입니다. 신명은 안에 있고 한은 밖에서 싸고 있으며, 속의 신명이 한을 가지고 놀아요. 그러다 밖으로 빠져

나오면서 한이 가시고 빛이 나지요.

그늘이란 … 괴로운 한을 단순히 풀어 버리지 않고 안으로 끌어안고 삭이는
시김새에 의해 형성되지요. 이때 미적일 뿐 아니라 윤리적인 깊이, 창의력,
지혜, 즉 그늘이 나타납니다(김지하, 2002: 532).

팍팍한 삶 속에서 남도 사람들은 왜 그렇게 풍물을 즐겨 하는지 알 수 없다
는 나의 의문에 그 자신 상쇠라는 이는 "그렇기 때문에 치지요."라는 말을
건넸다. 그 답을 듣는 순간, 어찌 통제할 수 없는 고통 앞에서 필자가 졸고
(2005)에서 '작은 해탈'이라 말한, 종교적 삭임의 길을 걸음으로써 자신과 자
신의 주변 관계에 평화를 가져온 여성 불자들이 떠올랐다. '아하! 종교나 예
술이나 고통의 내적 초월 행위라는 점에서는 다르지 않구나.'라는 앎이 다가
왔다. 그 내적 초월이 바로 신명이고, 그늘인 것이다. 어린이집이나 학교에서
아이들에게 국악을 가르치는 ㄹ 씨(구술 3)는 "소리를 하고 있으면 편안해요.
이것을 해서 뭐가 좋다가 아니고… 왠지 마음이 뿌듯하고 늙어 죽을 때까지
할 거 같애. 왜 이걸 하는지 모르겠어. 놓지는 않고 그냥 할 거 같애. 세월이
흐르고 흘러 오만 가지를 다 겪고 나야 소리의 맛을 안다 그러죠. 지금은 제
가 조금 그걸 알죠. 삼십 대까지만 해도 몰랐어요. 그야말로 행복해요."라고
말한다. 삼십 대에는 몰랐지만 십여 년 더 삶의 고초를 겪고 나서야 소리 맛
을 안다는 이 고백은 고통과 신명의 어우러짐으로써의 그늘의 미학을 말해
주는 남도 향토예술 현장의 소리이다.

그런데 온통 고통뿐인 가운데 어떻게 극도로 밝은 기운인 신명이 솟아날
수 있을까? 스스로를 굿쟁이로 소개한 박필수 씨에게서 그 답을 찾을 수 있다.

굿이라는 것은 굿을 하는 특정한 시간, 한이 쌓이고 쌓여갖고 있어서 의례

를 하는 춤과 노래를 하는 그 시간만을 얘기하는 게 아니라 일상적으로 고 시래에서부터 모든 것들이 관계를 맺고 있는, 선생님하고 저하고 이 순간에 아주, 제가 누군가에게 제 인생을 얘기할 정도로 아주 깊이 있는 인연이 있었겠는데 그런 것들에 대해서 충분히 인정하고 이런 관계들을 맺는 것이 굿이다, 관계의 문화다, 그리고 그것이 특정하게 쌓여 있을 때 굿 의례나 이런 것들을 해나가는 것이…, 그것이 서양식으로 얘기하면 철학이라는 거지요 (구술 20).

여기서 중요한 단서는 굿이 관계고, 일상에서 관계를 맺는 것이 다 굿이라는 지적이다. 관계를 눈여겨봐야 한다. 이것은 필자와 ㅁ 씨가 처음 봄에도 불구하고 여과 없이 서로 자신을 드러낼 수 있는 관계, 즉 나와 상대 간에 한 점의 불신이나 이해득실을 따지는 것과 같은 사(邪)가 배제된 순수 관계를 말한다. 그러한 순수 관계는 오랜 사귐을 필요로 하지 않았다. 서로 낯선 이들이지만 그 자리에서, 바로 즉각적으로 일어났다. 이런 순수 관계가 형성되는 관계는 그 어떤 것이든지 굿이라고 ㅁ 씨는 말한다. 이것은 ㅁ 씨 개인의 사견이라기보다는 늘 그런 관계가 관계라고 생각하며 살았던 민(民)의 소리이기도 하다. 굿판에서의 신명은 고통으로 아픈 이와 이 아픈 이를 측은해 하는 이들 간의 순수 관계가 형성되는 데에서 오는 것이다. 이때 밝은 빛, 최고로 흥겨운 즐거움을 선사하는 공동체 전체의 초월, 신명이 일어나는 것이다. 이때 초월은 공동체 성원들이 모두 함께 황홀까지 도달한 공시적 감정이입이라고 할 수 있다.

디사나야케가 '포스트모던 예술론은 초월을 텍스트 읽기로 깎아 내리나 초월의 경험은 일반적이고 여기에는 생존 가치가 있을 수 있음을 이해하지 못했다.'고 비판하는 것은 정당하다(엘렌 디사나야케, 2009: 249). 하지만 디사나야케는 초월의 생존적 가치가 무엇임을 분명히 말해 주지 못한다. 초월의 생존적 가치를 이해하기 위해서는 초월이 어떤 상황에서 일어나는가를 주목해야 한다. 초월은 고통을 맞짝으로 하는 듯하다. 객관적 현실은 고통의 연속이고 민은 이 고통의 판을 당장 뒤엎을 수 있는 힘도 없다. 그러나 쇳덩어리같이 존재를 시시각각으로 짓누르는 삶의 부조리, 또는 자신의 내적 모순과 분열만이 지속된다고 할 때 존재는 파열될 수밖에 없다. 즉 미치거나 죽음이다. 이 극단적인 상황에서 존재의 안정성을 꾀하기 위한 자기방어적 기재가 동원된다. 초월이다. 도인은 지속적으로 쌓은 수련의 내공을 통해 항상적인 평상심을 유지하겠지만, 범인은 항상적이지 않더라도 우선은 숨 돌릴 만큼, 그리고 더 나아가 일상을 영위할 수 있을 만큼 삭임의 거인이 되지 않으면 안된다. 종교는 마약일 수만은 없다. 종교는 이 거인 되기를 도와주는 기도와 성가, 좌선, 수련 등과 같이 오랫동안 다져진 기재들을 갖고 있다.

예술은 그 여명기에 의례, 즉 종교적 행위와 하나였다. 즉 예술적 황홀, 신명은 종교적인 내적 초월과 그다지 다르지 않다. 그렇기 때문에 '삭인 고통의 미학'이라 할 수 있는 그늘의 미학이 한국의 민족 미학의 준거라고 말할 때, 이는 형식 면에서는 참이지만, 내용적으로는 고대인의 예술 행위와 닿아 있는 예술의 일반적 미학으로 보인다. 즉 삶의 고통과 이 고통의 내적 초월 행위로서의 예술은 사회와 문화, 역사적 시기의 다름을 관통하는 하나의 일반 원리라고 생각된다. 어찌할 수 없는 위용과 공포를 자아내는 대자연을 마주한 절체절명의 일상적 위기 속에서 도저히 가능할 것 같지 않은, 그 자연과 더불어 '맞장 뜨는 것'을 성취해 내기 위한, 그 절박한 공포를 초월하기 위한 예술 행위는 한국의 전통 생활 예술이 보여주는 그늘의 미학과 맞닿아 있다고 생각된다. 초월의 생존적 가치는 다름 아닌 생존, 그 자체이다.

한편 인간사에서 가장 극단적 고통은 인간의 유한성, 언젠가는 죽어야 한다는 것이다. 인간은 죽음마저도 예술화함으로써 그 죽음을 축제로 승화시킨다. 남도에서 초상집에 오는 사람들은 울긋불긋한 옷을 입고 온다. 초상집은 축제 마당과 같다. 어찌 이런 일이 벌어질 수 있을까? 놀이판이 벌어지는 죽은 자를 위한 씻김굿을 보며, 나도 죽으면 저렇게 놀아주겠지 하는 편안함을 느꼈다는 박필수 씨의 고백은 죽음을 축제화하는 미학을 예리하게 포착해 내고 있다.

> 사람이 죽었을 때 하는 씻김굿, 이런 것을 바라보니까는 죽음도 슬프고 다시 볼 수 없는 이별이지마는 노래와 춤을 추면서 그것을 받아들이고, 나도 이 다음에 저 자리에 싸늘한 시신 되어 있겠지 하는, 불길한 마음보다도, 아나도 저 자리에 누워 있으면 누군가 노래 부르고 춤춰 주겠다, 그런 생각이 화한다고 할까, 이런 것을 느끼게 되고, 아 좋다, 어느 인류학자가 쓴 나의 장례식에 놀러오세요, 그걸 읽었는데, 그런 느낌인 거지요.
> 죽음, 사업이 망하거나… 이런 것들은 끝처럼 보이지만 그래도 끝이 아닌, 죽음에 비해서는, 끝이 아닌 상황에서는 보다 더 끝인 죽음을 놓고도 거기에 눈물도 흘리고 하지마는 그 눈물이 웃음하고 범벅되어 나오는 것들 아, 여기에는 그~ 죽음이 끝이 아니구나가 깔려 있지 않으면 이게 안 나오는 거 같아요. 우리는 아차 하고 가면 다시 오기 어려워라 그러지 끝이다 라고 하지 않거든요. 이런 식으로 ○○○(본인 이름) 이런 형태와 해남에서 태어나는 형태는 아닐지라도, 우주 저 다른 별에 태어나든 간에 반드시 다시 돌아온다는 것을 이미 알고 있는, 그거에 대한 이별의 노래, 여행을 떠나는 사람에게 불러 주는 괜찮은 이별가, 멀리 울려퍼질 때는 받아들이는 쪽과 맞이하는 쪽의 노래하고 조화하고 화합하는, 그런 걸 느끼게 된 거지요(구술 20).

문화의 중심은 미학적인 창의력이며, 미적 창의력 안에는 우주와 인간의 관계가 들어 있고, 어쩌면 이것이 근원으로서 창조를 좌우한다(김지하, 2002: 512-513). 그 우주와 인간의 관계가 미적 창의력의 핵심이라는 것이다. 위의 ㅁ 씨가 씻김굿에서 느낀, 잘 가고 또 돌아오라는 우주적 하모니는 이러한 미학 적 창의력을 잘 보여준다. 쇼펜하우어는 예술이 완전한 체념에 이른 성자의 수준에는 달하지 못하고 따라서 예술의 위로는 일시적일 뿐이라고 말한다(아 르투어 쇼펜하우어, 2009: 632-643). 그러나 분노라는 번뇌를 완전 녹여 버리는 한판 의 한풀이 굿판이나, 죽음을 축제로 승화시켜 망자를 떠나보내는 굿판은 예 술인 동시에 완전한 체념을 동시에 이루어 내는 종교이기도 한 모습을 보여 준다. 여기서 완전한 체념은 곧 죽음을 우주의 또 다른 곳에서의 환영, 다시 오리라는 약속, 그러기에 장례식이 축제의 한판이 되는 완전한 긍정이라는 역설이 성립된다. 여기서 민(民)은 곧 성자가 된다. 산속의 도(道)보다 저자거 리의 도가 더 나은 경지가 여기, 예술과 종교성이 하나가 된 향토예술에서 구 현된다.

디사나야케는 오늘날 예술을 위한 예술로서의 근대 예술의 지배를 "예술 제작자들이 거주하는 세계가 인간의 영속적 관심사를 인위적으로 감추고, 부인하고, 하찮게 취급하고, 무시하고, 배척하는, 인류 역사상 유례가 없는 세계"라고 비판한다.(엘렌 디사나야케, 2009: 100) 이 글은 이러한 근대 예술의 지 배 속에서도 기적처럼 살아 있는 삶의 예술로서의 지역예술에 대한 현실적 관심에서 촉발하였다. 예술의 진화론적 이해를 통해 예술은 생존에 기여하 는 삶의 문화로 이해하였고 생존에 중요하기 때문에 예술로 표현된 특별히 중요한 욕구는 다름 아닌 몰입과 합일의 충족임을 논구하였다. 그리고 대부 분의 예술에서 몰입과 합일은 일시적일 뿐이지만, 한을 녹여내고 삶과 죽음 의 모순을 우주적 춤판으로 승화시키는 굿판은 민중적 방식으로 성속이 하나 되어 번뇌를 녹여내는 종교적 합일의 경지에까지 도달하고 있음을 보여 주고자 하였다. 이렇게 몰입과 합일이라는 존재 내적 요청을 생활예술로 소화해 내는 지역예술은 생태마을·생태 지역 만들기에서 문화적·영적 차원이 왜 사회적·생태적 차원과 함께 생태 지역의 핵심적인 한 차원으로 인식되는지에 대한 답이 된다.

합일에 도달하고자 하는 문화의 영적 차원이란 다름 아닌 만물의 생명성의 자각과 존중의 미적인 표현이기도 하다. 예술가 자신이 이러한 경지에서 예술 활동을 할 때 그것이 감성적·예술적 감동을 준다. 이것이 필자가 이해하는 살림문화로서의 지역예술이다. 남도 지역에서의, (근대적 의미에서) 비전문적인 주민 예술가가 만들고 향유하는 지역예술은, 바로 이와 같이 삶 속에 스며 있는 살림예술의 전형성을 보여주고, 이런 점에서 생태 문화로서의 예술로 이해된다. 지역예술은 문화 산업에 포섭된 예술의 지배 속에서 사라져 갈 과거의 잔재로서가 아니라 우리의 미래가 되야 할 지속 가능한 사회의 필수 요소이다. 연극배우 전무송은 이렇게 말한다;

> 나는 어쩌다 배우가 됐을까? 아마 외삼촌의 영향이 컸던 것 같다. 어린 시절 방학 때마다 충남 서산의 외가를 찾아갔는데, 농사꾼이었던 외삼촌은 정말 탁월한 이야기꾼이었다. 그가 들려주는 옛날이야기는 한 편의 일인극이었다. 그게 내 몸속 어딘가에 남아 있을 것이다('지금도 내 꿈은 좋은 배우가 되는 것', 경향신문 2012. 10. 25).

예능 학원이나 전문 예술 학교 이전에 예술이란 살(body)에 그대로 통째로 안겨 본 전무송의 경험이 예술교육의 시작이며, 여전히 이는 우리에게 필요하다고 믿는 이들에게는 발전에서 소외된 촌(村) 구석의 삶과 문화가 왜 다시 우리의 생태적 미래가 되는지가 납득될 것이다. 촌의 지역예술은 살림문화의 한 전형을 보여준다.

4. 살림예술

앞의 논의에서는 현대 사회에서 생태마을이 차지하는 중요성, 생태마을에서 지역예술의 위상에 대한 탐구를 통해 생태적 지역예술에 대한 이해에 도달하고자 하였다. 이렇게 해서 이해된 지역예술의 특징은 아래와 같은데 필자는 이러한 생태적 지역예술을 살림예술로 칭하고자 한다. 이는 이러한 생태적 지역예술은 자연과 사람, 사람과 사람이 상생하며 살고자 하는 상생의 흥을 한껏 고취시키며 이같이 우리의 일체의 활동이 살리는 것, 곧 상생이어야 함을 바로 들이대고 말하는 언어가 바로 '살림'이기 때문이다.

살림예술은 첫째, 지역의 흙, 햇빛, 기타 자연적 요소, 그리고 오랜 문화 전통과의 밀접한 연관 속에서 오랫 동안 발전해 온 예술이다. 이러한 살림예술은 생태마을의 영적인 차원, 곧 생태마을의 마음으로서의 위상을 차지한다. 이는 곧 모든 요소들이 상호 연결되고 상호 의존하는 전체 창조계와 공동체가 연결되어 있고 그 공동체 내에서 창조성, 문화 활동, 의례가 공유되는 것으로부터 비롯되는 지역사회의 생명력이기도 하다. 이같은 살림예술의 장소성, 즉 장소적 개성이 살림예술의 폐쇄성을 의미하는 것은 아니다. 지역에는 없던 통기타 문화가 지역사회에 들어와, 동아리가 생기고 동아리가 세대를 거듭하면서 한 세기는 능히 넘을 정도로 오랜 세월 동안 지속된다고 할 때 통기타 문화는 나름의 장소적 개성을 형성해가면서 지역 사회의 오랜 문화 전통의 연장선 속에 있는 살림예술이 될 수 있다.

둘째, 이러한 살림예술은 삶의 예술이다. 이는 예술이 생존에 기여하는 삶의 문화이며, 예술로 표현되는 특별히 중요한 욕구는 예술가가 지역의 자연, 주민들과 소통하고 하나가 되고자 하는 생존 욕구, 삶의 욕구에 다름이 아님을 의미한다. 이러한 예술 이해는 주민들의 삶의 세계를 하찮게 취급하고 무시하고 배척하는 근대의 '예술을 위한 예술'론이나 예술을 문화적 텍스트 이상으로 보지 않는 포스트모더니즘의 예술론과는 다른 예술에 대한 진화론적 예술론에 닿아 있다. 이러한 예술 이해는 살림예술의 예술적 전문성을 평가하는 기준이 미적 기준에서의 고도의 전문성이 아니라 소통과 합일에 좀 더 중점이 두어짐을 의미한다. 예를 들면 약 20분 내외로 진행되는 강강술래는 춤판이 무르익으면 관객들도 춤판에 끼어들어 함께 출 수 있는 집단무이다. 이런 점에서 강강술래는 십 수 년을 혹독한 개인 훈련을 통해 연마되는 김연아의 아이스 춤이나 발레와 비교해보면 아마추어 수준의 춤이라 할 수 있다. 그러나 사물놀이의 연주가 신명을 한껏 돋구는 가운데 강강술래의 '문지기, 문지기 문열어라'를 부르며 긴 원의 꼬리를 잇고, '강강술래, 강강술래'를 연이어 함께 부르며 원을 돌고 또 도는 집단무를 출 때 수 십 명, 백 여명의 사람들이 하나가 되는 강강술래 춤판에 빠져 본 경험이 있는 사람들은 춤판에 있는 모든 사람들의 온 몸과 마음을 동시적으로 휘감는, 그 어떤 환희의 절정을 잊을 수 없을 것이다. 집단적 카타르시스라 할 수 있는 이 감동은 김연아의 아이스 쇼든, 그 어떤 최고 고수 프리마돈나의 최고 수준의 예술적 묘기이든, 그 어떤 전문적인 개인적 예술의 절정도 따라올 수 없는 그런 경지의 것이다.

　살림예술의 최고 전문성은 이같이 고도의 전문적인 예술적 기교가 아니라, 예술 활동이 이루어내는 공동체 성원들간의 소통과 합일의 체험에 있다. 따라서 살림예술의 수준은 작품 혹은 공연 자체의 예술성과 함께 예술 활동이 이루어내는 소통과 합일의 정도에 따라 결정된다. 예를 들면 청자 도예가나 문인화가가 흙이 좋아서, 혹은 붓을 쥐고 그림을 그리는 그 자체가 좋아서 작품 활동을 지속한다고 할 때 이는 작가가 자연, 작품활동의 삼매(三昧)에 빠지는 것으로 이 자체가 살림예술이라고 할 수 있다. 그러나 이 춤이나 문인화 그리기를 문화원 문화 프로그램과 같은 식으로 지역사회 주민들과 함께 나누는 예술활동으로 나아간다고 할 때 춤이나 문인화 그리기의 살림예술로서의 예술성은 예술가 한 개인이 자연이나 예술 활동 자체와의 삼매에 빠질 때보다 보다 높은 차원에서 실현되는 것이다. 강강술래의 살림예술로서의 예술성은 이 점에서 가히 타의 추종을 불허한다.

02
강진, 해남의
살림예술과 여성

세시 풍속 놀이와 민속놀이가 사라져 가고 있는 가운데 남도는 이들 전통이 유지되고 있는 지역이다. 2008년에는 680여 개 지역에서 당산제, 마을 합동 세배 등 전통 제례 의식과 함께 윷놀이, 농악, 달집태우기 등 다양한 민속놀이가 전개되었다. 2012년에는 이런 마을 수가 600여 곳으로 줄어들기는 했지만 마을 의례와 민속놀이는 이어지고 있다.

이 장에서는 강진과 해남의 여성 살림예술의 변천을 소멸되었거나 소멸 위기에 처한 경우, 소멸되었던 것이 다시 복원되어 가는 경우, 안정적으로 안착한 경우의 세 유형으로 나누어 살펴보고자 한다. 이 연구를 통해 살림예술이 시대 변화 속에서 지역예술가 개인이나 예술 활동 단체, 지역 주민, 지역사회 속에서 어떠한 양상으로 전개되었고 그 의미는 무엇인지, 어떠한 위상으로 존재하는지를 살펴보고자 한다.

1. 강진과 해남 지역 문화 개관

강진과 해남은 지역예술이 이어져 오는 유구한 역사와 지역예술의 다양성과 풍부함에도 불구하고 한국의 근대화가 가져온 심각한 지역 불균형 속에서 지역 재생산의 위기에 봉착해 있다. 현재 서울보다 넓이가 약간 작은 강진(서울 605.25㎢, 강진 500.26㎢)은 인구 4만을, 서울보다 1.5배 더 넓은 해남(907.24㎢)은 인구 8만을 사수하기 위해 안간힘을 쓰고 있다. 일제시대 때는 박초월, 임방울, 이화중선 등이 강진 국악계에서 인정을 받아서 중앙 국악계에 진출했고 가야금의 한 봉우리인 함동정월도 이 지역 출신이며 60년대만 해도 인구 십수만을 넘던 지역이었다. 지금도 아이들 울음소리가 들리긴 하지만, 이는 대부분 다문화 가정의 출산이다. 수십 가구에서 백 가구 정도로 구성되는 마을에서 통학하는 초중고생 아이들이 한두 명에 불과하고 많아야 다섯 손가락으로 꼽을 정도다. 이미 젊은 사람들은 찾기 힘들고 인구의 1/3 이상을 차지하는 연로한 농민들이 자연사하게 되는 10~20년 안에 마을 자체가 없어지게 되는 건 아닐까 하는 우려도 든다. 버스는 하루 한두 번, 많아야 서너 번만 들어오고, 그나마 수지가 안 맞아 지원금을 받으면서 운행된다. 공무원들은 자녀 교육 등을 위해 인근 광주나 목포에 집을 두고 출퇴근 하거나 주중에만 군에 있고 주말에는 도시의 집으로 가는 경우가 대부분이다. 공무원들이 빠져나가는 주말과 '놀토'에는 지역 전체가 썰렁해진다. 젊은이들이 일할 곳이 없다 보니 젊은 세대를 찾기 어렵고 부모들도 광주, 서울 등 대도시로 나간 자식들이 그곳에서 성공하며 살기를 바란다. 이처럼 인구학적인 재생산 위기가 심각하지만, 이 두 지역은 사람 사는 숨길이 느껴져서 희망이 엿보이는 것 또한 사실이다. 이것은 원주민과 귀향민, 귀촌인들이 도시에서 받는 상처와 피로감을 씻어가면서 살아가는 활기 또한 관찰되기 때문이다. 이러한 특성은 이 두 지역의 훼손되지 않은, 혹은 덜 훼손된 자연과 풍부한 문화유산과 더불어 이 지역을 생태 지역으로 부를 수 있게 하는 인문학적 특성이다.

연구를 위해 진행한 개인과 집단 구술 면접 41사례 50여 명에서(38~39쪽 참고) 정착 방식이 확인된 사례 중 지역을 떠나지 않고 살고 있는 원주민이 16명, 학업이나 직장을 위해 도시로 나가 살다 귀향한 경우가 5명, 인근 지역에 살다 이주해 와 정착한 경우 2건, 남편 따라 귀촌한 경우가 10건, 도시에서 귀촌한 경우 5건이다. 조사 지역을 고향으로 하는 원주민과 귀향인은 21명이다. 이 지역이 아무리 낙후 지역이라도 폐쇄 지역이 아니라 이곳에서 원주민과 외부에서 유입된 사람들이 함께 어우러져 살아가고 있음을 보여준다.

강진의 경우, 원주민의 지역에 대한 애정은 남다르다. 이 지역은 근대화 과정에서 수십 년간 소외되었다. 드센 반골 기질도 근대화로부터의 소외를 부추겼다. 80년대 전두환 정권 시절 정부에서 이 지역에 미군 기지를 조성하는 시도가 있었으나 주민 공청회에서 "우리 딸들 양공주 만들 일 있냐?"고 주민들과 재야 농민 세력이 합심해서 심하게 반발하자 데모도 일어나기 전에 정부는 '으그, 강진 것들' 하면서 초반에 아예 추진을 접을 정도였다.

강진의 소득 통계를 찾을 수는 없었으나 읍에는 서너 개의 유명 브랜드 매장이 운영되고 1인당 3~4만 원 하는 한식당도 늘 붐비는 편인 등 소비 씀씀이가 결코 약해 보이지 않는다. 여행지이기도 해서겠지만 연 억대 수입의 식당들이 제법 된다. 반면에 촌의 할머니들은 월 십만 원도 안 쓸 만큼 절약이 몸에 배어 있고 늙어도 텃밭 농사는 짓기 때문에 현금을 거의 안 쓰며 살아간다. 도시의 자식들이 용돈을 보내 주는 노인들은 시골 생활을 여유롭게 한다. 그러나 조손(祖孫) 가정의 경우, '돈 안 드는 농촌 생활'이라는 등식이 성립하지 않는다. 가난한 할머니가 한창 돈이 들어가는 손주들 수발을 제대로 들어줄 수 없다. 집에 목욕탕이 없어도 목욕탕에 갈 돈도, 손주가 눈이 나빠도 안경 사 줄 돈도 없다. 이런 경우 십중팔구 손주는 왕따 대상이 된다.

한편, 수산물 가공 공장 외 공장은 거의 없지만 연구자가 만난 사람들은 이구동성으로 지역에 공장이 들어서는 것을 원하지 않는다고 했다. 그들은 자연환경과 다산 정신 같은 문화유산이 보존되는 게 공장이 들어서는 것보다 좋다고 했다. 일제시대와 최근까지 이어진 간척 사업에 대해서는, 그냥 두었으면 세계적인 명소가 되었을 리아스식 해안을 망쳐 버렸다며 안타까워하면서 언젠가는 간척지를 허물어야 한다는 말까지 한다. 또한 주민들 중에는 향토사학자, 도예가, 문인화가, 서예, 한지 공예, 천연 염색, 국악 등 지역 역사와 문화와 결합된 분야의 전문 연구자나 예술가로 나아가는 경우도 있다. 외지에서 전문적 예술 교육을 받은 예술가들의 귀촌이, 더디지만 늘어나고 있는 것도 지역예술에 활력을 불어넣어 준다. 이 지역예술가들은 지역 문화원이나 마을 회관, 복지 회관, 학교 등에서 강사로 활약하면서 주민과 자신의 전문적 예술 기량을 공유한다.

전문가가 아닌(사실 이 말이 어폐가 있기는 하다. 이 할머니들보다 강강술래의 신명을 더 잘 표현할 수 있는 집단이 있을까?) 마을 주민인 살림예술 수행자 할머니들은 고령화로 한 해 한 해 공연이 힘겨워지고 있다. 이같이 집단적 지역예술의 보존과 지속은 위태위태하기는 하지만 비자마을 베틀놀이, 신전 들노래와 같이 마을 주민이 함께 공연하는 집단 군무(群舞)와 농요로 간신히 이어지고 있다. 강진군 성전면에서는 한 마을로는 강강술래 팀이 구성되기 힘들어진 지금, 9개 농촌 마을의 중년 여성과 할머니 농민들이 모여 강강술래를 다시 복원해 내고도 있다. 이러한 사례는 만성적인 소외 속에서 쌓인 내공으로 농촌 문화를 지켜가는 농촌 여성의 저력을 보여준다. 그러나 동시에 지자체와 정부의 체계적인 보존·전승 노력이 이어지지 않으면 이러한 농촌의 살림예술은 할머니, 할아버지들의 자연사와 함께 어느 순간 완전히 단절될 위기 상황에 놓여 있다. 지금도 단절은 순간순간 일어난다. 임진왜란 당시 병영 주민들은 진도까지 의병 활동을 나갔고 이때 돌아온 남편을 기다리는 아낙네의 민요가 최근까지 내려왔다. 필자가 병영에 이 민요를 부르는 할머니가 있다는 소식을 듣고 면접을 시도했으나, 이미 돌아가신 뒤였다. 짚공예를 하는 할아버지들도 한둘씩 돌아가시고 있다.

해남은 강진 인구의 두 배로 약 8만의 인구를 갖고 있다. 외지인이 강진에 들어와 성공하기는 힘들지만 해남에서는 성공할 수 있다고 한다. 또한 '땅끝'으로 이 지역이 알려지면서 젊은 귀촌인이 강진보다는 좀 더 활발하게 정착하고 있는 편이다. 강진이 인구가 적어 사진가 협회나 민예총 등 지부를 만들지 못하는 것과 달리 해남은 이러한 지부들이 있고 수십 명에서 백여 명에 이르는 회원들의 활동이 활발하다. 내게 확 다가온 강진과 해남의 지역 차이는 해남은 소외 지역임에도 불구하고 자체 활성화 동력이 강진보다는 높다는 것이다. 이런 차이의 결정적 근거는 인구 수에 있는 것으로 보인다. 인구가 약 8만쯤 되면서 자생적인 다양한 주민 모임이 만들어지면서 그것이 지역사회에 활력을 불어넣는 것으로 보인다.

현재 〈해남우리신문〉 대표인 박영자는 해남신문사의 기자로 재직할 당시 언급이 금기시되었던 해남의 근현대사를 취재하여 그 역사를 정리해 내었다. 광주에서 대학을 다니고 인근 지역이 고향인 이주민이 해남을 고향이라 부르며 근현대사를 정리해 낼 수 있었다는 것 자체가 해남 지역사회의 자생성, 수용성을 보여준다. '거리의 춤꾼' 김영자의 활약은 영혼이 있는 한 개인 예술가가 지역예술의 수준을 끌어올리는 데 얼마나 큰 힘을 발휘할 수 있는지를 잘 보여준다. 한편 우수영의 강강술래가 유네스코 세계무형문화유산으로 지정되었고, 최근에도 용잽이놀이 등 6·25전쟁 이후 단절된 전통 놀이가 복원되는 것과 같은 사례에서 볼 수 있듯이 향토색 짙은 지역 문화를 주민들이 약간의 정책 지원을 받거나 아예 그런 지원이 없는 속에서 스스로 지켜 내고 복원해 가는 것도 해남의 힘을 보여준다.

한편, 귀향인이나 귀촌인은 도시 생활을 경험한 사람들이다. 이들은 대도시의 환경과 삶에 짙은 환멸을 갖고 있는 경향이 많다. 예를 들면 귀향인이 도시에서 살던 방식은 부모가 도시로 유학을 보냈지만 주눅들고 왕따만 당했던 삶이었다. 도시인들이 귀촌한 이유는 다양하다. '도시는 썩은 물을 마시고, 썩은 공기를 마셔야 하는 삶뿐이 없기에', '도시는 교통사고로 목숨을 잃을 뻔한 곳이고 두 번 다시 쳐다보고 싶지 않은 곳'이기에, '도시는 원래는 삶 속에 있었던 민(民)의 예술을 그들에게서 빼앗아 토막토막 내서, 생명 없는 무대 예술로 만든 기괴스러운 곳'이기에 결코 돌아가고 싶지 않은 곳이다. 이들은 고향에 돌아와서 혹은 귀촌해서 더 이상 왕따당하지 않고 지역 사람들과 함께 봉사하며 살고, 사람들 옆에서 춤추며 사물놀이를 하며 소를 키우면서도 사군자를 치며, 밤새워 닥종이 인형을 만들고, 야생차를 채집하여 수제 녹차를 만들고, 도시에서의 회사 경영 대신 농촌 체험 마을을 운영한다. 그들은 이 삶이 힘든 면이 없지 않지만 도시에서의 삶보다는 행복하다고 말한다. 한국의 정치가들은 농촌을 근대 발전에서 지속적으로 소외시켜 왔지만, 이곳 사람들은 스스로의 삶 속에서 개인과 지역 삶의 활기를 하루하루 만들어 내고 있다.

2. 소멸했거나 소멸 위기에 놓인 농촌의 살림예술

세시 풍속 놀이와 민속놀이가 사라져 가는 가운데 남도는 이들 전통이 상대적으로 잘 유지되고 있는 지역이다. 2008년에는 680여 개 지역에서 당산제, 마을 합동 세배 등 전통 제례 의식과 함께 윷놀이, 농악, 달집태우기 등 다양한 민속놀이가 전개되었다.[30] 2012년에는 이런 마을 수가 600여 곳으로 줄어들기는 했지만 마을 의례와 민속놀이는 이어지고 있다.[31]

강진군은 2012년 현재 291개의 마을이 있다. 이 마을 중 2012년에는 정월 대보름을 맞아 지역의 화합과 풍년을 기원하고 한 해 소원을 기원하는 마당밟기, 지신밟기, 농악 놀이, 당산제, 풍어제 등의 행사와 민속놀이인 쥐불놀이, 윷놀이가 음력 보름 전날인 2월 5일 11개 읍면 40개 마을에서 행해졌다.[32] 2008년에는 11개 읍면 39개 마을에서 같은 행사와 놀이를 했다. 이러한 수치로만 보면, 근 4년간 강진군 전체 마을의 약 1/7에 해당하는 마을에서 전통적인 마을 의례와 민속놀이는 변화 없이 지속되어 온 것으로 보인다.[33] 그러나 실제는 이보다 심각하다. 대개 일제 강점기나 6·25전쟁 이후 중단되었던 것을 주민들이 다시 복원하여 현재에 이르고 있지만 제의와 놀이의 주역들이 자연사하거나 연로해지면서 중단되는 제의와 놀이가 생기고 있으며, 현재 유지되는 경우도 언제까지 유지될 수 있을지 의문이다. 아래에서는 강진의 살림예술을 대표하는 민속 의례와 마을의 집단 놀이를 중심으로 이러한 실정을 살펴볼 것이다. 여기서 다루는 살림예술은 농촌 마을을 기반으로 하는 살림예술이다. 농촌 마을의 살림예술은 삶의 일부분으로서의 마을 문화의 성격을 동시에 지니기 때문에 '농촌 마을 예술'이라고도 말할 수 있다. 이러한 예술의 성격은 이 책의 1장에서 살펴본 삶의 문화로서의 지역예술의 성격을 의미한다.

1) 비자동 베틀놀이[34]

비자동 베틀놀이는 강진군 군동면 비자동 마을에서 1986년부터 마을 여자들이 청자축제(과거에는 금릉문화제) 때 공연해 온 춤과 노래가 어우러진 군무(群舞)이다. 솜으로 실을 잣고 천을 짜서 다듬이질까지 하는 전 과정을 마을 여성들이 노래와 춤으로 재현했다.

베틀놀이는 1986년 군동면 면사무소 윤권식(2005년 死) 총무계장이 이 지역에 옛날부터 내려오던 노래들을 노인분들로부터 수집하여 노래를 부녀회에 주고 베틀놀이를 가르친 데서 시작되었다(노래 가사는 〈부록〉에 수록). 이 점에서 비자동 베틀놀이는 1986년에 창작된 집단무라기보다는 단절 위기에 놓였던 오랜 전통의 여성 집단무를 그 시점에서 복원, 계승한 것으로 보아야 한다.

당시 베틀놀이에 필요한 베틀, 다듬이 등 장비는 마을에서 수집하였다. 이때 손물레 두 대를 구했는데, 이 물레는 1930년대에 제작된 것이다. 신석기시대 농경과 더불어 실잣기가 시작되었고 우리나라에서 식물이나 동물의 털로 실을 잣고 피륙을 짜서 의생활을 시작한 역사는 대략 5,000년 이상으로 추정되며[35] 567년에 직조된 면직물이 발견되기도 했다(본서 39쪽).

따라서 1930년대 제작된 손물레는 그것이 손물레라는 점에서 천 년 넘게 내려온 손물레와 동일한 계보의 도구이다. 이는 비자동 베틀놀이가 오랜 역사를 갖는 여성 노동과 여성 기술을 재현한다는 의미이며, 이 춤의 역사적 가치를 말해 준다.

한편 당시 윤권식 총무계장이 제안한 춤은 노래가락에 맞지 않았다. 그래서 마을 여성들은 스스로 춤을 고쳐서 노래와 춤이 하나가 되는 베틀놀이를 완성하였다.

> 가르쳐 준 노래가 춤하고 절대 안 맞아. 그렇게 해야 된다 하는데 우리가 고친 거지. '둥게야~, 둥게야~' 하면서 옛날 흥부타령하고 발맞춰서 나가는 게 안 돼(구술 29).

필자가 2011년 인터뷰했을 때, 1986년 당시 총무계장이 수집한 노래를 알고 있었느냐는 질문에, 현재 60~70대인 부녀회원들은 아무도 알고 있지 않았다고 답을 하였다. 따라서 이 노래들은 당시 70대 후반, 80대의 고령의 할머니들에게 수집되었을 것으로 추측된다. 대략 10~20년간 노래의 단절이 있었음을 알 수 있다. 당시 66명이나 되는 마을 여성들이 합심하여 알지 못하던 노래에 춤을 맞춰 가며 베틀놀이를 완성할 수 있었던 것은 그 여성들이 남도 노랫가락과 몸놀림이 몸에 배어 있기 때문이다. 64세인 구술 19의 어머니는 60년대 마을 처녀들이 베틀놀이는 견줄 수 없을 정도로 위용이 있던, '중노'라는 군무를 멋지게 추었던 것을 기억한다.

> 발소리가 착착, 나는 어려서 안 했어. 지금 70대는 했제. 양가집 규수만 했어. 중노라는 게 베틀놀이보다 훨씬 더 멋있었지. 삼십 명 이상이 옷도 똑같

광주 충장축제 공연(2008)

이 입고, 지금도 그 소리가 선해. 발 맞춰서 강강술래 하고, 며칠 전부터 중
노 한다고 하면 연습을 해. 나이 잡순 아주머니들이 지금으로는 교사야. 가
르쳐. 반촌 젊은 사람들이 한다고 해도 폼이 안 나와. 반촌, 집성촌이 아니
면 할 수 없어…(구술 19).

이같이 60년대까지만 해도 시골 마을에는 강강술래와는 다른, 수십 명의
마을 여자들의 군무 전통이 내려오고 있었고 지금 70대는 이런 군무의 경험
이 있었다고 말한다. 강강술래가 원시적 집단 춤에서 유래해서 오늘날까지
전승되어 온 것과 마찬가지로, 이러한 집단 가무의 전통 역시 오래되었을 것
이다. 비자마을 여성들에 의한 베틀놀이의 완성은 이같이 오래된 집단 가무
체험의 연장선상에서 이어져 올 수 있었다고 보인다. 그러나 이 과정이 쉬운
건 아니었다. 공연 참가자들은 지금은 익숙해지기도 했고 오래 연습하기도

힘들어서 며칠 연습하고 나가지만, 처음 시작할 때는 '말도 못하게 연습' 했다고 당시를 기억한다. 이렇게 '말도 못하게 연습' 해야 했던 건, 80년대에 이분들 중에 물레 돌리고 베틀로 천을 짜 본 경험을 가진 사람이 소수였기 때문이다. 당시 60대, 지금 팔십이 넘은 사람들 중의 일부가 이런 경험을 가졌을 뿐이다.

1980년대에는 면 단위로 민속놀이 경연을 해서 여기서 우수상을 받았고, 가을에 '금릉문화제'(현 청자축제)에서 공연을 하고 '남도문화제'에 군 대표로 나갔다. 베틀놀이는 1986년 민속놀이 경연에서 우수상을 받고 그 해 가을 금릉문화제에서 공연하였다. 또 당시 도 문화재 전문위원이었던 정홍수 씨의 지도를 받아 그해 9월 24일 광주 실내 체육관에서 열린 15회 '남도문화제'에 출연하여 종합최고상을 받았다. 1987년 제28회 전국민족예술경연대회에서는 도 대표로 출연하여 장려상을 받았고(구술 29), 2013년 10월 '전남민속예술축제'에서 최우수상을 수상하였다.

여성의 집단무를 남성이 보조하는 마을의 춤

비자동 마을 주민들은 남녀노소 할 것 없이 합심하여 베틀놀이 춤을 이어왔다. 베틀놀이는 여성 농민인 마을 여성 66명의 참가로 시작하여, 세월이 흐르면서 자연사하는 여성들이 생겨나면서 현재(2011)는 42명이 참여하고 있다. 한 번 공연하기 위해서는 장비를 트럭에 싣고 옮겨야만 하고, 공연을 하고 나면 물레·베틀 등 장비가 고장나기 일쑤니 이것들을 고쳐야 한다. 이런 일들은 마을 남성들의 협조가 절대적으로 필요하다. 그렇기 때문에 공연은 마을 남녀 모두의 협력으로 이루어진다. 마을이 하나의 극단이라고 할 수 있다.

1986년 이후 청자축제에서의 공연이 상례화되면서 베틀놀이는 28년째 마을 주민들의 합동 공연으로 지속되어 올 수 있었다. 이 지속적인 공연에 대한

청자 축제 공연(2011)

참여자들의 경험은 하나의 색깔로 표현하기 어렵다. "너무 힘들어서…."라고 표현하는 사람이 있는가 하면, 좋아서 하기보다는 하라니까 해 온 것이긴 한데, 일단 하면 제대로 한판 굿(마을 놀이)³⁶을 놀아 보는 경험도 되고, 조상들의 지혜에 새삼 탄복하게도 되고, 마을 단합대회의 효과까지 있다고 말한다 (구술 29).

> … 청자축제 해라 하니까 할 수 없이 하는 거지 좋아서 하는 건 아니야. 한번 갔다 오면 너무 힘들어. 여름에 오직 더운데 땀땀 쪽쪽 흘리고 연습하고 흰 저고리 검은 치마, 흰 고무신, 고쟁이 입고, 그런 거 다 갖춰 해야 하니까 영판 힘들지.
> 강강술래가 백번 수월하제. 강강술래도 했지. 장비가 없고 맨몸으로 하기 때문에, 너무 쉬워.(강강술래라면: 필자 주) 뭐든지 하겠어. 이건 다 자기 분야가

청자 축제 공연(2011)

있잖아요. 실수할까봐 얼마나 정신을 똑바로 차려야 하는데. 강강술래는 아무것도 아니어….

질문: 공연할 때 힘만 드세요?

구술: 힘들어도 공연하고 나면 힘들어도 좋지. 단합 대회식으로 나이 들어도 하고 그게 좋지. 광주 충장 축제에도 나가고…. 제대로 굿(놀이)을 하제. 노래에 맞춰서 베도 짜고 물레질도 하고, 고무레질도 하고, 베도 메고 하다 보면 신기하기도 하지, 옛날부터 이렇게 천을 짜왔다는 게….”

질문: 전수를 꼭 해야 한다고 생각하시나요?

구술: 안 잊혀지려면, 전수하려면 사람이 있어야 하는데 사람이 없어.

질문: 안 잊혀지는 게 왜 중요할까요?

구술: 옛날부터 전해 내려오는 풍습이라 안 잊어 부리고 하면 좋지만, 신식

사람이 이걸 하는 사람이 없어, 나이든 엄마들이나 하지. 옛날 어른들이 고생하셨지만 …안 그랬으면 홀라당 벗고 살았제.

'옛날 어른들 고생 아니면 홀라당 벗고 살았제.'라는 이 말에 이 춤의 의의가 압축적으로 표현되고 있다. 선조들이 살아온 삶의 지혜는 오늘의 우리 삶의 바탕이 된다. 이 춤에는 의류 생활과 관련된 선조들, 그리고 아마도 여성들이 그 주체였을 삶의 지혜가 농축되어 표현된다. 이 춤은 우리의 전사(前史)를 담은, 그래서 가치가 있음을 참가자들은 인지하고 있다. 여기에 더해, 춤은 한판 흐드러지게 놀아 보는 흥까지 제공한다.

한편, 주민들의 베틀놀이 공연에 대한 이해와 정서는 위의 구술에서와 같이 복합적인데, 고령화로 인해 점점 더 이 일을 지속해 가기 힘들 거라는 우려와 함께 이 춤이 단절되고 말 거라는 안타까움으로 연결되고 있다.

소멸 위기에 놓인 베틀놀이

베틀놀이에서 새로 유입되는 참여자는 없고 회원들의 자연사로 공연 참가자들의 수는 줄어들었다. 1986년 첫 공연 때 66명이었던 참가자는 2011년 현재 42명이다. 또 최근에는 참여자 전체의 고령화로 인해 공연은 그 정수를 보여주지 못하고 명맥만 유지하면서 지속되고 있다. 예를 들면 "금년 길쌈도 다 끝냈으니 우리 다 함께 필베 놀이로 한마당 윽씬윽씬 뛰어보세."라는 구절에서는 모두 윽씬윽씬 뛰어야 하나, 회원들이 무릎 관절이 안 좋거나 힘이 없어서 뛰지를 못한다. 잉아를 잡아 베틀에 거는 것은 실제 이 일을 해 보았던, 현재 80세 이상의 고령 여성 농민들만이 할 수 있다. 그러나 이 연령대의 여성 농민들은 자연사하고 단 한 명만 남아 있고, 이 한 분도 치매기가 있어 언제 운명을 달리할지 알 수 없는 상태이다. 나머지 회원들도 자신들은 어릴

적 물레를 돌려 본 적이 없어 이 일을 할 줄 모른다고 말한다. 군이나 도 차원의 어떤 전승 노력도 이루어지지 않은 채 당사자들만이 이제 자신들의 고령화로 춤이 힘에 부치게 되면서 춤이 단절될지도 모른다는 위태로움만 느끼고 있다. 2010년까지는 화순, 순천, 함평, 진도 등 남도문화제에 가서 매년 공연을 했지만 2011년에는 가지 못했다. 광주 충장로 축제는 매년 겨우 가고 있지만, 다음 해 참여는 장담하지 못한다.

… 이제는 나이 80 넘으신 분들이 계셔서 무릎이 아파서 못해. 몸이 안 따라줘. 다 끝나고 '힐끗 놀아 보세' 할 때는 놀아야 하는데 못 따라 오서. 무릎이 아파서 뛸 수가 없어. 허리도 굽고, 다 옷을 똑같이 입혀 놔서 모르제. 구절구절, 빨리 하는 구절, 천천히 하는 구절 '한마당 힘껏 놀아 보세.' 하면 질끈 하고 뛰거든. 이젠 그게 없어. 엄마들이 다 다리 아프고 몸이 말을 안 듣게. 그렇게 노래가 흥겹게 조간 나갈 때도 편편하게 해야지 덜 힘들지. 이젠 못 뛰어, 연세들이 많아 가지고. 팔십 세 넘은 분들이 대여섯 분 평균이 77, 78, 그분들이 있기 때문에 옛날 길쌈 놀이를 하제, 지금 젊은 사람들은 못해. 물레 같은 건 나 역시도 이렇게 끼는지 몰라, 실 뺄 줄도 모르고. 젊은 사람들은 가르쳐 줘도 몰라. 이분들 안 계시면 그것도 못 해. 제일 어려운 게 물레, 베틀. 사십 대 넘은 사람들 몇 있는데 그 사람들은 못해. 한 번씩 갔다 오면 장비들이 고장 나니까 그것도 힘들고. 물레, 베틀, 고무레 보존은 해야 하는데 우리 아짐들이 늙으셔서 명년에는 할랑가 모르겠다고 면장님에게 말했어(구술 29).

사라진다고 생각하면, 서운하제, 우리 대에서 끝난다고 생각하면. 근데 이 어받을 사람이 없어…. 신식 사람이 이걸 하는 사람이 없어. 나이 든 엄마들이나 하지. 젊은이들은 가락도 물레에 낄 줄도 모르고, 돌려도 실이 제대로 안 나와. 기계 베는 아무나 짤 수 있어…. 손 베는 옛날 엄마들이나 짜지, 우리도 못 짜. 배워도 못해, 에려운 일이라. 옛날에도 다 베 짜는 게 아니라 실을 낄 줄도 모르고, 돌려도 기계 그러지마는 잉아(실을 잇는 것)를 할 사람들이 없어. 진짜 어려워. 옛날 어른들이 고생하셨지만 … 안 그랬으면 홀라당 벗고 살았제. 한 분만 베를 짜. 짤 사람이 없어. 기계 베틀은 짤 수 있지(구술 29).

2) 신전 들노래[37]

강진군 신전면 벌정리 논정마을과 용월리 등 신전면 일대에서 불려 온 신전 들노래는 남해안 지역 농경문화 들노래 본연의 신명과 음악 예술 세계를 잘 담고 있는 점이 평가되어 2006년 전라남도 무형문화재 제38호로 지정되었다. 들노래는 논에 물을 대는 시기에 부르는 보메기 소리, 못자리를 만들 때 부르는 못자리 소리, 모를 심으며 부르는 모심기 소리, 논에 자라난 잡초를 뽑을 때 부르는 초불메기 소리와 중불메기 소리, 만물메기 소리 등 6가지로 크게 나뉘어져 있다. 들노래는 북과 꽹과리로 장단을 맞춰 농사일로 가장 힘든 오후 3시경에 주로 불렀다.[38]

이 지역은 조선 후기 이래 간척에 의해 농경지가 확대되고 이에 따라 농경 문화의 전통이 새롭게 형성되었다. 본래부터 농경문화가 활발하게 전승되었다기보다 새롭게 조성된 생태 환경 속에서 들노래 수요가 크게 확산되는 과정에서 인근 지역의 민요를 창조적으로 수용하게 되었고 그 결과 어느 곳보다 들노래가 발달하게 된다(나승만, 이경엽, 2003: 15). 근대에 들어와서 이 지역의 간척은 1960년대 초에 본격적으로 추진되어 1970년대 말에 이르러 42ha에 이르는 논정지구 간척 사업이 완료되었다. 이후 기계화가 추진되면서 들노래 전승이 위축되지만 신전 들노래 예능 보유자인, 선소리꾼 고(故) 이만동(李萬童, 1924~2010, 이만동은 호적명이고 본명은 이종재) 옹과 부인 안복순 씨의 활약으로 이 마을에서는 들노래가 유지되어 왔다.

이만동 옹은 60여 년간 강진 국악을 대표하는 인물이었다. 이 옹은 1983년 강진향교 장의를 맡으면서 본격적인 지역 활동에 나섰다. 강진노인대학을 다니며 전문 강사 이상의 역할을 해 내면서 지역 노인들에게 북을 지도하기도 했다. 이어 1995년부터 이 옹은 국악협회 강진지부 부회장을 역임하면서 제18회(1996년) 남도국악제 명고수 부문 우수상, 제20회(1998년) 남도국악제 토속민요 부문 우수상, '강진 들노래'로 제39회 전국민속예술경연대회 민요 부문 우수상(1998), 여수 진남제 명창대회 특상(2001) 등 각종 대회에서 뛰어난 실력을 발휘하면서 이름을 알렸다.[39] 2000년에는 이 옹의 주관으로 주민 회원 50여 명으로 강진신전들노래보존회(회장 이영학)를 결성하였다. 결성 후 보존회 회원들은 하루 몇 시간씩 연습을 하였고 2004년부터는 청자문화제에 참가하여 신전 들노래를 공연해 왔다.

들노래 및 집단 가무에서는 선소리꾼이 절대적으로 중요하다. 선소리꾼의 선창에 나머지 사람들은 후렴구를 따라 부르는 식으로 가무가 이어지기 때문이다. 강진 들노래의 경우 선소리꾼은 이만동 옹이 맡았고 후렴구는 마을 여성 농민들이 맡았다. 따라서 후계자가 정해지지 않은 채 이만동 옹이 노환으로 2010년 돌아가시자 주민들은 망연자실한 상태에 빠졌다. 내가 2011년 11월 26일 방문했을 당시 이만동 옹은 1년 전에 세상을 떠난 상태였고, 회원들은 소리를 지속하기 힘들어진 것을 매우 안타까워했다. 선소리꾼이 없어 앞으로 공연하기는 힘들 것이라는 말을 했다. 다행히 남편 사후 광주 아들 집에 가 있던 부인 안복순(2012년 현재 83세) 씨가 신전 노혜마을의 집으로 돌아와 선소리를 맡아 주기로 하면서 아직까지는 들노래를 이어 가고 있다.

부인 안복순 씨 자신도 아래의 기사에서 보듯이 처녀 때 들었던 '춘양이놀이'와 '둥당이타령'을 복원해 마을 주민들과 공연했을 정도로 타고난 예인이다. 이 부부는 개인적으로 타고난 예인일 뿐만 아니라, 전통 민속 예술을 주민들과 함께 전승하는 데 리더십을 발휘하며 살아온 것으로 보인다. 예를 들면 2003년 제5회 김제 지평선실버축제의 실버장기자랑 경연 대회에서 남편 이만동 옹은 32명 노인 회원들과 함께 합북을 연주하고, 부인 안복순 씨는 33명 여성 노인들을 이끌고 강강술래를 안무하여 각각 우수상을 수상하였다.[40] 이제는 작고한 남편의 뒤를 이어 부인이 선소리를 잇고 있지만 고령으로 언제까지 선소리를 할 수 있을지는 의문이다. 들노래는 선소리꾼이 꽹과리를 치고 먼저 들어가면서 북, 노래가 맞아야 한다. 그것은 선소리꾼 없이는, 들노래에 대한 감만을 갖고 후렴구만을 맡아 부르는 회원들로는 유지될 수 없다. 따라서 남편의 뒤를 이은 선소리꾼 안복순 씨마저 고령인 강진 들노래는 풍전등화의 위기 상태라고 말할 수 있다.

해방이 되던 해에 22살이 되어 고향으로 내려온 이 옹은 강진읍 보전마을 출신 안복순 씨와 결혼을 했다. 두 사람의 만남도 예사롭지 않다. 안 씨도 처녀 때 노래를 좋아했다. 최근에는 처녀 때 들었던 '춘양이놀이'와 '둥당이 타령'을 복원해 마을 주민들과 공연도 하고 있다.

아무튼 안 씨는 당시 중매쟁이가 '신랑 될 사람이 노래는 잘하는 사람이다.'라고 하는 말에 귀가 솔깃해 논정마을로 시집을 왔다. 시집온 지 얼마 안돼 한 번은 안 씨가 물레를 돌리며 삼베를 짜고 있을 때였다. 남편 이 씨가 옆에서 북을 치며 심청전 중 한 대목을 부르기 시작했다. 심봉사의 아내가 심청이를 낳고 죽었으나 앞을 보지 못하는 심봉사는 그것도 모르고 약을 먹으라고 권하는 대목이었다. 그 목소리가 하도 구성지고 슬퍼 안 씨는 평평 울고 말았다. 안 씨는 노래 잘하는 남편이 그렇게 자랑스러웠다. 7남매의 자녀들도 어버지가 노래 잘하는 것을 좋아하며 컸다.

끼 많은 이 옹과 사는 일이 항상 좋을 리는 없었다. 이 옹은 잔칫집이나 모심는 집이 있으면 만사를 제쳐 놓고 그곳으로 달려갔다. 북치고 꽹과리 두드리며 노래를 부르기 위해서였다. 한번은 이 씨 집 모를 심는 날이었는데, 그것도 팽개치고 남의 집 모심는 논으로 달려갔다. 덕분에 집안일은 항상 부인 안 씨 몫이었다. 안 씨는 "매미처럼 웅강에 앉자 노래만 불렀다."고 남편의 흉을 슬쩍 봤다.

그렇다고 돈을 받는 것도 아니었다. 당시만 해도 잔칫집에도 놀아 주면 기생들의 경우 적지 않은 경비를 챙기곤 했다. 이 옹은 예나 지금이나 '공연'을 하고 나서 일절 돈을 받지 않고 있다. "젊었을 때 저와 약속했습니다. 돈을 받으면 가치가 떨어지니 노래하는 것만으로 만족하자구요." 부인 안 씨는 남편 이 옹이 돈을 받지 않은 것에 대해 큰 자부심 가지고 있었다. 이 때문에 이 옹은 잔칫집만 있으면 항상 찾아가서 공짜로 노래를 불러 주고, 축의금은 따로 챙겨 주는 이중 지출을 하곤 했다.[41]

3) 영동별신제

강진군 대구면 산동마을에서는 대보름 전날 밤 11시에 시작해서 새벽 4시경 끝나는 '영동별신제'를 매년 모신다. 당산 할아버지, 할머니를 사장나무 밑에서 모시는데, 전해 오는 전설은 별신제가 제의 전 일정 기간 제관의 엄격한 수신을 요구하였음을 말해 준다.

전설에 의하면 예전에 별신제를 모신 사람이 그날 밤 부인과 동침을 했다. 아침에 인기척이 없어 시어머니가 방문을 열자 둘이 붙어서 아무리 용을 써도 떨어지지 않았다. 그래서 비가 올 때 소에게 씌우는 소어치(부리망)를 씌우고 무당을 불러 굿을 하자 그때야 떨어졌다. 소어치를 씌워 굿을 했다는 것은 사람으로서는 하지 못할 짐승 같은 짓을 하였다는 경고적 의미를 담고 있다.

이와 같이 제관과 준비하는 주민들의 정결한 몸가짐 엄수를 요구했던 별신제는 국가의 안녕과 풍어와 풍년 농사를 기원하는 당산제의 일종으로 우리 고유의 민속이었으나 일제시대 이후 중단되었다가 1974년 마을 원로들에 의해 정월 대보름날 재개되었다.[42] 이 제의가 특히 유명한 이유에 대해 윤재평 할아버지(2007년에 78세)는 "그 유래를 말하자면, 농악 때문이지, 이 마을에 농악이 유명했거든. 목적이 그것인디, 지금은 사람이 없어 가지고. 그랑께 수동·백사·청룡·계치 아줌마 청년들이 다 모인다. 힘 있는(젊은) 사람들이"라고 답한다. 영동별신제를 유명하게 했던 농악은 이미 사라졌고 별신제 제사 자체도 이제는 유지하기가 힘들어지고 있다. 별신제를 준비하고 주관하는 주민들은 고령화로 인해 몸이 힘들어지면서 '내년에는 지낼 수 있을까?'라며 어려움과 힘에 부침을 토로한다.[43] 2012년 필자가 참여한 별신제는 쓸쓸함 속에서도 칠흙같은 어둠 속의 사물소리만은 모든 악귀를 물리칠만큼 신령스럽고 우렁찼다.

4) 농촌 마을 살림예술의 특징

위에서 살펴본 비자마을의 베틀놀이, 논정마을의 들노래, 영동마을의 별신제는 농촌 마을 살림예술의 몇 가지 특징을 보여준다.

첫째로 이 세 가지는 그냥 '농촌 지역예술'이 아니라 농촌 마을 살림예술로 불리는 것이 타당할 만큼, 지역 주민의 삶·정체성과 비교적 굳게 결합되어 있다. 이 세 가지 문화예술은 과거 기계농이 도입되기 이전, 또한 방직·방적이 공장으로 넘어가기 이전의 전통 농촌에서 주민들의 생존과 직결되는 문화예술이었다. 그것은 일상의 밥과 옷을 해결하기 위한 고된 노동을 놀이와 예술로 승화하는 주민들의 생존에 굳게 결합된 문화 의례이자 마을 살림 예술이었다. 기계농과 공장의 발전으로 이제 이들의 예술적 수행 활동과 생 존적 연결은 끊기고 문화예술적 기능이 강화되었지만, 이 공연들은 여전히 이 마을에서 주민을 하나로 결속시키는 역할을 한다. 주민들의 고령화로 공 연이 점점 더 힘들어지고는 있지만, 마을 축제나 군 축제에서 이 마을 살림예 술은 지속적으로 공연되고 주민들은 외부 공연도 나간다. 수십 명이 한 몸으 로 움직여야 하는 공연을 주민들이 그들의 노고에 못 미치는, 차량 제공과 같 은 관의 미미한 지원만을 받고도 수 년에서 수십 년째 지속하는 이것은 단순 한 여흥으로 이해될 수 없다. 의례의 준비 과정과 공연은 주민을 하나로 결속 시키고, 이러한 결속은 마을의 존속·정체성과 굳게 결합되어 있다. 그렇기 때문에 농촌 마을 살림예술이다.

둘째로 농촌이 도시보다 가부장제가 강하게 남아 있다는 사실에도 불구하 고, 이 농촌 마을 살림예술은 남성 우위나 성차별적이기보다는 여성과 남성 의 공동체적 협조를 이끌어 낸다. 베틀놀이 공연 준비와 공연 과정에서 마을 남성들은 처음부터 끝까지 장비를 운반하고, 고장난 장비를 고치고, 공연에 서는 깃발을 드는 등의 보조 역할을 맡는다. 그러나 이러한 보조 역할을 마다 하지 않고 이십여 년의 세월 동안 기꺼이 협조를 아끼지 않았다.

또한 베틀놀이가 지속되기 어려운 점을 함께 걱정한다. 신전 들노래의 경 우 선창은 선소리꾼 남성이 하였지만 후렴구는 마을 여성들이 맡고 이 분업 은 협조적으로 이루어져 왔다. 별신굿은 제주가 남성이라는 점에서 어떤 면 에서는 가장 남성 중심적인 의례이며 문화예술이다. 남성의 제주 역할은 유 교 문화임을 부인할 수 없다. 그러나 별신굿에서 모시는 신을 가만히 들여다 보면, 별신굿을 남성 중심의 마을 문화라고만 말할 수 없다. 별신굿에서는 당 산 할아버지만 모시는 것이 아니라 당산 할머니도 함께 모신다. 한국의 전통

문화는 지하여장군과 천하대장군, 보지바위와 좃바위, 지모신과 (할아버지) 산신을 함께 모셨다. 이것은 양 우위의 유교 전통과는 다른 민간신앙의 음양상 보적 전통이다. 사실 마을굿에서 '제주=남성'이라는 성 배타적 양식은 전통 이라기보다는 새마을운동과 함께 무속이 쇠퇴하면서 생긴 최근의 현상으로 보는 것이 타당하다. 왜냐하면 마을굿은 전통적으로 마을 당골이 주재했고 당골은 대부분의 경우 여자 무당이었기 때문이다. '제주=남성'으로 굳어진 가부장적 의례도 마을 수호신으로서의 여신을 축출하지는 못했다. 우리의 여신을 신앙하는 문화는 동이족의 창조신인 마고 여신 문화의 자장 속에 있는 것으로 이해되어야 한다.

> 선천 시대에 마고대성은 실달성(實達城) 위에 허달성(虛達城)과 나란히 있었다. 처음에는 햇볕만이 따뜻하게 내려 쪼일 뿐 눈에 보이는 물체라고는 없었다. 오직 8려(呂)의 음(音)만이 하늘에서 들려오니 실달성과 허달성이 모두 이 음에서 나왔으며, 마고대성과 마고 또한 이 음에서 나왔다. 이것이 짐세다. 짐세 이전에 율려가 몇 번 부활하여 별들이 출현하였다. 짐세가 몇 번 종말을 맞이할 때, 마고가 궁희와 소희를 낳아 두 딸에게 오음칠조의 음절을 맡아보게 하였다.
> 성에서 지유(地乳)가 처음으로 나오니, 궁희와 소희가 또 네 천인과 네 천녀를 낳아 지유를 먹여 그들을 기르고, 네 천녀에게는 려(呂), 네 천인에게는 율(律)을 맡아보게 하였다." (박제상, 2002: 26)

율려로 천지를 창조한 마고 여신 신화와 함께 동이족은 출현했기에 마고 신화는 동이족의 무의식이라 말할 수 있다. 그렇기 때문에 유교나 기독교가 수 세기를 지배하는 세월 속에서도 그 세가 말할 수 없이 약화되긴 해도 결코 사라질 수 없는 것이 마고 여신의 전통이다. 1980년대 문화운동이 한국의 문화 전통에 주목하면서, 굿은 문화 의례라는 형태로 현대적으로 계승될 수 있는 호기를 맞았다. 1980년대 굿판을 장악했던 이애주가 상징하듯, 이 문화속에서 여자는 자연스럽게 제주가 되었다. 어떤 문화적 저항도 없었다. 당골 = 여자 = 마고 문화의 전통이 있기에 가능한 일이었다.

농촌 마을 의례, 농촌 마을 살림예술은 그 유지 자체가 풍전등화의 위기에 처해 있기는 하지만, 이것이 농촌 마을의 회생과 함께 다시 살아난다면, 도시에서 일어난 것과 같이 탈가부장적인 형태여야 할 것이다. 이러한 변화는 여신 신앙을 지님에도 제주를 남성으로 한정하는 모순을 깨치지 못하는 현재의 할아버지, 할머니 세대에 의해 일어날 것을 기대하기는 어렵다. 아마도 이런 변화는 전통의 의미를 알면서도 가부장적 금기에 갇히지 않는 새로운 귀촌인들에 의해 일어날 수 있을 것이다.

물론 농촌 마을은 이를 수용할 수 있는 조건들을 갖추고 있다. 모시는 마을신에서 여신이 중심인 경우가 적지 않고, 근대화는 전통 사회의 남성 문화 영역을 여성과 남성이 함께 참여하는 문화 영역으로 변화시켰다. 예를 들면, 전통 사회에서는 양반 남성의 전유물이었던 서예나 사군자·수묵화가 이제는 농촌 여성들의 취미가 되었고, 천한 종들이나 하던 사물놀이도 신분제도의 해체와 함께 이제는 남녀노소 모두 참여하는 문화로 변화하였다.

3. 지금, 여기서 이어 가는 살림예술과 그 활동

앞에서는 농촌 마을 살림예술의 위기를 말했다면, 여기서는 살림예술의 내적인 역동성과 희망을 말하고자 한다. 앞에서 본 마을 단위의 전통 살림예술이 유구한 역사를 갖는 거대한 뿌리의 굵은 줄기를 이룬다면 여기서 소개할 살림예술과 살림예술인은 중간 뿌리 혹은 잔뿌리라 할 수 있을 것이다. 그러나 이들은 이미 굵은 뿌리 줄기 어머니를 나날이 닮아 어느 순간 이 굵은 뿌리와 하나가 된다. 이들은 남도에서 태어나 남도를 떠난 적이 없거나 잠시 대도시 생활을 했지만, 못내 고향이 그리워 혹은 반 강제적으로 고향으로 떠밀려 와 자각하든 않든 거대한 뿌리의 한 지체인 자신을 받아들이고 자신의 일/예술을 좋아하면서 살고 있다. "김광석 노래도 좋지만 우리의 소리가 더 애절하게 다가오고 별 볼일 없어도, 의식적이지 않은 춘향가가 더 다가오는 것"이 이들의 미학이다.

2012년 4월 8일 해남군 임하도 임하교회의 부활절 예배를 참관했을 때의 일이다. 부활절 춤 공연을 마치고 나온 무용팀 어머니와 점심을 나누며 내 딴에는 비형식화된, 대화식의 인터뷰를 유도하며 "춤추는 게 어떤 의미를 가질까요?"라고 질문했다. 돌아온 답은 스쳐 지나가듯, 읊조리듯 "이것이 없었으면 어찌 살았을까?"라고 던진 짧디 짧은 한마디였다. 구술 연구를 하는 사람들은 달변 구술자를 만나는 게 곧 횡재하는 것이다. 이 한마디 이상 끌어내기 어렵다는 것을 직감한 나는 속으로 '오늘 인터뷰는 끝'이라고 마음 정리를 했다. 인터뷰가 이루어지지 않았어도 부활절 예배를 한국 춤 공연으로 올리는 것을 참관했다는 의미가 크기에 크게 실망하지는 않았다. 돌아오는 차 속에서 김영자 선생님은 그 한마디가 얼마나 무겁고 깊은 얘기인지를 지적해 주었다. 그 순간 아차 싶었다. 말로는 표현할 수 없는 체험, 자신과 살아 있는 모든 것과의 소통과 연결에 대한 느낌, 심적 충만감 혹은 합일의 충만감, 이런 것의 미적 표현, 그것이 예술의 모습이 아니었던가? 그 짧은 한마디는 춤을 추면서 이 미적·문화적·존재론적 욕구가 충족되는 데서 오는 존재의 충만감을 표현하고 있었던 것이다. 여기서는 이같이 지역의 살림예술 활동을 통해 일상의 예술 활동으로 존재론적 욕구를 충족하면서 살아가고 있는 지역 살림 예술인들과 그들의 활동에 대한 소개이다.

1) 해남 문화 분권 운동의 리더 박영자와 〈해남우리신문사〉

〈해남우리신문사〉박영자 대표는 나주 사람이다. 내가 남도 문화를 이해하는 작업을 강진과 해남에서부터 시작하자고 생각하면서 해남의 문화를 꿰뚫고 있는 이를 소개받고자 했을 때, 해남 사람들이 이구동성으로 추천해 준 이가 박영자 대표였다. 박영자 대표를 몇 번 만나 인터뷰를 하면서 그녀가 왜 해남 이해의 관문인지를 수긍할 수 있었다. 그녀는 단순히 기사만 써 온 기자가 아니었다. 태어난 곳은 나주지만 나주 출신 남편과 결혼하면서 정착하게 된 해남이 고향이라고 말하는 그녀는 해남 문화 운동의 산 증인이기도 했고 문화를 선도해 가는 탁월한 문화 창조자이기도 했다. 무엇보다도 지역 언론은 지역 문화 만들기의 중심축임을 명철하게 꿰뚫고 이를 일관되게 실천해 왔다. 이 실천에는 사람과 지역에 대한 따뜻한 애정이 깔려 있다.

그녀는 1990년 이후부터 해남신문사에 몸담으면서 해남의 문화와 역사를 샅샅이 훑었다 할 만큼, 주제가 분명한 시리즈 기사들을 계속 썼다. 지역 문화·역사에 관심이 많아서 신문사에 들어와 처음 연재한 것이 조선시대에서 현대까지의 해남 인물사였다. 이후 '우리 동네 우리 마을', 해남 유지들의 문중사를 연재했고, 그다음에 해남의 전설을 연재하였다. 1990년대 초 아직 문화 유적에 대한 관심이 없었을 때 한 달에 한 번씩 청년들과 해남의 유적지를 찾아다니며 공부를 했다. 이러한 활동을 미리 하고 있었기에 유홍준 교수의 책이 나온 이후 해남의 문화 유적을 쉽게 해설해 주거나 문화 유적의 가치를 드러내 주는 기사들을 어렵지 않게 연재할 수 있었다.

이후 노인들을 몇 년 쫓아다니면서 일제 강점기부터 해방 이후까지 해남의 근대 사회주의 운동사와 한말 의병 활동을 취재하여 정리했다. 이렇게 해서 나온 책이 『이데올로기에 갇힌 해남의 근현대사』이다. 그 책이 출판된 후 피해의식에 사로잡혀 숨죽여 살던 유족들의 기가 살아나면서 약 500명 회원의 '해남유족회'가 결성되고 출판기념회까지 했다. 이렇게 해남의 역사가 정리되었기 때문에 이 책을 바탕으로 과거사위원회는 갈매기섬에서의 민간인 학살 보도연맹 사건인 나주 경찰에 의한 민간인 학살 사건을 진실 규명 1호로 조사했고 그 결과 이 사건은 진실이 규명되었다.

해남군은 1999년 전국 최초로 문화 관광 해설가를 양성했는데 그때 군에서 청년회 모임을 흡수했다. 박영자 대표도 이때 교육을 받고 제1기 문화 관광 해설가 활동을 해 왔고, 지금은 해설가 양성 교육 강사로 활동한다. 문화 관광 해설가 대회에 나가면 해남 해설가들은 상을 휩쓸 정도로 해남의 문화 해설 수준은 높은 편이다. 이후 연로한 노인들이 돌아가시기 전에 구술을 받아 두자고 해서 작업한 것이 『해남의 옛이야기 5백편』(2006)으로, 이 책에서는 전설 편이 거의 정리되었다.

2000년 초반만 해도 자기 지역예술인만으로 공연을 기획한다는 것은 아무도 생각하지 못할 때였다. 이때 박영자 님은 해남신문사 기획으로 대흥사 케이블카가 지나가는 산속에서 '여름밤의 라이브 콘서트'(2001)를 진행하였다. 최저 예산 콘서트였다. 지역 사회단체에서 5만 원 들여 플래카드 걸어 주고 산속까지 피아노 옮기고, 당시만 해도 지역 예능인들을 두루 알고 있는 상태가 아니었으니까 일일이 찾아다니면서 섭외해 무대를 올렸다. 유명한 가수도 없는데 누가 이 산속까지 오겠냐는 우려를 불식시키고 관중이 5백 명이나 왔다. 박영자 대표도 놀랐다. 거기서 지역 예능인이 많이 발굴되었다. 해남 거리의 춤꾼 김영자, 사회를 잘 보는 고유경, 통기타를 치면서 팝송을 멋들어지게 하고 통기타 동아리 '땅끝울림'을 결성해 통기타 바람을 일으킨 민재평 씨 등이 이때 지역예술인으로 발굴되었다.

지역 언론사가 이런 지역문화 운동의 주축이 되어야 한다는 소신을 가진 박영자 대표는 직원으로 이러한 소신을 추진하기에 한계를 느끼고 해남신문사를 그만두고 2009년 12월에 〈해남우리신문〉을 창간한다. 창간하자마자 문화분권운동이라는 기치 아래, 2010년 '찾아가는 마을 음악회'를 5일 정도 했다. 철저하게 마을의 가치를 찾고 그 가치를 지역사회가 공유함으로써 마을 주민들 스스로 자기 마을에 대한 자긍심과 정체성을 갖게 하는 작은 축제, 저비용 축제를 지향하는 것이다. 무대를 없애고 기관으로부터 독립한 주민들의 자발적 축제, 이것이 박영자 대표와 〈해남우리신문〉이 추구하는 마을 작은 축제이다. 마을 축제는 농민들이 자기 지역을 새로운 눈으로 인식하게 해준다. 신문사가 세 번째로 마련한 '찾아가는 마을 음악회'는 1993년 아시아나 항공 참사 시 생명 살림의 기적을 만든 주역들이 이제는 친환경 농산물 생산으로 생명 사랑을 실천하고 있는 마을사를 7분짜리 동영상을 통해 보여준다. 주민 집 돌담도 얼마나 예쁜지 영상으로 보여주며, 내레이션을 통해 기적을 만들어 낸 당신들이 얼마나 위대한가를 농민들에게 직접 들려 준다. 그런데 이 영상도 마을 주민인 할아버지의 자원봉사로 만든 것이다. 조명을 비추면서 배추밭 사이에서 선녀춤이 공연된다. 배추밭이 공연장이 되는 탁월한 생태미학이 구사된 공연을 보고 나서 주민들은 한결같이 고된 노동의 현장인 밭이 얼마나 아름다운지를 새삼 깨닫게 된다.

박영자 대표는 큰 축제보다는 해남의 이곳저곳에서 매일 이런 작은 축제가 열려야 한다고 생각한다. 실제 해남에는 작은 축제가 많이 열리고 신문사에 공연 협조 요청도 많이 들어온다. 이런 걸 보면서 계속 지역에 들어가서 지역단체와 함께 작은 축제를 공동으로 개최해야겠다고 생각한다. 지역사회에서 언론에 대한 새로운 시각이 형성되었다는 뿌듯함, 신문사가 주민과 함께 가는 지역 신문이라는 자부심이 솟구치고 이 힘으로 또 일을 하게 된다.

한편 그녀는 신문사가 지역의 창의적 인물을 발굴하여 이들 간의 네트워크를 구축하고 지역에서 이분들의 활동이 순환되어야 한다고 생각한다. 창의적 인물은 각 분야에 열정을 가진 인물들을 말하는데 사회는 이들 소수 몇 사람에 의해 움직인다고 본다. 한 지역사회 내에서 창의적 인물들의 인적 네트워크가 이루어져야 하고, 지역사회가 그 사람들에게 투자해야 하며, 지역사회에서 어떤 강의가 필요할 때 외지 강사를 데려오는 게 아니라 그 사람들이 가서 강의하게 하면서 지역 내에서 지식 순환 운동이 이루어져야 한다. 지식 순환 운동은 주민들 스스로 보는 눈을 키우면서 공동체를 회복하고 가치를 만들어 내는 과정이 되어야 하며 문화분권의 힘을 키우고, 지역 자원을 순환시키는 운동이 되어야 한다.

이런 취지에서 2011년에 신문사는 배추 유통 전문가를 양성하는 아침 학교를 열었다. 해남은 전국 배추의 70%를 생산하는데, 유통인 대부분이 외지인이다. 그래서 아침 학교를 새벽 7시에 열어 지역의 현장 중심 강사에게 배우게 한다. 배추를 제일 잘 심고 잘 기르는 이들에게 배우고, 현장에서 수업 받고, 직접 밭에서 사 보고, 유통을 체험하는 9개월 과정이고 등록금은 백만 원이다. 강사는 무료 봉사다. 수강료는 지식을 지역사회에 투자하는 과정을 운영하는 데 쓴다. 2011년 아침 학교에는 직업이 다양한 18명이 수강하였다.

신문사가 지역의 창의적 인물들을 지역사회에 알리고 네트워크를 형성하기 위해 하는 또 다른 작업은 '지역예술인들 작품 세계를 가다' 라는 기사를 연재하는 것이다. 작품 하면 거의 미술 작품을 생각하는데 박 대표는 거기에 동의하지 않는다. '지역예술인들 …' 연재에서는 꽃꽂이를 소개했고, 규방공예인 손바느질도 소개했다. 이런 작업을 통해 예술 영역이 넓다는 것을 보여주고 싶어 했다. 실제 이들은 지역사회의 문화 수준을 끌어올리는 데 크게 기여한다. 여기서 소개한 꽃꽂이 선생님의 활동으로 해남의 꽃꽂이 문화 수

준은 꽤 올라갔다. 한 사람이 있는가 없는가에 따라 지역사회가 굉장히 차이
난다. 한 사람의 작품 세계의 수준이 올라가면 사람들이 보는 눈이 생기고 많
은 사람들이 배워서 하게 된다. 그러다 보면 지역사회가 일정 부분 꼿꼿이 수
준이 높아져 있다. 박 대표는 그런 가치가 소중하다고 본다. 해남에서는 해남
군이 지원하는 문화 행사에 지역민 50% 출연을 의무화했다. 아직도 외지 가
수를 데려오기는 하는데 점차 지역 사람들이 해야 한다는 인식이 확산되어
군 정책에까지 반영되니 의미 있는 변화라고 할 수 있다.

　한편 신문사의 문화 사업은 그 자체로 끝나지 않는다. 마을 축제를 한 후
축제의 성과를 실효로서 담아내기 위한 후속 작업으로 전문가들의 해남포
럼, 그 지역 지역단체와 함께 '찾아가는 마을 포럼'을 진행한다. 마을 포럼에
서는 마을을 어떻게 특화시켜 가야 할 것인지를 고민한다. 북평에서 한다면
북평 청년회하고 하는 식이다. 예를 들면 2011년 신문사, 북평면 청년회와 해
남포럼이 함께 살아나려고 꿈틀거리는 남창장을 서남부권 중심 5일장으로
특화시킬 방안을 찾기 위한 포럼을 마련했다. 1차는 주민들하고, 2차는 20여
개 마을 이장들과 했는데, 반응이 아주 좋았다. 이 마을 포럼은 3차까지 진행
되고 2012년에는 진행되지 못했지만, 앞으로 이어갈 계획이다.

2) 해남과 강진의 강강술래[44]

　강강술래는 전라남도의 완도, 진도, 해남, 강진 등 서남 해안 지역에서 성
행했다. 앞의 비자동 베틀놀이의 논의에서도 나왔듯이, 마을에 따라서는 강
강술래가 아닌 다른 종류의 집단무(集團舞)도 있었던 것으로 보인다. 강강술래
는 인류가 채집과 수렵 생활을 하던 고대부터 내려오던 최고의 놀이 문화로
서 역사 속에서 마을 사람의 사랑·애환·소망 등을 기원하는 주술적 의미를
담은 노래와 춤, 놀이로 전승되었다. 특히 놀이는 풍성한 생산을 희구하는 모

의적인 생산 굿으로 기능하였다(서해숙, 1995). 강강술래의 끈질긴 생명력은 그 것이 6·25전쟁 때를 제외하고는 일제 강점기에도 남도 지역에서 내내 지속 되어 왔다는 데서도 알 수 있다.

> 6·25 때는 강강술래 안 했고, 여기 사람들이 충성 같은 단결이 있어. 우리 배 열 두 척 갖고 오십 몇 척을 물리쳤잖소. 보름에 강강술래 해서 해방이 안 되었소. 우리가 열 살 때 일제시대 때도 강강술래했지. 강강술래, 장군 소리 안 붙이고 했지. 이순신 장군 안 붙이고 "엄매 엄매 시누가 맵다고 고추같이 매울까", 이런 가사 갖고 해방 후에는 이순신 장군 가사를 맨들어 갖고 했지(구술 33).

해남 우수영의 강강술래는 명량대첩 당시 이순신 장군이 왜군에게 우리의 병사가 많다는 것을 보이기 위한 의병술로 마을 부녀자들을 모아 남장을 하 게 하고 이곳 옥매산을 돌도록 한 역사를 갖고 있다. 이 역사는 주민들이 다 공유하고 있다. 일제 강점기에 이 역사를 익히 알고 있던 여성들은 이 기억을 상기시키는 일체의 가사는 뺀 채 강강술래를 추었다. 강강술래를 추면서 배 열두 척 갖고 오십 몇 척 물리친 명량대첩을 생각하며 이렇게 일제 강점기가 끝날 것을 생각했고 그래서 이를 "우리 배 열두 척 갖고 오십 몇 척을 물리쳤 잖소. 보름에 강강술래 해서 해방이 안 되었소."라고 말한다(구술 34).

해남 우수영 강강술래는 이렇듯 역사성이 있으므로 1965년 대한민국 중요 무형문화재 8호로 지정되어 현재까지 보존되고 있다. 2009년에 강강술래는 유네스코 세계무형문화유산으로도 지정되었다. 이 지역에서 강강술래는 시 어머니에서 며느리로 전수되고 있다. 강강술래 보존회 1기인 어떤 할머니는 15년을 다니고 이제는 며느리한테 물려줬다.

강강술래를 15년 댕녔어. (딸: 공연하러?), 우수영 강강술래 (딸: 옆에 앉아 듣고 있는 사람들에게 '모르면 혼나'), 유명하재. 이제는 며느리가 다니고 물려줬지. 강강술래 1기로 들어갔었어(구술 40).

중요무형문화재 8호 보유자였던 김길임 씨에 이어 보유자가 된 박양애 씨는 일고여덟 살부터 사람에 치여 죽는다는 아버지의 만류에도 불구하고 추석 보름날, 대보름날 강강술래에 참여하였다. 그녀는 추석날에는 학교 마당에 몇백 명이 모였고 90살 먹은 할머니도 함께 춤을 추었다고 기억한다. 그녀와 그녀 친구 박정숙 할머니는 우수영 본토박이로 내외법이 심했던 사회에서 강강술래 하는 날만큼은 여자들이 자유로왔던 날로 기억한다.

난 여기 본토박이여. 옛날에 초등학교 1학년 때 해방되었어. 옛날에는 내외법이니까 딸이고 며느리고 부녀자들한테 대보름날 자유를 줘야. 난 6남매 막둥이여. 거기서(강강술래 하는 곳: 필자 주) 추석 보름날, 대보름날 강강술래 하면 머리로 가사를 입력했어. 제8호 김길임 씨 밑에서 공부하다 내가 등록이 되었지. 이제 세계 강강술래가 되었지. 진도 가서 지도하고 여기서도 지도하고, 진도 사람들도 가사 몰라서 내가 거의 지도했지. 무용도 거의 여기 거로 하고…. 부녀자들이고 아가씨들이고 명절 때 하는 걸 겁나게 기대하고 살어. 자유를 줘, 여자들이 자유스럽게 논게. 그 후로도 계속 우리가 행사를 했지. 임박사, 주창수 씨가 전국 경연 대회 데리고 갔지(구술 34).

박정숙 할머니도 시집와서 서른일곱부터 예순넷까지 참가한 강강술래 춤판이 자유로웠음을 기억한다.

내가 열아홉에 시집왔는데 강강술래한다고 해서 갔는데, 처녀들이나 나이 먹은 여자들이나 손잡고 하는데 총각들이 댕기 빼고 달려가 버리고 시어머니, 시아버지가 허락해 줘, 그때는 남녀노소 모두 노니까, 남자들도 손을 딱 떼고 들어와. 지금은 여자들만 하고, 끝에 한바탕 뛸 때 남자고 여자고 들어와서 뛰지. 학교 마당서 해. 총각들이 맘에 드는 아가씨 옆에 설려고 손 떼게 하려고 했는데 그때는 손 안 떼…(구술 33).

해남 우수영 강강술래가 무형문화재로 지정된 이후 강강술래는 마을 주민들의 자발적 춤의 성격을 상실해 가는 면이 있다. 관에서 나오라고 하면 운동장에 모여 연습하는 식이 된 것이다. 그러나 하기 싫은 걸 관이 하라고 해서 억지로 하는 식의 동원은 아니었다. 박양애 씨는 춤 연습이 일 다 끝나고 밤에 운동장에 모여 이루어졌다고 했으나 지금 70대인 이분들이 30대, 40대였을 때에는 낮에도 연습이 이루어졌다고 말한다. 춤 연습 나오라고 하면, 시어머니는 안 좋아도 며느리는 힘들게 밭일하다 춤추러 가니 "속으로 재미있었지."라고 말한다. 또 일 년에 몇 번씩 외지로 공연을 나간 것도 이들에게는 강강술래를 하면서 좋았던 일 중의 하나이다.

군·문화재청의 보존 노력과 시어머니·며느리·딸이 함께 추었던 지역문화의 전통이 결합해서 해남 우수영 강강술래는 지금도 지속된다. 김길임 씨에 이어 무형문화재 8호 강강술래 보유자가 된 박양애 씨는 자기 농사 지으면서 한 달에 서너 번씩 학교로, 진도에까지도 지도하러 다녔다. 공연을 앞두고는 보존회 회원을 운동장에 모아 한 달에 몇 번씩 연습을 한다. 옛날에는 마을마다 몇백 명씩 춤을 추었지만, 지금은 마을 단위로는 춤꾼들이 구성되지 못하고 문내면 동외리 인근의 46개 부락에서 모이는 백 명이 보존회 회원이다. 전수받은 사람이 한 이십 명이라면 그중 소리하는 사람은 하나둘 나온다. 이렇게 강강술래를 전수하러 다닌 자신의 삶에 대해 박양애 씨는 "여한이 없어."라고 말한다.

　우수영 강강술래가 이렇게 문화재와 보유자가 지정되면서 기억력이 좋아 모든 가사와 춤을 외우고 있는 보유자가 우수영 회원들에게뿐만 아니라 학교와 인근 지역까지 파견을 나가 춤을 전승시킬 수 있게 된 면은 있지만, 다른 한편 강강술래는 점점 더 주민들이 스스로 즐기며 노는 춤으로서의 성격은 상실해 가고 있다. 공연단에 포함된 보존회 회원이 아니면 춤을 더 이상 추지 않게 된 것이다. 옛날에는 비가 와서 일을 못 나가는 날이면 어느 한 집에 모여 막걸리를 마시며 춤추며 놀았고 농한기에서도 그늘진 곳서 놀았다. 임신을 하고도 춤을 배웠다. 동네 춤 잘 추는 사람이나 외지에서 온 선생님에게 자발적으로 배우기도 했다.

　　김영자: 엄마, 나 태어나기 전에 춤 배웠을 때 춤 선생이 누구였어? 진도에
　　　　　 서 오셨어?
　　조순덕: 아니 여기서 배웠어. 금한이 각시가 가르쳤는데, 죽었어. 금한이 각
　　　　　 시 알어?
　　김영자: 엄마, 금한이 각시는 춤을 어디서 배웠대?
　　조순덕: 춤 가르치는 사람이 왔었어, 양 선생이라고,
　　김영자: 양 선생은 어디서 살았어요?
　　조순덕: 몰라, (금한이 각시가) 배워가지고 우릴 가르쳤어(구술 40).

　　옛날에는 텔레비전도 없고, 그때는 못가 가서 장구 치고 춤추고 놀았지. 60
　　년대, 어매들하고 동네 방 하나, 엄매들 노는 집 있어. 농사 다 지어 놓고 농
　　한기 때는 모여서 놀아(구술 34).

보존의 노력 때문에 삶 속의 문화라는 남도 문화의 강점이 취약해지는 면이 발생하고 있는 것이다.

우수영뿐만 아니라 남도 해안가 여러 지역의 할머니들에게는 강강술래 춤 가락이 몸에 배어 있다. 2009년 강진문화원이 '양성평등 지역문화 확산사업'의 일환으로 할머니 연극 팀을 모아 공연한 국악인 함동정월의 삶을 주제로 한 연극에서 할머니들은 연극을 강강술래 춤으로 멋들어지게 마무리하였다. 할머니들은 강강술래 춤을 특별한 연습 없이 출 수 있었다. 강강술래 춤 가락은 이미 몸에 배어 있었다.

2009년 만들어진 '녹향월촌강강술래단'이 만들어진 지 1년만에 지역 안팎에서 발판을 굳힐 수 있었던 것도 강강술래 춤 가락이 몸에 배어 있었기 때문에 가능했다고 보인다. 강진군 성전면에서는 2009년 9개 마을의 부녀자 35명이 모여 '녹향월촌강강술래단'을 구성하였다. 이 팀은 결성 후, 청자축제와 마을 축제 등에 참가하고 있는데 2010년 3월에는 강진군 향토문화유산으로 지정되었고 11월에는 진도군에서 주최한 제1회 유네스코 세계무형문화유산 전국강강술래 경연대회에 참가하여 장려상을 수상하였다.[45] 이후 마을이나 군 행사에 이 팀은 인기리에 초청 공연되고 있다. 나는 2012년 7월 27일 마을에서 진행된 〈초록교육연대〉와 〈(사)가배울〉 주관의 초등학생 캠프에서 강강술래 시연을 보고 이어서 함께 어우러져 춤을 주었다. 이 춤꾼 할머니들 중에는 대월 체험마을 식당에서 캠프를 온 학생들에게 밥을 해 주신 할머니들도 포함되어 있었다. 이 할머니들이 하얀 저고리 푸른 치마의 한복으로 갈아입고 강강술래를 먼저 시연하고 이어서 학생들과 함께 춤을 추면서 가르치는 모습은 능히 살아 있는 생활교육이었다. "잘 못춰, 시늉만 낼 뿐이지."라고 겸손하게 말한 할머니들의 강강술래 춤 솜씨와 국악 선생님과 함께 하는 두 명의 선소리꾼 할머니들의 소리는 참가자들의 신명을 한껏 끌어낼 만

녹향월촌강강술래단의 달마지마을 축제에서의 공연(2012. 7)

큼 훌륭했다.

3) 거리의 춤꾼 김영자

김영자 씨는 해남에서 일명 '거리의 춤꾼'으로 불린다. 어머니 역시 우수영 들노래의 선소리꾼이었던 지역예술가이다. 80세가 넘은 어머니의 소리는 여느 전문 국악인에게서도 느낄 수 없는, 마음을 편안하게 해 주는 그 무엇을 담고 있다. 이 마음을 편안하게 해 주는 그 무엇은 "무한한 비애 경험의 집합"인 "한을 삭이는 시김새가 있는 소리이다(김지하, 2002: 283-284)."

1966년 출생 김영자 씨는 논두렁에서 선소리를 하던 어머니의 소리, 들일을 못하는 비오는 날이면 소리하고 춤추며 놀던 어머니를 기억한다. 또 자신도 초등학교 시절 늘 합창·춤 공연 팀원으로 뽑혀 연습하고 대회에 나가는 분주한 생활을 보냈다. 1978년 중학교에 입학하면서 추석과 대보름에 어머

해남 남창 5일 재래시장 공연(2009)

니가 운동장에서 마을 다른 어머니들과 함께 추던 강강술래를 더 이상 보지 않게 되었다. 그 사이 한국은 기계농과 화학농이 일반화되면서 마을 농가들이 함께하던 모내기 풍습 등이 사라지면서 농사는 점차 개별 가구의 일이 되어 갔다. 더불어 농촌 마을의 세시 절기 의례와 들노래와 같은 농촌 문화는 점차 사라져 갔다. 광주에서 직장 생활을 하며 취미로 춤을 배우기 시작한 김영자 씨는 뒤늦게 대학 들어가 무용을 전공하며 춤으로 사람들을 위로하고 싶다는 생각을 하게 된다. 1996년 이제는 과거 어머니 시절, 가무가 함께 했던 농사일과 달리 오직 노동만 남은 문화 결핍의 농촌 현장으로 돌아와 시골 구석구석의 면 단위로 들어가 일을 다 마친 여성 농민들에게 밤 늦게까지 춤을 가르치는 생활을 하였다.

대학에서 근대적 춤 교육을 받지만, 그녀의 춤의 뿌리는 어머니의 소리와 춤이다.

제가 춤을 추면서도 엄마 생각을 떠나 본 적이 없어요. … 운동장에 가서 엄마 손잡고, 엄마가 뛰고 강강술래하면 운동장 옆에 앉아 있는 거야. 엄마들이 하면 운동장 흙에 엄마 그렸다가, 동그란 원 그렸다가, 두 원을 그렸다가 마치 화가가 스케치 하듯이 운동장에서 막 그리면서 끝날 때까지 기다렸다가 엄마 손잡고 집에 오죠. 거기서 끼가 이어졌는지 어쨌는지 모르지만, 그런 데서 비롯된 거 같아요.

(질문) 엄마 젊었을 때 춤 배우셨죠?

비각에서 찍은 사진이었죠. 그때가 엄마 배 속에 제가 있었어요. 65년도에 사진이 있어요. 춤을 배웠는데 엄마가, 그때 사진이 춤 졸업 사진이 65년도야. 내가 66년생이니까 내가 뱃속에 있을 때 춤을 추러 다닌거야. 그래서 나를 이렇게 만들어 놓은 거야(구술 25).

춤추면서 엄마 생각을 떠나 본 적이 없다는 말은 그녀의 춤의 세계가 남도 문화의 뿌리에 닿아 있음을 말해 준다. 무용가로서의 그녀의 생각과 철학, 이의 표현인 춤은 남도 문화의 뿌리에 닿아 있는 자생적인 살림 미학의 정수를 보여준다. 그런데 그녀뿐만 아니라 남도 주민들에게는 이 뿌리에 닿고자 하는 소망이 일관되게 흐르고 있는 듯하다. 가늠하기 쉽지 않은 문화에 대한 열정이 있다.

저녁에 면 단위 들어가면, 일 다 끝나면 여덟 아홉 시예요. 그러면 아홉 시 정도에 만나서 거의 열시 열한 시 어떨 때는 열두 시까지 면사무소에서 각 마을 리의 주부 수강생들이 모여서 연습을 했었지. 진짜 하고 싶었던 거지(구술 25).

우수영 용잡이축제 거리 퍼포먼스(2011)

    고된 농사일을 끝내고 면사무소에 춤을 배우러 모여드는 여성 농민들. 예사롭지 않은 열정이다. 농민 여성들의 이 열정이나, 춤으로 사람들을 위로하고 싶어 고향으로 귀촌한 김영자 씨의 열정이나 하나에 닿아 있는 것으로 보인다. 그것은 '남도 문화'라는 생물 문화 역사적 집합체일 것이다. 이 '남도 문화'는 생존적으로 중요한 어떤 것을 특별하게 만드는 사례로서의, 생활과 함께하면서 동시에 생활을 초월하는 예술이다. 생존적으로 중요한 특별한 그것은 김영자, 그리고 그녀와 함께 춤을 춘 사람 모두에게도 자신의 삶의 터전인 자연과 인간, 현재와 과거, 현재 나와 너의 소통, 갈갈이 찢겨진 공동체를 회복하고 싶은 소통 욕구에 다름이 아님은 3장 김영자의 구술을 읽다 보면 자연히 알게 된다. 아래 인용구가 보여주듯, 이웃 마을 간의 네트워크 형성과 소통에 기여하는 줄다리기에 쓸 용을 예쁘게 만드는 것이 줄다리기에 이기는 것 못지 않은 경쟁 거리가 되었다는 것은 미학적 욕구의 충족과 소통 욕구의 충족이 하나로 융합되어 있다는 의미이다. 김영자는 이 소통이 축제를 함께 만들 정도로까지 진전될 때 다다를 수 있는 최고치의 풍만한 소통, 공동체성의 회복에 달한다고 본다. 이렇게 문화는 소통의 문제임이 여실히 드러나고 강조된다.

> 김정희: 선생님이 가르칠 때 면사무소에서 밤 열한 시, 열두 시까지 했잖아요? 그런 건 뭐가 굶주린 게 있었던 걸까? 일을 하고 나와서 한밤중까지 한다는 것이….
>
> 김영자: 춤도 춤이지만 만나서 소통하고 함께 있는 것이 싫지 않은 거지요.
>
> 김정희: 농촌 공동체가 거기도 갈갈이 찢겨 나갔던 거지.
>
> 김영자: 그 살을 다시 붙이는 과정이라고 생각할 때 시간이 필요해. 일하는 게 도구가 되고 내가 사람들하고 대화하고 그게 가치가 되어야 하는데 쓰러져서 자고 그런 것을 뭔가 학문으로 정리는 못하지만, 그 시간이 필요한데 누가 그 시간을 만들어 주지도 않고…. 뻐끔이 어머니는 위암인데, 수술을 받아야 하는데, 병원으로 모시고 가야 하는데, "춤추다가 죽는다."고, 그렇게 아프면서 춤추러 나오시는 거야. 그런 현상이 왜 벌어지냐면, 하고 싶은 걸 못하고 있었잖아, 이 사회나 주위나 환경이, 시대가 짜매고 있었잖아, 내 자신이 짜맨 게 아니라.
>
> ……
>
> 옛날에는 품앗이하면서 이웃집 걱정하고 안색이 안 좋으면 묻기도 하고 그랬는데 지금은 모이지를 않으니까 당최 모르잖아요. 근데 인제 면사무소에서 하지만 그날 안부도 묻고 안 오면 '뭔 일 있당가'. 그러면서 소통하는 거, 거기에 가치를 더 둬야죠.
>
> ……

옛날에 웃동네 아랫동네 친해지려면, 싸움하면서 친해진다고 하잖아요. 서로 부딪쳐서 싸우는 과정도 있지만, 용을 얼마만큼 예쁘게 꾸며서 잘 나게 보이는가 그것도 경쟁이었대요. 그러니까 그 용을 꾸미느라고 동네 사람들이 다 모여가지고, 이번에도 용을 꾸미는데 동네 노인정에 모여 다 그걸 했거든요, 한 달 가까이 걸렸어요, 청년들도 다 모여서…(구술 25).

4) 강진의 살림예술가들

여기에서는 강진의 여성 살림예술가들을 소개한다. 여기에 소개하지 못한 분들 중에도 지역예술 활동을 활발히 하시는 분들이 계시다. 구술 면접을 했으나 책에 수록되는 것을 원하지 않으신 분들도 계시고, 구술 면접이 충분히 이루어지지 못해 소개하지 못하는 분들도 있다. 대부분 구술 면접 내용을 소개하고 있으나 백라희 도예가와 김경희 천연염색가의 구술 내용은 재정리하여 소개하는 형식을 취하였다.

예술성과 생활성의 접목을 추구하는 도예가 백라희

공예품은 그것이 온전히 장인의 손에 의해서만 만들어졌든지 혹은 수공구나 기계의 도움을 받아 만들어졌든지 관계없이 장인의 숙련된 손기술이 제품의 생산에 가장 중요한 요소가 되는 상품으로서, 지속 가능한 자원을 원료로 사용하며 생산에 특별한 수량 제한을 받지 않는다. 이러한 공예품들은 특성상 실용적, 심미적, 예술적, 창의적, 문화적, 장식적, 기능적, 전통적, 종교적 혹은 사회적으로 중요한 의미를 지닐 수 있다(전진성, 2010). 통상적으로 순수예술이 미학적 가치로 판단되는 데 반해, 공예는 실용성을 지닌다고 보기 때문에 공예는 예술 활동이라기보다는 기술로 치부되어 온 경향이 있다. 그러나 19세기 말의 디자인에 대한 관심은 여러 운동과 시도를 거쳐 20세기에 들어와서는 공예를 순수예술과 분리시키지 않고 조화롭게 화합시키려는 노력이 일어났다. 그 결과의 하나로 바우하우스(Bauhaus, 1919~1933)가 등장하였다. 바우하우스는 미술과 공예·사진·건축 등과 관련된 종합적인 내용을 교육하였고, 이후 공예 분야에서 활동하는 사람들은 각각 그 역할과 관점에 따라 전통적인 개념에서의 공예가, 예술 공예가, 디자인 등으로 활동 범위가 정해지고 예술과 공예 각 분야를 통합 또는 분리시킬 수 있는 가능성이 확립되었다(차영순, 2010: 3-4).

비색 청자를 빚는 청자 도예가는 예술 공예가의 대표적인 예일 것이다. 강진에는 30여 명의 청자 도예가가 활동하고 있고 여성 도예가는 10명 이내이다. 청자는 흙을 고르고 반죽하는 수비, 물레를 돌려 모양을 만드는 성형, 무늬 넣기, 상감(象嵌),[46] 초벌구이, 유약 바르기와 건조, 이차 구이의 과정을 통해 완성된다. 오늘날 대량 생산형 자기는 과정이 분업화되어 한 도예가가 홀

강진청자 대도시 순회전(2010.9.13, 서울 인사동 인사아트센터)

로 전 과정을 다 맡는 경우는 흔하지 않다. 강진 도예가 중에 이처럼 전 과정을 홀로 전담하는 청자 작가는 서너 명에 지나지 않는데 '순도예연구소'를 운영하는 백라희 도예가는 그중 한 명이다. 또한 백 도예가는 상감청자를 많이 하지 않고 태화문을 넣거나 직접 그림을 그리면서 공예와 예술을 보여주고자 노력하는 강진의 몇 안 되는 도예가라고 할 수 있다.

백 도예가는 직장 생활을 하면서 '내가 평생 하고 싶은 일'이 무엇인가를 심각하게 고민하였다. 그러던 중 학창 시절 TV에서 장작불 때는 장면을 보면서 도자기를 만들고 싶어 했던 꿈을 기억하였다. 그래서 늦은 나이였지만 당시 남도대 도예과에 첫발을 내딛는다. 학업을 마치고 연구소 조교를 거친 후 무엇보다 도자기의 기술성에 예술성이 필요함을 느껴 목포대 미술과에 편입하여 조소와 회화 부분을 접하면서 도자 예술에 대한 조명을 하게 된다. 청자를 하게 된 계기는 선배의 소개로 국립해양문화재연구소에서 유물 실측을 하면서부터이다. 갯벌에서 건진 청자 파편의 아름답고 영롱한 빛깔은 백 도예가의 마음을 사로잡았다. 고려 시대 도공의 혼이 고스란히 느껴질 정도였다. 세간이 아직 청자에 크게 관심을 두지 않고 있을 당시 '나도 꼭 이렇게 만들어 봐야지.' 하는 욕심이 생겼다. 이에 2008년도 3월 강진에 정착한다.

청자를 만드는 과정에서 가장 수고로운 과정은 흙을 만드는 과정이다. 또한 청자 흙은 너무 고와서 다루기가 번거롭다. 흙을 물레에 놓고 두 손으로 끌어올려 중심을 잡아 주면서 주인의 말을 들어줄 때까지 다듬어 주어야 원하는 형태를 만들 수 있다. 대량생산형 작업실에서는 직원들이 이 일을 나누어 담당하나 백 도예가는 이 일을 홀로 감당해야 한다. 힘겹게 흙을 이겨 성형을 한 다음에야 무늬 넣기 단계를 거치고 초벌하여 이를 2차로 무늬를 넣고 채색하는 단계로 넘어간다. 무늬를 넣고 그림 그리고 나서 전기와 가스를 겸한 전기 환원 가마에 굽는다. 도예를 하는 분들도 최근에는 대부분 편리함

'봄날에' (봄날의 나른한
풍경을 청자에 채색): 3회
개인전, 2010

'기다리다' (연꽃과 새를 채색으로 그려 넣
은 청자 도판): 3회 개인전, 2010

민화를 주 문양으로 한 전시 작품들: 3회 개인
전, 2010

때문에 가스 가마, 전기 가마를 많이 사용한다. 장작 가마는 3박 4일을 쉬지 않고 때는데, 나무재가 많이 붙고 색깔이 산화되는 것도 나올 수 있어 특별한 멋을 자랑한다. 그러나 깨지는 것이 많고 제대로 구어져 나오는 것이 적기 때문에 전기 가마나 가스 가마 사용이 일반화되고 있다. 이렇게 완성된 강진의 청자는 평상시 정찰가로 판매하지만 청자축제 때는 특별 할인을 하기 때문에 고객의 선호가 높은 편이다.

강진의 도예가들은 강진군의 관광 상품 및 식당에 필요한 생활 식기 청자 제작을 많이 하는 편이다. 음식 문화 개선을 위한 강진의 노력으로 청자 식기의 사용은 도예가들의 생활 유지에 도움이 될 뿐만 아니라 이 지역의 청자 문화를 유지하는 중요한 역할을 하기도 한다. 그러나 이것은 역으로 청자의 새로운 상품 디자인 개발에 나쁜 영향을 주기도 한다. 강진에서 요구하는 디자인은 대부분 상감 방식으로 똑같은 무늬만을 넣는 것이다. 이런 작업만을 하다 보면 자기만의 작품을 만들어야 하는 작가성은 훼손될 수밖에 없다. 백 도예가는 이 점을 고려하여 군 하청 청자는 일정량만 소화하고 생활성과 예술성이 조화를 이루는 작가의 작품성을 추구하는 작업을 한다. 생활 식기를 만들더라도 실용성과 예술성을 중요하게 생각하여 소비자가 사용하기에 아름답다고 느껴 행복한 미소를 담을 수 있는 그릇을 만들어 내고자 한다. 그릇에 작가의 심미성을 담아 소비자가 쓰면서 보면서 감동받을 수 있게 하는 것이다.

이러한 결과를 얻기 위해 시간과 경비가 들더라도 대도시 전시회, 지역 축제, 중앙박물관 납품 등에 빠지지 않고 참여하여 소비자로부터 의견을 듣기도 한다. 또한 다른 작가의 작품 감상, 회화 등을 보는 일을 소홀히 하지 않는다. 디자인, 제작 방식을 참고하면서 자신의 제작 방식을 돌아본다. 끊임없이 흙과 씨름하면서 자신의 작품에 차별성을 두려고 노력하는 것은 작가 스스로의 예술성을 유지하기 위해서이다. 그 때문에 무채색의 일률적 무늬를 넣는 상감 청자와 달리 색깔이 있는 그림을 직접 그려 넣은 차별화된 작품을 만들어 가고 있다. 최근에는 조선 시대 민화를 청자에 접목하여 실험적인 작품을 연구하면서 소비자와 소통하고 있다.

백 도예가는 강진 청자의 미래를 밝게 본다. 2008년 워싱턴 D.C. 스미소니언 박물관에서 전통 물레 시연을 했을 때 많은 사람들이 신기하게 여기며 관람하는 것을 보았다. 파라과이 아순시온 문화원 전시에서는 매병에 학 조각 문양을 넣는 과정을 시연하였다. 청자 제작의 전 과정을 설명하고 박물관에 보관되어 있는 유물들의 사용 용도를 교포와 파라과이 분들에게 설명하니 그들은 흥분과 기쁨을 한껏 표현하였다.

그런데 해외 행사에서 외국인보다 특별한 관심을 표한 사람은 동포들이었다. 그만큼 동포들도 청자를 가까이에서 접하기가 쉽지 않았다는 것이다. 그런 모습을 보면서 '아! 외국에 널리 청자를 알리는 것도 좋지만 자국민이 이렇게 놀라워한다면, 국내에 청자의 우수성을 알리는 게 중요하겠네.' 라는 생각이 들었다. 해외 행사에 참여하면서 역으로 국내 홍보의 중요성을 깨닫게 된 셈이다. 다행스럽게도 2008년, 2009년 미국, 유럽 등으로의 청자 순회전 자체가 청자의 우수성을 오히려 국내에 알리는 홍보 역할을 하였다. '어! 강진 청자네.', '강진 청자는 다르더라.' 하면서 사람들이 강진 청자를 새롭게 보는 분위기가 형성되었다.

해외 순회전을 하면서 국내 홍보의 중요성을 깨달았기 때문에 군이 주도하는 국내 6개 도시 순회 전시에 적극 참여하면서 도시 소비자에게 청자를 알리는 작업에 적극적으로 참여하였다. 그러면서 청자는 너무 고가라는 인식 때문에 소비자들이 청자를 가까이하는 것을 두려워한다는 것을 알았다. 그래서 도예가들은 늦게나마 생활에 필요한 식기, 차 생활에 필요한 도구, 생활 소품을 만들면서 소비자와 만나고 소통하기 위한 준비와 작업을 해 나가기 시작했다. 그런 와중에 2009년부터 국립중앙박물관에 청자 생활 용기를 납품하게 되었다. 중앙박물관 납품은 백 도예가의 작품을 도시 소비자들에게 꾸준히 알리는 계기가 되었고 이제는 대도시 행사에 나갔을 때 알아보는 사람들이 한 명 한 명 늘어나기 시작하였다. 그 작품을 만든 작가 분을 만났다며 즐거워하는 사람들도 보게 되었다.

아직까지 판매처가 많지는 않지만 2012년은 대형 오픈마켓을 통해서도 작품을 홍보하고 있다. 전라남도가 지원해서 운영하는 전남 오픈마켓에는 수작업으로 만든 청자 커피세트, 찻잔, 호롱불 등이 등재되었다. 이 때문인지 영국의 한 레스토랑에서 호롱불을 구입하고 싶다고 연락해 왔다. 작업에 집중하다 보면 작가는 마케팅을 하는 게 여간 어려운 게 아니다. 또한 자신이 만들었기 때문에 늘 뭔가 채워지지 않은 아쉬움이 있다. 그렇기 때문에 자신의 작품의 우수성을 자신감 있게 말하는 게 쉽지 않은 일인데, 이렇게 먼 외국에서도 연락이 오는 것을 접하고는 작품 활동을 헛하지 않았다는 안도감과 함께 이 일을 지속해 갈 수 있는 힘을 얻게 된다.

강진에서는 강진의 질 좋은 흙으로 무균열 청자를 만든다. 그릇으로 쓸 때는 냄새가 배지 않는 무균열 청자가 좋고 찻잔은 균열이 있는 청자가 차 맛을 부드럽게 해서 더 좋다. 국내외 홍보 순회가 꾸준이 지속되면서 강진 청자가 알려졌고 그러면서 대도시 소비자들이 강진 청자가 다르다는 걸 인식하기 시작했다. 강진 청자는 균열이 가지 않아 차갑지만 세련미가 있고 고급스럽다. 아직은 강진 청자 수요가 이천, 경기도 도자기보다 적지만, '강진 청자는 다르다.' 는 인식이 생겨나고 있고 강진의 젊은 도예가들의 열정이 강진 청자의 미래를 밝게 비출 것으로 본다.

물레 성형 모습

설계사에서 청자 도예가가 된 황보복례

황보복례 도자기 시작한 건 11년이 됐어요. 그때는 예인회의 전신인 '문예마당'에서 취미로 배웠는데 좀 더 배우고 싶어서 여러 공방을 다니다가, 더 전문적으로 하고 싶어서 담양에 있는 남도대에서 배웠어요. 이왕 했으니까 구체적인 뭔가를 만들기 위해서는 사업에 뛰어드는 게 이로울 거 같아서 사업적으로 시작했어요, 권하시는 분도 있었고. 공방마다 돌아다니면서 배운 게 참 이로웠던 거 같아요. 청자에 접목해 보고 싶은 기법이 많았거든요. 지금은 얼마 안 돼서 좀 힘들어요. 조금 더 기능도 많아지고 시간 여유가 생기면 분청하고 플러스 알파, 이런 것을 시도해 보고 싶어요. 분청은 거칠고 투박하면서 서민적이고 얼른 쉽게 다가갈 수 있는 정감이 있잖아요. 그래서 청자와 분청을 접목시키면서 포괄적으로 서민들이 쉽게 다가갈 수 있게, 모양, 무늬, 이런 걸 접목시켜 보고 싶어요.

저 같은 경우는 장미, 옛날 고구려 문양 이런 걸 써요. 유럽 순회전 갈 때였는데 유럽 쪽 선호도를 모르잖아요. 모르겠어요, 복이 있었는가, 하느님이 계시를 줬는가, 장미를 그렸는데 장미가 먹혀 들어갔어요. 한 작품에 세 점씩을 만들어 갔는데 유럽 갔을 때 일곱 작품을 팔았어요. 없어서 못 팔았지요. 하나는 기증하고 다른 것들은 다 팔았어요. 다른 분들도 없어서 못 팔았다고 하더라고요.

김정희 배우러 다닌 얘기를 좀 더 들려주세요. 무형문화재 기능 보유자를 찾아다니셨어요?

황보복례 그러진 않았어요. 이 공방도 가 보고 저 공방도 가 보고, 못 갈 때는 책자 얻어서 보고, 딱히 무형문화재 기능 보유자를 찾아 돌아다닌 건 아니에요. 꼭 유명하신 분한테만 배워야 제대로 배운 건 아니라고 생각하거든요. 그 나름대로 특별한 매력이 있는 작가가 있어요. 기법도 다양하고, 공방을 하면서도 학교를 다시 다니는 분들한테도 많이 배우거든요. 하다가 안 되면, 아주 친절하게 가르쳐 주시고. 기회가 된다면 학교를 다시 가 보고 싶어요. 왜냐하면 서로의 기법들을 공유해요, 이건 이렇게 했으면 좋겠다 하고. 거기에서 아주 독특한 게 나올 수 있거든요. 유약 만드는 기법도 배우고 좀 더 파고들고 싶고 분청도 해 보고 싶어요. 약간의 틀어짐도 허용되지 않는 게 청자라면, 분청은 그게 매력이잖아요. 분청은 자유분방하다 할까, 분청은 서민이라면 청자는 양반층, 고집 센 양반 느낌이지요.

김정희 분청을 하고 싶은가 봐요?

황보복례 분청에 매력을 느껴서 도자기를 하게 된 거지요. 도자기를 몰랐을 때는 분청에 매력을 많이 느꼈지요. 접시, 컵이라든지 분청을 쉽게 접할 수 있지 일반인들이 청자를 접하는 게 어렵잖아요. 그때만 해도 고가였고, 지금도 고가지만. 분청도 지금은 고가예요. 분청을 먼저 배워서 그런 내력이 있는지 모르겠고, 또 내가 도전적인 생각을 하기 때문에 분청에 매력을 느끼는 건지…. 분청이 더 좋다 이런 건 아니고, 분청은 도전하고 싶은 생각이 있는 거고, 청자는 고정관념을 딱 못 깨는 게 청자니까. 그래서 청자도 매력 있어요. 무한하지요. 얼마든지 내가 하고자 하고, 내가 선호만 하면 하는데, 청자는 청자로서 빛을 내줘야만이 그 값어치를 하잖아요. 내가 틀을 벗어나 버리면 청자의 빛을 죽여 버릴 수 있기 때문에 감히 흐트려 놓을 수가 없지요. 청자는 청자만의 매력이 있고 또 분청은 분청대로의 매력이 있는 거지요. 저희 강진군과 청자협동조합 모두 청자의 현대화에 주력하고 있어서 거기에 맞춰 새로운 기법을 계속 시도하지요. 요즘에는 청자에 옻칠을 접목해서 작품을 많이 하고 있어요. 작품은 유약 바를 부분은 발라서 본불을 때고, 그다음에 나머지 유약 안 바른 부분은 옻칠을 하고 그 위에 자개로 문양을 박아 마무리를 하지요.

김정희 청자만의 매력이 뭐예요?

황보복례 저는 그래요, 우리 조상님들이 너무나 좋은, 너무나 값어치 있는…. 저는 청자를 접할 때마다, 도자기를 하시는 분들과 조상님께 감사하거든요. 전 세계 돌아봐도 상감기법은 없습니다. 이 엄청난 유산을 물려주셨다는 것에 대해서, 어떻게 이렇게 생각을 했을까, 어떻게 흙을 파내고 거기다 다른 흙을 넣을 생각을 했는지…. 중국서 배워 온 청자지만 연구는 우리가 했잖아요. 중국이 도자기는 일등일지 모르지만 중국도 청자를 배우고 싶어 했다고 들었거든요. 제가 알기로는 청자의 유약을 만들어 내서 청자를 만들어 내고…. 이 비취색이란 게 내기가 엄청 힘들어요. 녹청도 있고 청자 아닌 거 같으면서 청자색을 띠는 청자도 있고, 이 아름다운 색을 낸다는 것에 정말 감사하고. 청자를 다뤄 보면서도 하면 할수록 힘든 게 청자예요. 조각해서 다른

'모란당초매주병' (2013)

흙을 박아서, 긁어내고, 또 다른 흙을 넣고, 그림 하나하나 표현하기 위해 도구도 없어서 힘들었을 텐데 이렇게 섬세하게 만들었는지 생각하면 정말 감사하고 매력있는 게 청자거든요. 그러면서 또 너무 힘든 게 청자예요. 매력땜에 빠져들기도 하면서 '아, 힘들다.'는 생각을 항시 해요. 저희는 비취색을 데이터를 갖고 하니까 쉽지 그 당시에는 데이터가 없잖아요. 얼마나 고생했을까, 이런 거 생각하고 또 외국 나가서 시연할 때 유난히 더 감사를 느껴요. 외국 가면 사람들이 물어보거든요, 무늬를 어떻게 만드냐고. 시연해서 보여주잖아요, 현장에서. 그러면 정말 아름답고 이렇게 만드는 줄 몰랐다, 그래서

'무궁화 투각' (2012)

넣은 줄 알고 조각해서 흙 넣은 줄 몰랐다가 어떤 분들은 청자가 왜 비싼지 그때서야 알았다는 거지요. 한층 목에 힘이 들어가면서 자부심을 갖게 되지 요. 감사해요. 군수님이 무리해서까지 가잖아요. 세계화하기 위해서는 그런 도전도 해 보고 참 잘하신 거 같아요. 성과는 차츰차츰 나겠지만, 확 나겠습 니까만, 제가 봐서는 일단은 청자가 자리 잡고 있었고, 꾸준히 할 수 있었고, 꾸준히 해 주는 게 발전해 주는 게 살길이란 생각이 들어요, 제가 도자기를 해서가 아니라.

김정희   이 그림은 본을 뜨는 건지, 아니면 직접 그리는 건지요?

황보복례 옛날에는 형태가 있었어요. 본을 뜨는 건 아니고 그냥 구상한 것도 있고 책자 보고 접목시키는 게 괜찮겠다, 이럴 때 도자기에 스케치 해 보고 어울릴 거 같으면 조각을 하는 거지요. 저뿐만 아니라 다른 분들도 아주 고전적인 것은 밑바탕의 뿌리기 때문에 가져와야 하는 거고, 자기만의 색깔을 가지기 위해 개인이 많이 노력해요. 저 같은 경우는 민속적인 민화에 관심이 있어서 민화 공부를 해 보고 싶고, 풍속적인 거, 형태를 딱히 안 갖췄어도 내가 도자기에 그려 놓고 싶은 문양들을 그려 넣는 거지요. 기본적인 뿌리는 가져가야지요.

김정희 그럼 그림 공부를 많이 하셔야겠어요.
황보복례 그럼요. 그림 공부도 해야 하고 형태도 자기만의 색깔을 갖기 위해서는 그림이나 어떤 기법 이걸 자기 걸 만들어야지요. 매병 하면 운학(雲鶴) 무늬가 기본인데, 운학 무늬를 안 하고 다른 무늬, 어떤 형태를 만들어서 붙여서 표현을 한다든가 이런 쪽으로 많이 가 보려고 하지요.

김정희 그림 공부는 어떻게 하셨어요?
황보복례 (전공으로는) 그림 공부를 안 했어요. 어렸을 때부터 산수화, 한국화 쪽으로 소질이 있었어요. 저희 어머님 아버님이 손재주가 많으세요. 가족들이 전부 손재주가 있어요. 언니는 뜨개질, 병풍 수 이런 쪽 재주가 있고요. 저는 식당하다가 취미로 배웠는데 시간 가는 줄 몰라요. 새벽 세 시까지 해도 안 피곤해요. 흙이 너무 좋았던 거 같고, 처음에 흙 다뤄 봤을 때 옛날에 땅 깊이 파 보면 검정 찰흙 나오잖아요. 그런데 도자기 흙이 너무 부드럽고 놓고 싶지 않았고, 그러면서 매력을 느꼈지요. 옛날 어른들은 환쟁이 이런 거 싫어하셔서 아버지가 살아 계셨더라면, 뭐라 했을지 모르지요. 제가 스물세 살 때 돌아가셨으니까. 그림은 책 보고 스스로 도자기에 그려 본 거예요. 제가 스물두 살에 광주에서 병풍 수를 배웠어요. 오빠가 여동생들 있어도 병풍 하나 안 만들어 준다고 해서 수를 배우러 갔는데 거기 아저씨(스승)가 병풍 천에 산수화를 그리는데 그게 너무 예뻤어요. 그 위에다가 수를 놓거든요, 산수화 위에 색깔 맞춰서 수를 놓는데, 그게 너무 예뻐서, 수틀 위에 해 놓은 거 보고 노트에 본떠 보고 그게 도움이 되었을까, 그 아저씨 따라갈 수는 없고요. 1년 반 정도 배웠어요. 거기서 장미꽃, 난, 국화, 무궁화, 모란 이런 기초적인 그림을 많이 배웠고, 우리는 그리기보다는 그림 그려 준 걸 수 놓는데 저는 그림 그리는 걸 엄청 좋아해서 모란꽃, 문갑 병풍, 춘향이 이도령 그림, 풍속도 그림들을 그려 봤어요. 올해는 매화를 접목시켰어요. 접시는 해바라기 꽃으로 해서, 이렇게 꽃 종류로 나가고 있어요. 약간씩 현대풍으로 돌리고 있지요. 자잘한 것들은 꽃 종류로 큰 작품은 민화 쪽으로 하면서 제 색깔을 만들어 봐야지요.

김정희   사업가, 예술가 어떤 정체성이 강해요?
황보복례   사업가보다는 예술 쪽인 거 같아요. 장사는 못하는 거 같아요. 오히려 작품 쪽으로 신경을 더 많이 쓰는 거 같아요. 그 대신 완전히 이탈하면 대중성이 좀 떨어진다고 생각하거든요. 본인만의 작품을 갖는다면, 나만의 작품을 갖고 싶고 그러나 다른 분들이 갖고 싶은 작품을 하려고 생각하면 어떤 기본적인 거에 내 색깔을 접목시켜야 한다고 생각해요. 쉽게 얘기하자면, 장사냐 예술이냐, 생각적으로는 예술이에요. 그러나 물질적인 것도 따라 줘야 예술도 하지, 그러나 그것 때문에 스트레스 받으면 정말 작품이 나올까 그런 생각을 많이 해요. 기본적으로 따라 주면서 경제적으로 편안해야 작품다운 작품이 나온다고 생각해요. 어떤 걸 추구하냐, 이렇게 물으면 정말 어려워요.

나는 플러스 알파가 되어야 내 마음이 편하고, 작가가 그 작품에 몰입할 수 있어야 작품다운 작품이 나온다고 생각하거든요. 돈도 되면서 작품다운 작품을 해야 한다고 생각해요. 아주 유명하신 작가분들은 물론 젊었을 때는 엄청 고생하셨고 지금은 알려졌기 때문에 작품다운 작품을 만든다고 할 수 있지요. 그러나 안 알려졌고 힘들었고 그래서 그만 두신 분들도 엄청 많을 거예요. 그래서 플러스 알파가 되어야 한다, 그러나 경제적인 거 뒷받침만 된다면 누가 사가든지 말든지 나만의 작품을 만들고 싶어요. 그게 아직은 안 되잖아요. 나만의 작품을 좋아하실 분도 있을 거 잖아요. 그때는 고도에 오른 거지요. 내 작품을 선호하고 매력 있게 봐주는 그런 분들이 천 명에 한 명꼴만 있어도 성공한다고 생각하거든요. 장사로 치면, 그 한 분이 백 명이 되고 천명이 되고 그럴 거 아니에요. 경제적인 뒷받침이 되어야 한다고 생각해요.

김정희 남도대학은 몇 년에 들어갔나요?

황보복례 2008년 2월에 졸업했으니까, 2006년도에 입학했나? 산업디자인 도예과에, 지금은 다도도예과로 바뀌었어요. 그때는 보험회사 다니면서 학교 다녔는데, 재무설계사를 91년도 시작해서 2010년 1월에 그만두었어요. 재료 하나하나가 돈이잖아요. 흙, 유약 재료, 상감 재료, 가스비…. 그러니까 얼마나 힘들어요. 배우는 과정이니까 돈은 못 벌고. 학교 다닐 때는 재료비로 월 70~80만 원 썼던 거 같아요. 보험하면서 돈 벌면서 도자기를 배운 거지요. 도예과는 참 재미있는 과였다고 생각해요. 소묘, 색채, 옹기, 석고, 유약 여러 가지 배웠고, 교육 시스템이 잘 되어 있었던 거 같아요. 교수님이 잘 하시는 분들을 소개해 주어 잘 배웠고, 플러스 알파로 공방 하는 분들의 개인 기법을 배웠고, 학교 생활이 참 즐거웠어요. 자기만의 노하우를 공유하고 오픈해 주니까, 저도 오픈했고, 그러다 보니까 서로 공부를 많이 했던 거 같아요. 우리는 기본적으로 새벽 두세 시까지 일하고 여서일곱 시에 일어나요. 낮에는 손님이 오니까 접대 때문에 시간을 많이 뺏겨 작업에 몰두할 수 없고 밤에는 저혼자니까 몰두할 수 있지요. 어떨 때는 많이 피곤해요. 언젠가는 불 땔 준비를 하는데 갑자기 밖이 훤해졌어요. 해 뜨는 줄도 모르고 여섯 시가 될 때까지 한 거예요. 굽는 방식에 따라 같은 비취색이라도 색이 다른데, 전기는 과일로 보면 씽씽한 거, 새파랗게 보이고 이제 막 자란 과일 덜 익은 과일, 가스는 어느 정도 적당히 익었다 봐야 될까, 장작 가마는 어딘가 모르게 기품이 있고 풍기는 게 달라. 색깔 자체가 잘 익고 숙성된 그런 형을 풍기지요. 전문적으로 하는 사람들은 얼른 봐도 아는데 일반 사람들은 잘 몰라요.

김정희 이번에 상 받으셨잖아요?

황보복례 2011년 11월에 대한민국 미술대전 전통도자공예 부문 서울시장상을 수상했어요. 항아리에 도토리 문양 새겨 넣은 작품이었어요. 상을 받고 특별한 변화는 없는데 많은 건 아니어도 주문이 약간 늘어났어요. 뿌듯함도 있고 강진서는 별로 못 느끼는데 서울 가면 같은 미술 작품 하는 분들이 알아봐 주시는 게 변화랄까. 다른 작가 분께서 본인은 공모전 입선하기까지만 해도 30년 걸렸는데 어떻게 이 큰 상을 한 번에 받았냐고 하면서 축하해 주셨어요. 여기서는 매번 떨어지니까, 에이 한번 큰 데 가서 내 보자 해서 냈던 거고, 저는 운이 좋았던 거 같아요. 도자 쪽 출품이 요즘 많지 않고, 제 작품도 좋았던 거겠지요.

김정희 마지막으로 제언을 해 준다면?

황보복례 말하려고 하면 많지요. 인사동 같은 데는 우리나라 대표적인 관광지인데, 그 거리만은 국내산을 전시했으면 좋겠고, 판매자들의 애로 사항도 있겠고 그 애로 사항을 국가가 살펴 지원해 주고 한국 거를 전시 판매했으면 좋겠어요. 그리고 공예는 먹는 거, 입는 거보다는 안 팔리잖아요. 작품이 집에 없다고 해서 꼭 필요한 것도 아니잖아요. 그러니 공예는 판매가 일반적으로 저조하고 작가들은 경제적으로 어려울 수밖에 없어요. 국가가 공예하는 사람들은 지켜 주어야 하지 않을까요? 금전 지원을 한다기보다는 국가가 판매 지원을 한다든가, 이런 쪽 지원을 했으면 좋겠어요. 예를 들면 한국 사람은 외국 나가도 한식을 찾게 되잖아요. 그렇듯이 우리 전통 공예를 지역마다 박물관처럼 전시해서 거기 들르면 기념품을 사 가게 할 수 있는 계기를 만들어 줄 수 있잖아요. 경주, 제주, 인사동 같은 대표 관광 지역에 판매장을 만들어 주면 국가에도 도움 되고 작가에게도 도움이 된다고 생각해요.

김정희 중앙박물관에서 청자를 판매하고 있다고 하던데요?

황보복례 중앙박물관에는 아주 소형 작품만 팔고 있다고 들었어요. 30~40cm 작품만 판매대에 둬도 좋은데 소형 생활 자기만 판매한다고 들었어요. 전자 제품도 어디 한 군데 가면 모든 전자 제품 볼 수 있듯이 공예품도 그런 판매장을 만들어 주면 좋겠어요. 청자박물관은 좁아서 다양한 작품을 둘 수가 없어요. 그 좁은 공간에 강진의 30명 작가 작품들이 들어가 있어 멋있게 진열할수도 없고 다양한 작품을 전시할 수 없어요. 청자촌을 발전시키려면 상설 시장처럼 매장을 해 주면 좋지요. 상설 매장만 내 주면 매장에 앉아 액세서리 만들면서 매장 지킬 수 있어요. 축제 때마다 부스 짓고 부수는 돈으로 상설 시장을 만들어 주는 게 좋겠다고 도예가들은 생각해요. 평소에 손님이 없고 청자축제 때만 써도 그게 낫다고 생각해요. 많은 작가들이 개인적으로 공간을 사서 들어갈 형편은 못 돼요. 읍에도 상설 매장이 필요해요. 관광하다 대구(필자 주: 청자박물관이 있는 강진군 대구면을 말함)까지 못 들어가도, 거기 들어갔다

오려면 한 시간 이상 걸려요. 사고 싶어도 그냥 가게 되지요. 강진하면 청자니까 자기 정도는 강진이라면 읍에서도 살 수 있어야 하는 거지요.

여성 농민에서 문인화가가 된 정인순

정인순   1980년 9월에 제가 서울에서 교통사고를 당했어요. 그리고 내가 병원에 입원해 있던 중 남편도 교통사고가 났어요. 그래서 같은 병실에 같이 입원을 했었어요. 1년이 넘는 병원 생활에 힘들고 지치고 서울이 싫었어요. 그때 남편이 시골로 내려가자고 해서 자신이 없는데도 1981년도 10월 20일에 무작정 시골로 내려와 빈 공가를 수리하여 살았지요. 그때가 큰 애가 여섯 살 둘째가 세 살일 때였어요. 그 당시에는 직장을 버리고 시골로 내려오니 다들 미쳤다고 했어요. 내려와서 1년간은 아무것도 안하고 예금해 둔 돈의 이자를 받으며 생활했어요. 그때는 농협 이자가 13.5%였어요. 그러다가 생활 수단으로 1982년도 10월에 전 재산을 다 털어서 한우를 사육하기 시작하였는데 수익을 올려보지도 못하고 1984년도에 소 파동을 겪으면서 어려움에 처했어요. 그러면서 시골 생활이 참으로 어렵고 힘들다는 것을 스스로 터득하게 되더군요. 그런 실패로 인해 다른 길을 찾게 되었고 실패는 성공의 어머니라는 말을 실감했어요. 그 후 복합영농을 시작했어요. 벼농사와 한우 사육, 표고버섯 재배로 바쁜 날을 보내며 살았지요.

1982년도에 오토바이 면허를 땄어요. 기동성이 필요하니깐요. 1990년도 초반까지도 시골길은 거의가 비포장 길이었어요. 비포장인 시골길을 오토바이로 달리다가 자갈길에 미끄러져 넘어지기도 하고 1톤 트럭에 볏짚을 한가득 싣고 운반하다가 볏짚이 길바닥에 쏟아져 다시 볏짚을 주워 실어야 하는 일들은 참으로 힘든 과정이었지요. 지금에 와서 생각하면 어떻게 그런 일들을 했는지, 지금은 못할 것 같아요. 그리고 또 다시 1987년도에 소 값 하락이

강진군 농업기술센터에 기증한 그림(2007년 작)

있었고, 1996년도 12월에 IMF 체제에 들어가면서 또 소 값 하락으로 힘들었어요. 이런 저런 힘든 과정을 겪으면서 스스로 느낀 점이 내가 내 가족과 자식을 위해 일하지 않으면 누가 해 주겠나였어요.

시골로 내려왔을 때는 시골 생활을 건강상 제대로 할 수 있는 형편이 아니었는데도 시골 생활을 하다 보니 내가 감당해야 하는 현실이잖아요. 먹고 살아야지, 애들 교육시켜야지, 그늘에 쉴 수 있는 형편도 아니지, 그래서 많은 노력을 하지 않으면 안 되었어요. 한쪽 다리가 불편해도 다른 사람들보다 더 노력을 했어요. 열심히 살아가는 과정에서 군수님 표창에 국회의원 표창까지 일곱 번 받았고 생활 수기를 써서 도지사상도 받았어요. 앞만 보고 열심히 살았어요. 우리가 열심히 살아가는 모습을 우리 아이들은 보고 배워서 뭐든지 스스로 집안일을 적극 도와주었고, 토요일 일요일에는 데이트도 못하고 무조건 집에 내려와 집안일을 도와주었어요. 그럴 땐 참 미안한 생각이

들었어요. 지금은 어느 사이에 훌쩍 커서 대견스러운 모습으로 내가 기댈 수 있는 튼튼한 버팀목이 되어 있더라고요.

김정희 문인화는 언제 시작하셨어요?

정인순 아들이 대학을 들어가고 나니 어느 날 갑자기 나 자신을 뒤돌아보는 계기가 생겼어요. 내가 이렇게 일만 하다가 내 인생이 끝나 버리면 어쩌나 하는 허무함이요. '내가 할 수 있는 것이 무엇일까?' 어떻게 그런 생각이 들었는지 모르겠지만 앞으로는 나 자신을 위해서도 투자해야겠다는 그런 생각이 들었답니다. 도시에서 살면 자기 개발을 위해 할 수 있는 일이 많이 있잖아요. 그런데 시골은 정말 내가 할 수 있는 게 없더라고요. 그리고 내가 살았던 옴천은 여기 도암보다 더 골짜기였거든요. 그래서 내가 할 수 있는 것이라곤 집에서 6km를 가면 있는 피아노 학원에 다니는 것이었어요. 거기를 처음에 다닌 거예요. 어린 초등학생하고 같이 피아노를 6개월 정도 배웠어요. 그러던 중 아는 동생이 집에 놀러 왔다가 내가 피아노 학원을 다닌다고 하니깐 "언니 피아노 하지 말고 사군자를 한번 해 보세요." 그러더라고요. 그 애가 나를 인도한 거지요. 그때 송담 김송자 선생님을 만나 처음 붓 잡는 것부터 배우기 시작했어요. 사군자를 배우기 시작하면서 마음이 흥분되어 너무 좋은 거예요. 사군자를 그리는 시간만큼은 아무도 부러울 것이 없다는 생각을 했어요. 내가 갑자기 무엇인가를 할 수 있을 것 같은 기분이 들었었거든요. 3년 정도 배웠는데 선생님께서 광주로 가셔서 광주로 다니면서 지금까지 계속 공부하고 있어요. 글씨는 강진군 문화원 문화학교에 광주에서 출강하시는 송파 이규형 선생님한테 배웠어요.

김정희 배우는 과정에서 어떤 성취감 그런 게 있어서 지속할 수 있었을까요?

'여름 향기' (2011년 작)

정인순 배우는 과정에서는 어떤 성취감이나 그런 거 전혀 없었어요. 아무 생
각 없이 열심히 한 거예요. 먹향을 맡으면서 살아갈 수 있다는 것만으로도 감
사하다는 생각을 한 거지요. 내가 무엇인가 이루고자 한 게 아니라 나 자신이
붓을 잡고 이렇게 무엇인가를 할 수 있다는 것에 감사드리며 살았어요. 거기
에 자부심이 있었죠. 그리고 먹과 붓을 통해서 내 자신이 좀 더 성숙해지고

수양된 모습이 있었으면 하는 그런 바람이었지 내가 무엇인가를 하고 싶다 그런 건 전혀 없었는데 열심히 하다보니까 기회라는 것이 오더라고요. 그래서 자연스럽게 가르치는 기회가 이루어진 거예요. 가르치는 입장이 되고 보니 나만의 공부가 아니고 나만의 세계가 아니어서인지 누구를 지도한다는 게 부담이 되더군요. 이렇게 되니까 농부의 아내로 있던 내가 문인화 강사로 거듭난 게 되잖아요. 그 과정은 어떻든 간에 기쁘기도 하고, 왜 그런 말이 있잖아요, 준비된 자에게 기회는 온다고. 내가 문인화를 열심히 하지 않았으면 지금과 같은 기회가 와도 아무것도 할 수 없었겠지요. 모든 일은 다 항상 준비된 자에게 기회가 오는 것이라고 생각해요. 하찮은 일도 그만큼 정성을 쏟으면 정성을 쏟은 만큼의 되돌림이 오잖아요. 벼도 아침마다 찾아오는 주인의 발자국 소리를 듣고 큰다고 하지요. 모든 것이 다 정성을 쏟으면 내가 한 만큼 원하지 않아도 돌아오는 것이 자연의 법칙인 것 같아요. 제자들한테도 나는 온 정성을 다해 가르칩니다. 그래서 나한테 지도받은 사람이 공모전에 출품해서 입상을 했을 때 그때 정말 참 기뻐요. 내가 받은 것보다 더 좋아요. 물론 본인은 더 좋겠지만 내가 지도해서 그만큼의 성장을 이루어 내었다는 것이 보람으로 다가와요. 그리고 나한테 지도받은 사람들 중에 사군자를 배우게 되어 너무 좋다며 상기된 목소리로 이야기할 때 그 모습에서 보람을 느껴요. 배우는 이들이 그림을 그리다가 잘 그려지면 좋아하는 모습이 참 보기 좋아요. 또 반대로 잘 안 그려져서 "왜 나는 선생님처럼 안 되는 거예요?"라고 했을 때 그들의 그림을 배우려는 열정이 보여요. 잘 될 때는 기뻐하고 잘 안될 때는 안타까워하는 감정을 표현하는 그들의 모습에서 지난날의 내 모습을 보는 것 같아요. 그들을 보면서 배워 왔던 과정들을 뒤돌아보게 됩니다. 그리고 최선을 다하여 나의 모든 것을 가르쳐 주고 싶어집니다. 강의 시간은 2시간인데 3시간 내지 4시간까지도 함께 합니다. 지금 제가 강진군 신전면

복지회관에서 수요일 날에 일반 회원을 가르치고, 강진군 평생학습 프로그램으로 목요일에 사군자를 가르치고요, 강진군 문화원 문화학교 문인화반을 야간에 직장인 대상으로 가르치고 있어요. 강진초등학교에 방과 후 학습으로 사군자를 가르치며 동심의 세계로 돌아가 애들하고 같이 공부하는 시간도 나에게는 소중한 시간입니다.

김정희　아름다움이 뭐다~, 하시다 보면 그런 거 느끼시는 게 있을 텐데?

정인순　그림을 그린다는 자체가 아름다움이긴 하지만 붓끝이 아름답지요. 붓끝 하나하나 놀림에 따라 거기서 어떤 예술이 만들어지잖아요. 그것이 아름다운 거지요. 붓끝 하나로 모든 것이 이루어지니까 그게 아름다운 게 아닐까 생각합니다. 하얀 종이를 앞에 두고 마주 대하면 어떤 설렘이 와요. 하얀 종이에 첫 붓을 댈 때가 가장 좋아요. 하얀 종이에 까만 먹이 농묵, 중묵, 담묵으로 번져갈 때 참 아름다워요. 수묵화는 먹으로 그려진 그림이기 때문에 먹의 색이 중요하거든요. 먹으로만 그린 그림은 깊이가 있고 중후한 맛이 있어요.

김정희　저렇게 다 만들어진 작품이 아니라?

정인순　만들어 놓은 작품이 아름답다고 생각한 적이 없어요. 만들어 놓고도 내 자신이 정말 잘했구나 하는 생각은 없었어요. 까만 먹을 묻혀 하얀 종이에 한획 한획 그려 나갈 때 어느 순간보다 감동적이고 숭고한 시간입니다. 그 순간이 제일 아름다운 시간들이 아닐까 생각합니다. 저는 그 시간들을 즐기며 보냅니다.

김정희　하는 사람만 그걸 체험할 수 있는 거네요?

정인순　그렇다고 봐야 하나요? 붓을 잡을 때는 온 정성을 집중해 마음의 흐트러짐이 없어야 해요. 문인화는 좋은 점이 먹, 붓, 종이만 있으면 그림을 완성할 수도 어떤 메시지를 전달할 수도 있어요. 사군자는 몰골법으로 붓 한 번가는 것으로 끝내야 해요. 수정할 수 없거든요. 그것이 가장 어려운 점이기도합니다. 무슨 일이 있어 마음이 흐트러지면 붓을 잡을 수가 없어요. 절대로안 되거든요. 무아지경에 이르러서 집중해야 해요. 또 좋은 점은 붓을 잡으면시간 가는 줄 모른답니다.

김정희 문인화 작가로 거듭나신 모습이 보기 좋아요.

정인순 나 자신이 장애인이라고 한 번도 생각해 보지 않았고, 나에게 힘과 용기와 지혜를 달라고 항상 기도하며 살았어요. '긍정의 힘'이라는 것도 있잖아요. 우리 애들한테도 가슴을 펴고 항상 씩씩하게 살아라, 그러면 너희 인생이 그만큼 더 좋아질 것이라고 늘 이야기해요. 제자들한테도 노력해서 안 되는 것이 있겠느냐, 항상 자신감을 갖고 붓질을 하라고 합니다. 노력하는 이들은 분명히 필력이 좋아지니까요. 이제는 육십 평생을 살아온 여정에서 후회없는 삶을 살아 왔는지 뒤돌아보는 시간입니다. 왜 후회스러운 일이 없겠습니까마는 불편한 몸으로 종종걸음을 치며 바쁘게 살지만 정말 중요한 것, 몇번이고 강조해도 부족한 것은 이 세상 모든 것은 마음으로부터라고 생각합니다. 나 또한 얼마나 많은 부정적인 사고를 갖고 있었는지 몰라요. 그것이얼마나 잘못된 것인지 얼마나 자신을 힘들게 하는지도 모르는 채. 지금도 그리 넉넉하지는 않지만 주어진 삶 속에서 마음의 여유를 찾으려고 노력합니다. 조그마한 것에서도 만족을 찾으려고 하지요. 집에서도 내 할 일을 열심히합니다. 집 안과 밖을 가꾸는 일도 제가 할 일이니까요. 넓은 정원을 가꾸는작업은 힘들지만 손질이 끝나고 나면 거추장스러운 머리를 자르는 것 같은기분이 들어서 좋아요. 자연과 더불어 사는 게 즐겁지요. 4월부터 여름까지 아침에는 꾀꼬리 소리를 들으며 노년의 뻑뻑한 눈을 달래며 잠에서 깨고, 온 갖 꽃들이 피고 지는 사철의 변해 가는 경관을 바라보며 세월의 흐름을 느끼고, 새싹이 올라올 때 새싹 위에 밤새 내린 이슬이 맺힌 모습에 자연의 신비로움을 느껴요. 잔디를 깎을 때는 풋풋한 풀내음에 행복해지고, 봄에는 서향 향기가 가을에는 금목서 향기가 마음을 설레게 합니다. 방안 가득한 먹향이 마음을 정화시켜 주니, 먹과 함께할 수 있어서 좋고요, 느지막히 대학을 다니면서 이것저것 배우는 것도 좋고요, 별일도 아닌데 가슴이 찡하고 구슬픈 가락만 들어도 눈물이 고이는 여린 마음이 싫지 않고요. 눈에 보이는 것보다 안 보이는 것을 더 소중하게 생각할 줄 아는 사람으로 남길 바라네요.

재미있어 한 일로 천연 염색 사회적 기업가가 된 김경희

강진 성전면 수양리 주민인 김경희 씨는 '환희지'라는 천연 염색 공방을 강진과 영암 두 곳에서 운영하다가, 2011년 동료들과 운영하는 영암의 '마노 예술촌'이 예비 사회적 기업으로 지정을 받으면서 영암 작업장 활동에 주력하고 있다. 이곳이 사회적 기업으로 안착을 하면 다시 강진으로 돌아와 강진 작업장을 중심으로 활동해야 한다고 생각한다. 천연 염색을 시작하게 된 건 15~16년 전 강진에서다. 꽃꽂이 전문가인 강진의 김하늘 씨에게 꽃꽂이를 배우고 있을 때였다. 그때 천연 염색을 하시는 허정희 교수님이 김하늘 씨에게 꽃꽂이를 배우러 오곤 했다. 어느 날 허 교수님이 염색도 배워 보지 않겠냐고 해서 우연히 배우게 되었는데 염색을 하면 할수록 신기하고 너무 재미있었다. 흰색이란 흰색은 다 가져가 염색을 했고, 돈만 있으면 광주 양동 시장 가서 흰색 천을 사서 황토 염색을 했다. 염색한 천으로 바느질을 해서 이것저것 소품을 만들어 써 보니 너무 좋았다. 그때까지는 취미로 하는 일이었는데 황토 염색 천이 땀은 흡수하면서도 냄새가 안 났다. 황토 염색한 행주는 삶지

해남 현산중학교 체험학습(2010)

않아도 냄새가 안 났다. 계속 천을 사고 싶은데 돈이 없으니까 이불 한 개를 만들어서 팔았다. 그 돈으로 원단을 사서 염색해서 또 이불을 만들어 팔고 그렇게 7년을 했다.

강진에서 터를 잡는 데 고생을 좀 했다. 청자축제 등에 내 돈을 내서라도 참여하고 싶었지만 좀처럼 기회가 주어지지 않았다. 서울에 가 있을 때 강진 군청에서 전화가 왔다. 광주 한 백화점에서 강진 특산품전을 하는데 이 행사에 참여할 수 있냐는 것이었다. 원래 강진에 먼저 천연 염색을 해서 터를 잡으신 분이 있는데, 이런 행사에는 이분이 의례 참석했는데 사정이 생겨 참석하지 못한다는 거였다. 당연히 참석을 했고 이 행사에서 노다지를 캤다고 해도 과언이 아닐 만큼, 만들어 놓았던 소품들을 다 팔았다. 이 일을 계기로 군과도 친해지고 다양한 군 행사에 참여할 수 있는 길이 트였다. 이런 우여곡절을 거쳐 청자축제에 참여하게 되었고, 이제 4년째 접어든다. 손수건이나 스카프 같은 소품들은 단체 주문으로 꾸준히 나가고 있다.

지금은 영암의 한 폐교된 초등학교를 한지공예, 가죽공예, 황토 천 벽지 사업을 하는 동료까지 네 명이 빌려서 함께 작업하고 있다. 2012년 7월에는 전남 예비 사회적 기업으로 선정되었다. 전남공예협동조합 이사도 맡고 있다. 집은 강진이고 작업장은 영암이다 보니 집에는 일주일에 두 번밖에 못 간다. 남편은 장기 출장을 다니는 목수이고 고등학생인 아들도 스스로 밥 해 먹고 학교 다녀 신경 쓸 일이 없다.

요즈음은 황토 가루를 세탁기에 넣고 돌려 쉽게 황토 염색을 하는 방법이 많이 쓰인다. 김경희 씨는 전통 방식 곧이곧대로 장화를 신고 황토 흙에 밟아 주고 헹궈서 말리기를 아홉 번을 반복한다. 열 번째 약간 소금 넣은 물에 다시 밟아 색을 잡아 주고 이걸 다시 맑은 물이 나올 때까지 여섯 번 헹궈준다. 이런 공정을 거쳐 원단에 황토 염색을 하는 기간은 보름이 걸린다. 밟아 주는 작업을 많이 하다 보니 발이 붓고 연골이 밑으로 내려앉았다. 의사는 하지 말라고 하는데 발만 붓지 죽지는 않는다고 했다며 좋아서 황토 염색을 계속한다고 한다. 이 말을 들으며 내려다본 김경희 씨의 발은 '어마!'라고 소리 지를 수밖에 없는 상태였다. 최고 발레리나 강수지 씨의 뭉개진 발만 아름다운 게 아니었다. '아 장인이란 이런 거구나.'를 자신의 몸으로 보여주는 김경희 씨를 보며, '나는 과연 장인 박사라 할 수 있을까?'를 돌아보지 않을 수 없게 된다. 경상도의 공예는 대체로 공장화되었다. 남도는 산업화로부터 소외된 탓에 전통 방식의 손 공예, 몸으로 하는 공예가 40여 명의 장인들을 통해 전수되고 있다. 김경희 씨의 경우는 이러한 남도 공예 핵심 자원의 한 사례이다. 함께하는 동료 장인 한 분 한 분도 별도의 구술 연구가 이루어지면 좋을 만큼 심지 깊게 장인의 길을 걷고 있다. 관의 행정적 조력 외에는 특별한 지원 없이 3년을 노력한 끝에 이제 예비 사회적 기업이 되었다. 2010년 하노이

황토 · 소목 천연염색(차량용 목베개)

공예축제가 그해 CNN이 선정한 베스트10 상품에 선정되었듯이, 문화 여행, 생태 여행이 부상하면서 공예는 다시금 지역 부흥의 핵심 키워드로 부상하고 있다. 전통의 전승과 지역의 지속가능한 생태 발전이라는 두 견지에서 전통 공예는 지역사회와 국가가 주목해야만 하는 잠재적인 고급 문화 자원이다. 장인 정신으로 힘들게 지키고 전승해 온, 온 손과 온몸과 온 마음으로 하는 고급 가치의 공예에 너무 늦지 않게 우리 사회가 눈길을 돌릴 수 있기를 기대하면서 김경희 씨의 구술을 소개한다.

김정희 함께하고 계신 분들을 어떻게 만나게 됐는지 얘기해 주세요.

김경희 대표님은 황토 염색 배우려면 이 사람한테 배우라고 해서 배우기 시작해서 이제 만난 지 15년이 되었어요. 한지 선생님은 저한테 염색 배우러 온 한 사람인데, 자기는 영암에서 한지 한다고 놀러 오라고 해서, 그래서 꾸준히 알고 지내 왔어요. 대표님은 전주 분인데 나로 인해서 대표님도 강진에 오시면서 한지 선생님 만나고 그렇게 알게 됐지요. 내가 서울 있다가 내려오려니까 짐이 판 거보다는 만든 게 많아서 그런지, 집에 갖고 들어갈 수도 없어 영암 북초등학교 폐교에서 도자기 하는 분이 거기로 오라고 해서 거기 있었는데 공간이 좁았어요. 전주에서 대표님도 이리로 오시려고 여기저기 폐교를 알아보다가, 이 학교를 알게 됐어요. 넓은 곳에서 함께 하자고 해서 한지 하는 친구, 강진에서 가죽공예 하던 후배 이렇게 넷이 모여서 이 폐교에 들어오게 된 거예요. 전라남도에서 작가들이 모여 함께 하는 곳은 유일하게 여기밖에 없어요. 작가들이 고집이 세서 안 모여요.

김정희　예비 사회적 기업으로 선정된 얘기를 해 주세요.

김경희　올해 7월에 예비 사회적 기업 신청해서 받았는데, 관공서 협조를 받으면서도 성실하게 준비해서 3년 걸렸어요. 지금 여기는 정말 도와주고 싶은 마음이 생깁니다. 백(배경)으로 사는 세상이지만 우린 정말 성실하게 해요. 전남에서 사회적 기업이 백 몇 개 있는데 인증 받은 데가 스물 몇 개밖에 안 된다고 해요. 성실히 해서 1년 6개월 만에 사회적 기업으로 공인받고 싶어요. 여기 일하러 온 사람들 한 명도 안 바뀌고 사업을 잘 해서 사회적 기업 지원받는 것이 끝나고도 이 사람들 급여 주면서 운영하기를 바래요. 계속 이 사람들이 함께 하기를 바래요. 그렇게 성실하게 하려고요. 이익금 받은 것은 영암군 특수 장애 아동, 발달장애 아이들 77명에게 무료 체험시켜 주고요, 간식거리까지 다해 줘요. 다문화 여성들에게 봉사활동을 해 주지요. 할 수 있는 한 지식 기부를 해요. 대표님 이하 우리 모두 그런 생각을 갖고 있으니까, 우리야 수업해서 열심히 벌면 되잖아요. 돈 벌려면 사회적 기업 안 하지요. 직원들도 그냥 직원이 아니라 이 분들을 강사로 키워 내는 게 목적이에요. 키워낼 거예요. 그게 제 욕심이에요. 이분들이 와서 편안하기는 해요. 그러나 여기서 안주하지 않고 이분들이 나처럼 여기저기 가서 강사 활동 할 수 있게 하는 거, 자기 기술 꼭 쥐어 줘서 활동하게 하고 싶어요.

올 겨울에 꼭 해야 할 것이 있어요. 12월 15일 정산해 보니까 조금 남았어요. 열심히 한 덕에 무료 행사 많이 했어도, 통장에 남았더라구요. 마을 어르신들이 겨울에 마을 회관에 모여 있을 때 노인들 체험 학습 하게 해 드리려고요. 우리 직원들 교육을 시켰잖아요. 그 교육의 효과를 보려면 마을 회관에 세 명씩 나가서 체험 학습 봉사하게 하는 거예요. 이분들이 체험 학습하게 하려고요. 그래야 강단에 서더라도 떨지 않을 수 있고, 직원들이 하니까 강사비도 안 들고, 세 마을 할 거 열 개 마을 할 수 있잖아요. 올 겨울에 그렇게 하려고요. 밭도 닦아드리고 맛사지 잘 하는 직원이 있어서 맛사지도 해드리고.

사회적 기업은 절대 욕심부리면 안돼요. 그래야 끝까지 살아남아요. 저희는 돈보다는 명예잖아요. 세 명이 모였는데 '사회적 기업 하다가 인정 못받았더라.' 정말 자존심에 그 말은 듣고 싶지 않아요. 공예촌임에도 불구하고 타의 모범이 되고 사회적 기업 하시는 분들이 거기를 방문하고 싶어 한다는 소리를 듣고 싶어요. 모범적인 사례라는 소리를 듣고 싶어요. 직원도 많이 신청하지 않았어요, 열 명. 그 열 명이 그대로 성실하게 일해 가요. 우리 선생님들은 사업자 등록증 없애고 한 통장으로 돈이 들어와요. 열심히 일하는데 직원으로 해 달라고 할 수 있는데, 우리 선생님들 그거 포기했어요. 우리까지 합하면 14명이 일하는 건데, 얼마나 경쟁력 있겠느냐. 그거 안 받는다고 굶어 죽는 거 아니니까 재료비만 남기고 해 보자고 했죠. 자부담이 어마어마하게 들죠. 10월 달에도 교육박람회 갔다 왔어요. 3백 잡았는데 6백만 원 들었어요. 다 동이 나니까 대표님이 염색할 자료를 또 가져오셨어요. 그러고도 3백 명을 무료로 더 해 줬어요. 예술촌 홍보가 될 수도 있고 지식 기부죠. 이번에 서울특별시 교육청하고 영암군 교육청하고 협약식을 했거든요. 지식 기부를

황면, 밤물, 소방목, 치자, 쪽, 황토로 만든 천연염 감물, 밤물, 황토 등으로 천연염색한 쿠션
색 스카프

해서 상을 준대요. 응모하라고 해서 응모해 놨어요. 12월에 상을 준대요. 열심히 했으니까 됐으면 좋겠어요. 바람이에요. 상금은 없고 상장만 있어요. 상장만 있어도 흥이 나서 더 열심히 할 수 있는 거니까 열심히 하라는 뜻으로 신청을 해 봤어요. '우리에게도 기회를 주십시오.' 라고, 정말 잘 하려고. 건물은 낡았지만 들어와 보면 안은 따뜻하고 포근해요. 선생님들 마음이 따뜻하고 다 좋아요. 직원들도 얼마나 밝은지 몰라요. 그냥 직장이 아니라 언젠가는 배워서 하고 싶다는 생각이 들 정도로 바뀌었어요. 처음에는 시간 때우고 월급 받는 공간으로 생각하다가 점점 더 교육을 통해서 바뀌더라구요. 교육보다 더 중요한 건 없어요. 여러분, 여기 와서 일하는 거로만 끝내지 말고, 배우십시오, 나이 오십 돼도 늦지 않았다고, 저희들이 도와주겠다고, 3개월은 교육만 했거든요, 일은 안 하고. '우리 언제 일해요?' 그럴 정도로 앉아서 땀나게 교육만 했어요. 교육의 효과가 발휘되더라구요. 이제는 내가 없어도 염료 다 내려놓고 저 없이도 수업이 될 정도에요. 관공서나 학교로 수업 갈 때 보조 강사로 모시고 가요. 정말 열심히 해요. 예전에 배운 거를 밤에 얼마나 열심히 준비해 오는지, 아이들에게 또박또박 설명해 주고, 그런 걸 보면 자신감이 생겼다는 거에요.

이론 교육은 정말 힘들거든요. 실기가 동반되는 교육은 분명히 배우는 사람에게 자신감을 채워 줘요. 저는 염색만 할 줄 알잖아요. 우리 직원들은 (천연)염색이고 한지(공예)고 가죽(공예)이고 다 할 줄 알아요. 여기에 매주 토요일 150명에서 200명이 와요. 아이들에게 미안한 게 체험장이 없어서 여름엔 마당에서 햇빛이 내리쬐는 속에서 체험을 했고, 겨울에는 너무 추우니까 복도에서 체험 한다는 거예요. 체험장이 있으면 여름에는 그늘 밑에서 하고 겨울에는 따뜻하게 할 수 있는데. 그래도 그 추위에 목포가 (목포 체험장이) 더 가까운데 저 멀리 삼호에서도 부모 손잡고 꼭 온다는 게 고마워요. 그러면 우리는 따뜻한 간식을 내놓고요, 여름에는 시원한 간식을 내놓고 저희가 최선을 다 하려고 노력해요. 매주 다른 간식과 다른 체험 프로그램을 생각하면서, 그렇게 하고 있어요. 정말 반듯한, 정~말 거기는 대충하는 그런 곳이 아니라 모범적인 사회적 기업이라는 딱지를 받고 싶어요.

김정희 직원 열 명이 어떤 분들이에요?

김경희   50%가 취약 계층이에요. 열 명 중 한 명은 남편이 없고 딸하고 사시는 한 부모 가정, 그리고 외국인이 세 분 있어요. 그중 한 분은 신랑이 사망하고 아들하고 살아요. 나랑 가죽 선생님이랑 이분들을 따뜻하게 대해 주고 있어요. 그래서 지금은 이분들이 모두 정말 밝아졌어요. 손재주도 아주 좋아요. 근데 이주민 여성의 경우는 염색, 한지는 전통 작업이라 안 어울리고요, 우리나라에서 외국 여성이 강사 활동하면서 살기 어려워요, 외국인이라는 딱지 때문에. 가죽공예는 잘 맞아요. 올 겨울에 가죽공예 강사 자격증을 따려고 도전하고 있어요. 살게 해 줘야죠, 열심히 하는데. 나머지는 취약 계층으로 63세 되신 분, 이런 분이 있어요.

가죽 선생님도 저하고 생각이 같아요. 강사비가 있으니까 비싸게 하지 말고, 저렴하게 재료비만 받으면 된다고 해서 이번에 가죽 핸드백 만드는 데 20만 원으로 했어요. 군에서 12만 원 보조하고 개인이 8만 원 내고, 그러니까 이번에 사람이 엄청 많았어요. 또 대표 선생님은 황토 염색 천으로 벽지 인테리어를 하세요. 큰 사업이에요. 이 선생님 작업이 수작업이잖아요. 벽에 띠면서 하는 게 기술이고요. 올 겨울에 이 기술을 배우려는 사람들에게 오픈한다고 하셨어요. 배우려는 사람들도 많아요. 이제 혼자 하기는 힘드시거든요, 기술을 가르쳐서 큰일이 있을 때 함께 하려고 해요. 실내 인테리어만 하신 지 십 년이 되었는데, 천 벽지를 페인트 칠해 놓은 거처럼 반듯하게 잡기가 쉽지 않잖아요. 그게 쉽지 않을 거예요. 이번에도 천안 가서 아파트 한 채 꾸미고 왔어요. 최근에 점점 수요가 늘어나고, 그래서 배우고자 하는 사람이 많아요. 비교 대상이 없어요. 우리나라에서 하는 사람이 한 명도 없어요. 시간도 많이 걸리고요. 천장 한 장 붙이는 데 한 땀 한 땀을 꿰매듯이 가요. 한 장 붙이는 데 3시간, 3장 붙이면 9시간 걸려요. 겨울에는 팽팽하게, 그러면 이 원단이 수분을 머금어요. 날씨가 좋으면 말려 버려요. 이번에 특허 나온 게 벽에 풀칠을 하지 않고도 이렇게 나온다는 걸 인정받은 거지요. 흙집 짓고 싶어도 도시에서는 못 하잖아요. 이건(황토 염색 천 벽지) 할 수 있잖아요. 이건 영구적이예요. 일반 도배는 뜯어내고 하지만, 십 년 전에 했던 집도 새 집처럼 예뻐요. 주인이 아직도 밖에 나갔다 들어오면 기분이 좋대요, 그만큼 편안하게 해주거든요.

황토가 염색하는 데 힘은 들어요. 아홉 번 밟아 염색해서 아홉 번 말리고 원단이 흙 속에 15일을 들어가 있어요. 생지, 표백을 전혀 하지 않은 원단이 노르스름해요. 밟아서 물에 한 시간 담아 두면 노란 물이 나와요. 시큼한 냄새가 나고, 이걸 정염 과정이라고 하는데 이걸 여섯 번을 해요. 노르스름한 물이 안 나올 때까지. 겨울에는 삶아요. 노란 물이 빠진 상태면, 이 원단이 많이 쪼글쪼글해져요. 이 원단을 흙 속에서 한 시간을 무식하게 밟아요. 밟은 다음에 햇볕에 팽팽하게 말려요. 마른 다음에 흙 속에 넣고 또 한 시간을 밟아요. 황토는 원단을 흙 속에 가만히 놔두면 2년, 3년이 지나도 염색이 안 됩니다, 원단이 삭으면 삭았지. 광물성이에요, 작은 돌 알갱이예요. 이 돌 알갱이가 스스로 천에 침투를 안 해요. 그래서 인위적으로 흙을 밟으면서 재질이 아닌, 실 가닥가닥 사이까지 파고 들게끔 아홉 모리를 해요. 한 시간 밟아서 바싹 햇볕에 말리고, 이걸 아홉 번 해요. 열 번째에 소량의 소금을 넣고 또 30분 밟아요. 또 햇볕에 말려요. 다음에는 식초 물에 담아요. 소금 매염제가 원단을 쪼여 주는 거예요. 그러면 흙이 안 빠져 나가요. 배추에 소금 뿌려 놓으면 물기 빠지고 오므라들지요, 꼬들꼬들해지지요, 그런 거예요. 색도 잡아 주면서. 식초는 강력한 살균, 강력한 소독이에요, 강력한 소독은 식초밖에 없어요. 빙초산 소주 컵 반 컵만 넣고 그 물에 담가 30분 밟아요. 풀물 5번 빼고 염색 아홉 모리를 해요. 소금에 30분, 식초에 30분 다시 햇볕을 봐야 하고요. 이렇게 해서 끝나는 게 아니에요. 흙가루를 빼는 작업에 들어가야 해요. 흙가루가 떨어지잖아요. 맑은 물에 담가서 또 밟아요, 그렇게 여섯 번이 들어가요. 강제로 투입시키고 강제로 겉에 있는 흙을 빼주는 거예요. 그래도 흙이 나와요. 황토는 광물성이라. 세탁기에 넣고 풀코스로 넣고 돌려요. 원단을 탈수시켰으니까 반 건조로 나오잖아요. 이걸 다시 맑은 물에 행궈요. 그리고 팽팽하게 펴서 빨래 건조대에 말려요. 다 마르면 예쁘게 개서 마무리 하죠.

저는 색 염색도 하지만, 색 염색은 정말 쉬워요. 아이들도 할 수 있어요. 제일 어려운 거 황토 작업이에요. 누구도 황토를 하려고 하지 않아요. 염색 하는 사람 중에서도 황토한다고 하면 내 입에서 '대단하다'는 소리가 나와요. 세탁기에 뜨거운 물에 돌려서 대충 황토 염색을 하는 사람들이 있는데, 황토는 뜨거운 물에 삶으면 안 돼요, 살아 있는 미생물이 얼마나 많은데. 이걸 뜨거운 물에 끓여 죽이는 작업은 하면 안 되거든요. 그런데 너무 많은 작가들이 쉽게 하는 방법을 찾는 거예요. 내 몸이 힘들면서도 제대로 하는 방법을 찾아야 하는데 너무 쉽게 하려고 해요.

일반 팬티는 삶아서 입어요. 그런데 황토 이불이나 팬티는 바로 덮고 입어요. 바로 입고 덮게 해 주는 과정이 식초예요. 염색 과정이 15일이나 걸리는데 미생물이 살아 있으니까 좋지만, 그래도 혹시나 해서 아토피 아이들이 입는 거니까 옅은 농도의 식초로 살균, 소독을 시켜 줘서 바로 입고 덮을 수 있게 해 주는 거예요. 식초로 세탁을 하면 알레르기 없어요. 저는 아토피 있는 아이는 물론 일반 아이들 면 옷도 식초로 빨라고 해요. 아토피 심한 아이 엄마가 아이 옷을 가져와요. 제가 삶아서 세탁기 풀 코스 돌려서 가져오라고 해요. 제가 흙 속에 넣고 밟는 순간부터 거품이 부글 보글 끓어 올라와요. 아무리 깨끗하게 빨아도 실 사이에 있는 세제는 못 빼요. 그런데 왜 나오느냐? 황토는 광물성이라서 빠져나와요. 억지로 침투하니까 세제가 빠져나오는 거예요, 황토만. 겉만 빨았지, 세제 덩어리를 입고 다닌다는 소리예요. 우리 모두가 그래요. 영암군 사람들, 이 황토 이불 가져가서 세제 넣고 돌리는 사람 하나도 없어요. 세제 넣으면 흙이 빠져요. 세제 넣고 제가 황토 이불 빨아 봤어요. 부분적으로 빠져요, 세제가 붙는 쪽이 더 빠져요. 세제가 들어가면서 황토를 밀어내요. 빨리 밀어내요. 황토도 세제 들어 있는 걸 넣으면 세제가 빠져 나와요. 천연 염색은 들어가는 것이 식초와 소금밖에 없어요. 천연 염색한 거 세탁할 때 우유, 친환경 세제를 쓰라고도 하는데, '그래 한 번 해 보자.' 하고 제가 다 해 봤어요. 피존도 넣고 돌려 보고. 저 도전 정신이 강해요. 식초 넣고 돌렸을 때가 햇볕에 널면 제일 꼬들꼬들 해지면서 가장 잘 유지시켜 줘요.

김정희 때는 어떻게 해요?

김경희 황토는 때가 안 묻어요. 흙이에요. 황토가 빠지면 때가 묻어요. 제 이 이불이 십 년 덮은 이불이에요. 흙에 무슨 때가 묻어요. 떨쳐 버리지. 그런데 물이 빠지는 청바지와 같이 돌렸다든가 하면 청바지 물을 황토가 빨아들이지요. 황토가 빠진 부분이 있을 거잖아요. 그 부분으로 청바지 물이 들어요. 제일 매력적인 게 황토예요. 주부들은 쪽 염색, 홍화 염색 등을 좋아하고, 제가 그 수업을 하고 있지만 황토의 매력은 무궁무진해요. 하지만 제일 힘들어요. 발이 내려 앉았어요. 양쪽이 다. 직업병이래요. 장화 신고 너무 밟다 보니까. 연골즙이 어디서 새는지 모른대요. 발 쪽으로 쏠려 버렸어요. 병원에서는 일을 하지 말래요.

김정희 그럼 어떻게? 안 할 수 없는데.

김경희 일을 해야죠. 죽지는 않는대요. 부을 뿐이지 죽지는 않는대요. 일을 안 하면 가라앉아요. 일을 심하게 하면 부어요. 이게 직업병이래요. 그래서 남자가 하는 작업이지 여자가 하기에는 너무 힘든 작업이에요. 안 좋으면 못 해요, 좋아서 하지. 병이죠, 병이에요. 하라는 사람도 없는데 왜 하는지 모르겠어요. 근데 좋아서 해요. 황토 작업은 정말 힘들어요. 누가 황토 작업을 쉽게 얘기하면 화가 나요. 이게 전통 방법 그대로고 제게 배워 나간 열 분도 이 방식 그대로 해요, 어긋나지 않고. 쉽게 황토 염색 하는 분들은 황토 가루를 드럼 세탁기에 넣고 돌린대요. 티스푼으로 하나 넣으면 원단 열 마가 염색된대요. 난 놀랬어요. 한 번 보고 싶어요, 그 가루가 어떻게 생겼는가. 그건 한 세 번은 황토가 빠진대요. 그 다음에는 흙이 안 나온대요. 그런데 색이 붉어요. 우리처럼 이런 황토색이 안 나와요. 황토인 것과 아닌 것을 구별하는 방법은 천을 접어서 비비면 절대 안 비벼져요. 딱 붙어 있어요. 이게 흙이에요.

일반 옷도 좀 거칠지만 비벼져요. 황토 염색한 건 비비면, 강하게 해도 비벼지지 않아요. 흙과 흙이 만난 거라서 비벼지지 않아요. 그게 백 퍼센트 황토예요. 부드럽지가 않아요. 새 원단도 걸레가 돼서 나오거든요. 반듯하니 예쁠 수가 없어요. 헌 것 같은 느낌이 들지, 새 것처럼 느껴지지 않아요. 그런데 소비자들은 잘 모르지요. 다림질 쫙 된 그런 걸 원하는데, 물 속에서 그렇게 15일 동안 하루 두 번씩 밟아 대면서 말리는데 쫙 퍼지는 게 이상하지요. 강력한 공업용 스팀 다리미로도 안 퍼지더라구요. 제대로 작업하는 사람들이 많이 나왔으면 좋겠고 그런 사람들을 배출하는 게 목표예요. 손쉽게 얻어진 건 손쉽게 잃어버리거든요. 나중에 길게 가지를 못해요. 염색을 쉽게 하는 비법이 있다고 하는 사람들이 있는데 염색에 절대 비법이란 없어요. 자기 발전 절대 없어요.

저는 옷보다는 수업 위주로 했어요. 옷은 재고가 백 퍼센트 남아요. 옷은 이 사람은 이 스타일 좋아하고 저 사람은 저 스타일 좋아하고 다 틀려요. 그걸 다 어떻게 맞춰요? 제 경우 옷은 고객에게 안 맞춰요, 나한테 맞춰요. 다 내 옷이라고 생각하고 해요. 내 옷은 일반 사람들이 소화 못해요. 유일하게 나만 입고 다닐 수 있는 것, 왜? 재고 남는 게 싫어요. 그래서 재고 없는 거, 건강에 좋으면서 본인들이 체험할 수 있는 거, 속옷 종류, 이불 종류, 침구류. 오랫동안 사용해서 냄새 안 나는 베개가 어디 있어요? 근데 황토는 그래요. 그래서 내 몸에 닿아서 내가 체험할 수 있는 거, 재고 남지 않는 거, 내 옷 스타일 맘에 드시는 분만 사가는 거고. 그래서 내가 옷에 욕심 안 내요. 근데 옷에 욕심내야 돈 벌어요. 돈 따라가면 내가 나중에 엉망이 되요. 그러면 안 되겠지요. 체험을 많이 하고 염색을 많이 알리고 제자를 많이 키워 내는 거. 재산이 돈의 재산보다는 사람의 재산이 크거든요. 인맥 재산에 뒤지고 싶지 않아서 그런지 모르지만 전 사람이, 인연이 제일 크다고 생각해요. 돈은 필요한 만큼 있으면 되잖아요. 필요한 만큼의 기준이 남들은 백만 원 갖고 살 수 있다면 난 삼십만 원 갖고 살 수 있으니까 내가 필요한 만큼 있으면 돼요. 물건 재료 사고, 그 물건 팔면 무료 체험 학습 몇 번 가고, 재료 살 돈 없으면 기다렸다가 물건 팔리면 그때 사고, 쫓아갈 필요 없잖아요. 딱 쓸 만큼 벌게 해 주시더라구요. 백만 원이 필요해, 그러면 칠십만 원 정도는 벌게 해 주시더라구요. 그럼 되잖아요. 욕심이 없는 게 아니고 사람 욕심이 많은 거예요. 옆에서 그 사람들이 배워서 하는 걸 보고 싶고, 그런 욕심은 내고 싶어요. 올 겨울에 염색 강사를 두 명 정도 키워 내려고요. 내가 안 가도 수업할 수 있을 만큼. 수업을 하면 월급 외에 강사비를 쓸 수 있잖아요. 그분은 월급도 받으면서 강사비도 벌면서 경력도 쌓이면서 그러면서 흥미를 느껴서 본격적으로 일을 했으면 좋겠고, 염색을 제대로 하는 사람들이 많이 생기면 생길수록 좋다는 거, 누구한테? 나한테. 제대로 하는 사람 밑에 두서너 명 있으면서 주위에서 그 사람들을 인정해 주면 자연히 나도 인정받는 거예요. 그게 내 욕심이에요. 대충대충 하지 말고 힘들더라도 장화 신고 땀 흘리면서 하는 작업, 성실하게. 어떤 사람이 공부를 오픈해서 전주에 계신데 배워서 나갔어요. 제가 그랬어요. 3년 동안 하루도 쉬지 말고 원단 밟아서 염색해서 말려 놓으라고 했어요. 한겨울에는 고드름 얼더라도 작업한 거 널어 놓으라고 했어요, 3년만 그렇게 하라고 했거든요. 얼마나 착한 사람인가 하면 하루에 두 번씩 꼬박 염색하면서 공방을 치우면서 살아요. 손님이 없어요. 처음에 무슨 손님이 있겠어요. 없어도 선생님이 하라고 했으니까 3년 동안 꾸준히 하다가, 지금은 고창으로 내려갔어요. 대박 났잖아요. 고창에서 불러들였어요. 그렇게 열심히 하니까 고창군에서 불러들였어요. 게으르지 않고 성실하게 하면 아무 말을 안 해도, 분명히 그 답은 있다는 거, 요령 피우고 뭐하고 로비하고 뭐해도 그런 사람은 언젠가 안 좋은 끝이 보여요, 안 좋은 끝.

김정희 몇 달 일해 보니까 직원들이 어떤가요?

김경희 처음에는 일을 잘 모르고 이 문화에 접하지 않았으니까 소극적인 면이 없지 않았어요. 6개월이 지난 지금은 이 사람들이 내 든든한 백이 됐어요. 이 회사는 내 거라는 인식이 생긴 거예요. 고마운 거잖아요. 이곳이 '내 거'라는 의식, 주인 의식이 너무 강해졌어요. 고마운 일이죠. 그래서 우리 직원들 한 명도 나가지 말고 그대로 가자고 해요. 운동장 콩도 직원들이 심자고 했어요. 나는 종자만 댔어요, 거름 값하고. 우리 직원들이 염색해 놓고 말리는 동안 심고, 풀 매고 수확하고 해서 150kg을 만들어 냈어요. 콩 값도 비싸니 팔자고 하는데 그게 판다고 얼마나 되게요. 그거 조금 팔아서 통장에 채우는 거보다 된장 담그는 거 배워서 담가 우리 직원들에게 나눠 주면 더 좋은 일이잖아요. 된장을 다 사 먹는대요, 한 번도 담은 적이 없대요. 그래서 대표로 내가 가서 배우자 해서, 익산 종갓집에 가서 배워 왔어요. 이분들이 나가서 어떻게 말하든, 그건 상관 안 해요. 근데 여기 있는 동안에는 내 가족인 거예요. 그렇게 생각하고 일을 하니까 마음이 더 편해요. 아프면 같이 병원 데려가 주고, 혼자 사는 세상은 없으니까.

선생님들께 제가 그랬어요. 올 겨울에는 이분들이 강사 자격증 따게 도와줍시다. 올해 못 따면 내년에 따면 되고. '도와줍시다.' 하니 그렇게 하겠다고 해요. 보조 강사는 어차피 데리고 다니는 거고, 이왕이면 옆에서 사람들에게 가르칠 수 있는 사람이 더 좋겠고, 이렇게 우리 선생님들도 직원들과 하나가 되고 있어요. 우리 모두 트러블 안 나고 잘 지내면서 서로 잘 되는 방법을 찾아야지요. 서로 잘 되는 방법은 화합이에요. 서로 희생해야 화합이 돼요. 고집 부리면 화합이 안 돼요. 그게 목표예요, 그리고 저희는 잘 될 거예요.

김정희 남도 공예협동조합 회원이 얼마나 돼요?

김경희 대략 회원이 2백 명 되는데, 남녀 반반이고 가지 수는 엄청 많지요. 염색, 도자기, 한지공예, 가죽공예, 죽공예, 나무공예, 비즈공예, 리본 공예 등해서 엄청 많아요. 이 조합이 전통 물건을 파는 분도 가입하게 되어 있어요. 잘못 된 거지요. 그리고 정말 훌륭한 분은 숨어 있는 사람이 많아요. 가입하고도 안 나타나는 분이 정말 자기 작업하시죠. 공장에서 찍지 않고 한 개 한 개 다르게 나오는 거, 수작업 하는 사람이 많아요. 가입하고 활동은 안 하는 분들이죠. 전통 문화는 있는 그대로, 그대로 보존하고 물려줘야 하는데, 많이 변색되어 가요. 그게 화가 나요. 티스푼 하나 넣어 황토 염색 한다고 하고, 그걸 특허냈다고 하고, 말을 번지르르하게 하고 다니는 그런 사람들을 보면 저런 사람들은 무슨 생각을 할까, 일반인들을 바보로 알까? 황토가 광물성이지, 식물성처럼 물감도 아닌 건 초등학생도 아는 건데, 허무맹랑한 사람이 너무 많아요.

김정희 경남 쪽에도 공예하시는 분들이 많나요?
김경희 경남 쪽도 많아요 너무 발달됐어요, 공장형 자연 염색으로요. 대구나 부산 그쪽은 어마어마해요. 거기는 그걸 많이 키워요.

김정희 공예 판매에 대해 얘기해 보지요. 여행객을 데리고 오면 이곳의 특산품, 공예 등을 보여주고 사 가게 할 판매장이 없어요.
김경희 예, 없어요. 여기도 왕인 박사 유적지에 일본인들이 자주 오는데, 한 분이 답사식으로 영암을 왔다가 군에 물어보니 여기를 추천했대요. 여기를 오셨어요. 군에서 얘기 듣기로는 물건도 너무 예쁘고 좋다고 들었는데 밖이 너무 허술한 거예요. 차도 마시면서 예쁜 공간이 있어야 되잖아요. 여유롭게 음악도 들을 수 있고, 그런 까페 같은 공간을 찾는 거예요. 여행객이 쉴 수 있는 공간, 그게 없어요. 그 사람이 생각한 건 앞에 가게가 있고 뒤에 작업하는 모습을 볼 수 있는 그런 공간인데, 해남의 황토 테마파크가 그런 공간인데 너무 끝인 거예요. 그런 게 여기 딱 와 있으면 정말 좋지요. 장흥에 우드랜드가 하나 있고, 강진도 없어요. 목포는 도에서 해 줘서 공예 상설 전시장이 있어요. 우리 공예조합 작가들 작품을 뒀어요.

5) 일상 삶 속에서 나타나는 남도의 미감

나는 이 책의 1장에서 나도 모르게 남도에 빨려 들어가게 한 그 무엇을 '탄탄한 삶의 무거움'이라 표현하였다. 전문 예술인이 아닌 민박집 주인 아주머니, 식당 주인 아주머니가 삶 속에서 살짝, 그러나 은근하면서 옹골차게 표현하는 예술적인 자기 표현은 보는 나로 하여금, 그리고 아마도 다른 이들에게도 '아, 좋다!' 하는 탄성과 함께 마음을 편안하게 하는 은은한 멋을 지녔다. 이것은 다름 아닌 자신이 처해 있는 환경, 자연과 소통하고자 하는 욕구의 표현이고 무엇보다도 거기에는 자신의 삶이 담겨 있다. 우리는 이른바 전문적 예술품 앞에서 무엇이 좋다는 것인지 맹숭맹숭한 자신을 보며 예술 감상에서 지진아가 된 듯한 느낌을 가진 적이 있을 것이다. 이건 우리 자신의 문제가 아니라 예술을 전문적인 교육과 훈련을 받은 사람들만의 영역으로 만든 근대 예술(작가)의 문제라고 엘렌 디사나야케는 말한다. 예술은 우리의 영혼을 위로하고 평온하게 해야 하는데 소외감을 느끼게 하고 심지어 모욕감마저 느끼게 한다면 그 예술 작품과 행위는 예술다운 것이 아니라고 그녀는 말한다(엘렌 디사나야케, 2009: 245~249). 그녀의 이러한 통찰에 '아 그런 거였구나.'라며 위로를 받는 나는 감상을 위한 어떤 훈련도 없이 남도에서 주민들의 다양한 자기표현에, 예술적 훈련을 받지 못한 사람들의 미적 표현에 '아 좋다.'라는 편안함을 느낀다. 이제 사례들을 보여주겠지만, 그것은 대단히 특별한 예술 활동은 아니다. 나도 표현할 수 있는 일상 속의 자기표현일 뿐인데, 다만 도시에 사는 우리의 시공간적 여건이 그 자기표현을 표출할 여건이 안 되고, 그러다 보니 퇴화되는 예술적 본능이다.('강남 스타일 열풍'은 이 삭막한 도시 문화에서 대중의 패러디적 자기표현의 기회 제공으로 설명될 수 있을 것이다)[47]

현장에서의 느낌을 그대로 전할 수는 없겠지만 남도의 일상 속의 생활 미학을 자신의 삶과 자연과 소통하고자 하는, 존재의 뿌리에 닿아 있는 우리 자신의 표현이라는 견지에서 소개해 보고자 한다.

텃밭에 핀 수선화

2012년 봄(4.8) 해남 토담집 식당 텃밭에서 노랗게 피어 있는 수선화를 보았다. 텃밭에 물을 줄 때마다 노란 수선화를 바라보니 얼마나 좋을까? 이 수선화로 텃밭은 화폭이 되었다. 토담집이란 이름에 어울리게 소박하면서도 격조 있는 자연의 그림을 식당 텃밭에서 보게 될 줄이야. 내 눈이 황홀해진 순간이었다. 꽃을 심은 주인을 알면 이 꽃이 왜 이 텃밭에 심어졌는지 '아하' 하고 다가올 것이다. 이 토담집 식당 주인 아주머니는 이 책 3부에 소개된 김영자 선생님보다 나이는 많지만 애제자이다. 7년을 계속해 일주일에 세 번 새벽 6시부터 9시까지 어김없이 한국 춤을 배웠다. 장사만 하고 살자니, 그런 자기 삶이 너무 불쌍해서 새벽에 춤을 추고 나서 가게 문을 연다. 이제는 스승을 대신하여 지역의 크고 작은 공연에서 춤을 추는 전문적 춤꾼이 되었다.

사의재의 빗자루 장식과 문짝 차림표

사의재는 정약용이 강진에 귀양을 와 4년간을 머물렀던 주막집이다. 역시 유배지로 향하던 형 정약전과 나주 율목정에서 헤어져 눈이 펄펄 내리는 12월의 한밤에 강진에 도착한 정약용에게 문을 열어 주는 집은 어느 집도 없었다. 다만 주막집 노모 한 사람만이 정약용을 기꺼이 받아 먹여 주고 재워 주기를 4년을 했다. 지금 있는 사의재는 복원된 것이고 여기서 한 아주머니가 식당을 운영한다. 깔끔한 남도 백반을 먹을 수 있다. 옆의 사진은 식당 방의 장식이다. 한옥의 문짝을 메뉴판으로 활용했다. 그 옆에는 싸리 빗자루가 장식으로

사의재 식당의 빗자루 장식

걸려 있다. 식사 공간에 빗자루라니! 어울리지 않아야 하는데 전혀 그렇지 않다. 빗자루 위에 걸린 비닐 재질의 다산 유뱃길 표식이 멋을 깎아 내리고 있음에도 불구하고, 빗자루는 핵심 인테리어로서 식당 방에 은은한 멋을 더해 준다. 싸리 빗자루는 남도 지역에서는 여전히 중요한 살림 도구이다. 전기 청소기는 대청소를 작심할 때 꺼내 쓰고 하루에도 몇 번씩 그때 그때 치워야 할 때, 싸리 빗자루는 여전히 요긴하다. 가정집에서도 이 싸리 빗자루는 사의재에서처럼 부엌 벽의 못에 걸린다. 사의재와 다른 것은 그 위치가 주방의 한 구석 모퉁이라는 것이다. 가정집의 싸리 빗자루는 장식용이 아니라 비질용이니, 이것이 요리하는 공간의 한구석으로 밀려나는 건 당연하다. 사의재 식당 아주머니는 싸리비를 장식으로 걸면서 그 위치를 위풍당당하게 방 한가운데 벽에 걸었다. 빗자루 장식 왼쪽 아래는 정양용의 애절양(哀絶陽) 시가 한지 문짝에 씌어 있다. 장식의 이러한 비틈은 무념(無念)으로 이루어졌다. 장식용 비이기 때문에 비록 모퉁이라 할지라도 가정의 핵심 성소(聖所) 부엌에 걸릴 수 있는 그 위상을 포기하는 대신, 더 위풍당당하게 식당 방 중앙으로

옮겨 온 것이다. 수행 용어로 표현해 보자면 유상(有相) 장식이 아니라 무상(無相) 장식이다. 무상 보시가 유상 보시보다 공덕이 크듯, 무상 장식은 유상 장식의 한 수 위이고 그 한 수 위인 만큼 빗자루 장식은 먹는 이들을 그만큼 넉넉하고 편안케 한다. 빗자루는 식당 방 밖의 툇마루의 창호지 문짝 차림표와 함께 실외 공간에서도 사의재의 핵심 인테리어가 되었다.

마을 아짐들의 공예와 장식

앞에서 소개한 텃밭에 핀 수선화나 사의재의 싸리 빗자루 장식은 넓게 보면 개별 가정집에서 자기 집을 가꾸는 행위다. 도시로 치면 개별 가정의 인테리어라고 말할 수 있다.

강진, 해남의 가정집 꾸밈에는 지역적 개성이 분명하게 드러난다. 이 개성은 '지역의 자연과 역사와의 조화'라고 말할 수 있다. 아래의 사진을 보면 정원 한구석에 이제는 새로운 그릇에 밀려 안 쓰게 된 사기그릇들이 얌전하게 포개져 있다. 이 집은 강진군 성전면 송월리에 있는 양지민박이다. 주인인 주

양지 민박 정원의 사발 밥그릇

경자 어머님은 천 평의 논농사와 수백 평의 밭농사를 지으면서 장 담그기 등 농촌 체험 프로그램을 운영한다. 몸이 열 개라도 모자랄 지경이다. 그 분주한 농촌 생활 속에서도 멋을 표현하는 여유를 잃지 않고 있다. 자신의 젊은 시절의 살림살이로 묵은 정이 듬뿍 든 사기그릇을 유행에 밀렸다고 차마 버릴 수 없어 정원 한구석에 소복이 쌓아 놓았다. 이 장식으로 남편이 가꾸는 정원은, 단정한 아름다움에 역사성이 더해진다. 이 포개 놓은 사발로 인해 우리는 부부가 이 멋진 한옥을 짓기 전, 이 집보다는 소박했을 농가에서 자식들을 키워 낸 오랜 세월의 역사를 읽는다. 구석에서 정원에 살짝 포인트를 주는 주인 아주머니의 애틋한 마음이 담긴 이 사발 인테리어를 보고 있노라면 마음이 포근해지지 않을 수 없다.

아래의 사진은 강진군 성전면 달마지 마을 아짐들이 짚으로 만든 태극기와 손수 수놓아 만든 윷놀이 판이다. 멋진 짚공예 태극기를 관공서 사무실마다 단다면 이는 사라져 가는 농촌예술을 전승할 수 있는 좋은 방법이 될 것이다. 짚공예 태극기, 친근하면서도 격조 있는 예술성이 느껴진다. 손수 수놓은

윷놀이판

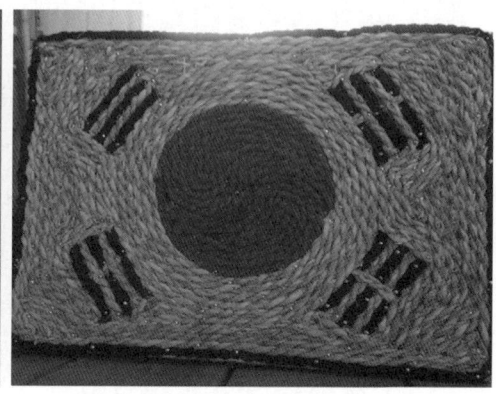
달마지마을 아짐들이 만든 태극기 짚공예

강희숙 씨의 채종밭

강희숙 씨가 도안한 쌀 포대

윷놀이 판에 말을 놓는 할머니들 낯빛은 발그스레 상기된 소녀의 낯빛이었다. 꽃같은 일상의 놀이와 생활예술이 함께 있었다.

강진 유기농 생산자 1호의 채종밭과 쌀 포대

강희숙 씨는 강진의 유기농 생산자 1호이다. 아직 사람들이 유기농을 모를 때 교회 목사님께 생명 농법의 가르침을 받고 1990년대 초부터 올곧게 환경 농법의 길을 걸어왔다. 지금은 농약 대신 쓸 수 있는 친환경 제재들이 나오지만 그녀가 환경농을 시작했을 때만 해도 그런 것은 없었다. 진딧물에 농약을 뿌릴 수는 없고, 읍·시내 곳곳의 쓰레기 통을 뒤지며 담배 꽁초를 주워 모아 그 물을 우려 진딧물을 잡았다. 그렇게 힘들게 일궈 흙심이 생긴 그녀의 논밭은 이제는 힘들이지 않고도 풍성한 수확을 가져다 준다.

위의 사진은 그녀의 채종밭이다. 일부는 시어머니에게 물려받아 계속 씨를 받은 것이다. 사 온 종자들도 있지만 두 해째부터는 씨를 받아 다시 심고 사지 않는다. 봄볕에 따사로운 채종밭의 소채들이 '아, 행복해.' 하는 듯하다. 위의 쌀 포대는 강희숙 씨가 직접 도안한 쌀 포대이다. 도안한 그림들이 담백한 그녀의 얼굴을 연상시킨다. 이제는 그녀를 따라 마을 사람들이 환경 농의 뒤를 따르고 있다.

남도 미학의 근원 – 자연에 의존하는 가난이 빚어낸 아름다움

앞에 소개한 사례들은 남도 사람들의 탁월한 미적 감수성을 말해 준다. 이 미적 감수성을 뽐내는 분들의 나이는 젊은 분들이 60대 초반이고 대부분 그 이상이다. 여자들의 경우 인근 지역에서 혼인을 하면서 들어와 강진을 떠나 살아 본 적이 없는 분들이다. 강진 내에서 혼인이 이루어진 경우는 육칠십여 년 한평생을 고향에서 살고 있다. 농촌 어르신은 학력이 높지도 않다. 농사를 지으시는 60세 이상인 분들은 초등학교 졸업도 드문 편이고 50대로 내려와야 중졸을 찾을 수 있다. 그러니 이분들의 미적 감수성은 근대 학교교육과는 전혀 상관이 없다. 그렇다면 남도민의 미감은 어디서 오는 것일까? 그것은 다름 아닌 자연에서 온다고 말할 수 있다. 도시인은 벼르고 별러서 가게 되는 여행에서 탄성을 발하며 접하는 자연이 이들에게는 일상의 환경이다.

이와 같이 자연과 함께하는 일상의 삶 속에서, 미적인 것을 추구해서가 아니라 자연에 의지하며 살 수밖에 없던 생활 방식 자체가 예술이 된다. 그 대표적인 예가 병영의 한돌담길일 것이다.

병영의 한돌담길은 최근 문화재로 지정되면서 새로 쌓은 것도 있기는 하지만, 대체로 수백 년 전의 것이 그대로 남아 있다. 일자로 쌓은 돌담과 엇비스듬하게 쌓은 것이 있는데, 후자는 하멜 일행이 이곳에서 지낼 때(1656.3~1663.3월 초) 가르쳐 준, 네덜란드식 돌담이다. 돌담은 높게 쌓은 것, 낮게 쌓은 것이 있다. 말을 타고 골목길을 순시하던 병사들에게 집 안을 보이고 싶지 않은, 좀 사는 집은 돌담을 높게 쌓았고 가난한 집은 안이 훤히 보이는 낮은 돌담으로 겨우 자기 집의 경계 표시만 한 차이이다.

병영 도룡마을의 돌담길

그런데 이 돌담집이 어떻게 새마을운동의 광풍을 이겨냈을까? 답은 아주 간단한 데 있었다. 근대의 상징인 시멘트 담을 할 경제적 여유가 없을 만큼, 이곳이 깡촌이었다는 것이다. 당시 새마을운동의 추진체는 이 깡촌까지 근대식 가옥 개량을 위해 시멘트를 지원할 여력은 안 되었나 보다. 불행 중 다행은 이런 경우에 하는 말일까? 가난해서 못 부순 돌담이 문화재로 지정되면서 일부 흉물스러운 시멘트 담을 돌담으로 복원하는 게 이 지역의 과제가 되고 있기 때문이다. 혹자는 시멘트 담이 뭐 그리 흉물스럽기까지 하겠냐고 반문하겠지만, 위의 시멘트 담과 돌담이 이어져 있는 두 집이 보여주는 시멘트 담의 천박함과 가난한 돌담의 소박한 격조미의 선명한 대비를 부정하기 힘들 것이다.

한돌담이 드러내는 가난의 미학을 앞에서 서술했는데 이것이 곤혹스럽지는 않았다. 석문공원 아래 마을 길을 지나면서 한옥은 보는 순간 너무도 편안

시멘트 담과 돌담

하게 다가와 사진을 찍지 않을 수 없었다(160쪽). 가난해서 시멘트로는 커녕 돌로도 담을 두르지 못한 그냥 시멘트 맨 벽으로 길가에 노출된 이 집, 한편으로는 집이 주는 평온의 기운에 빠져 들면서 다른 한편으로는 '아, 이 가난을 아름답다고 해도 되는 것인가, 평온의 미학이라 해도 되는 것인가?' 라는 질문이 스멀스멀 일어났다. '저 집에서의 삶이 얼마나 곤할 텐데….' 라는 생각이 스치면서 묘한 엇갈린 감정이 일어났지만 집이 주는 평온의 기운이 후자의 당혹스러운 감정을 밀쳐 냈다. 나의 당혹스러움은 편견일 수 있을 것이다. 세계 최고 수준의 복지를 누리는 스웨덴 사람보다 방글라데시, 부탄과 같은 아시아의 가난한 나라 사람의 행복 지수가 더 높다고 하지 않던가.

엘렌 디사나야케는 행위와 감상 모두 전문적 교육과 훈련을 받은 사람들에게만 부여했던 근대 예술론과, 예술의 자기 초월 기능을 텍스트 읽기로 깎아 내린 포스트모던 예술론 둘 다를 비판한다. 그녀는 예술은 삶과 더불어 있으면서 생존에 기여하는 가치를 지니는 것이었고, 오늘날에도 예술은 여전히 모든 사람들의 삶에 스며드는 예술로 복구되어야 한다고 말한다(엘렌 디사나야케, 2009: 245~249). 그녀가 근대 예술론과 포스트모던 예술론을 넘어서 예술이 성취해야 한다고 말한 이 삶에 스며든 예술의 경지, 이 경지를 나는 남도의 촌구석 민가, 식당에서 본다. 근대로부터 소외된 이곳에서 근대와 식자(識者) 위주의 포스트모던 예술을 훌쩍 뛰어넘는 미래를 본다. 예술의 개성과 정체성을 몰살당한 혹은 아예 그 생존을 추방당한 도시 속에서 이제 막 문화, 예술의 불모성을 넘어서고자 지역예술, 공공예술 논의와 활동이 활발해지고 있다. 이런 대안 논의와 움직임에서조차 소외된 이 깡촌에서 나는 대안예술이 도달하고자 하는 경지가 이미 실현되고 있음을 본다. 그건 가난해서 자연에 덜 거스르면서 살아온 삶이 지켜 준 미적 감수성이고 그래서 본능적으로 자연과 어울릴 줄 알고 소통할 줄 아는 미감이다.

석문공원 아래 마을 길가의 한옥

03
무대에서 생활로,
거리의 춤꾼
김영자

김영자 씨는 일명 해남 거리의 춤꾼이다. 한 여성이 지금은 유토피아처럼 느껴지는 삶과 하나된 예술을 기어이 실현해 내고자 하는 강한 의지로 걸어온 여정이자 다른 여성들과 함께 하는 모험담이며, 근대화 과정에서 발생한 인간의 만행을 고발하는 비판적 서사시라고 말할 수 있다. 이 서사시는 근대화 과정이 우리 삶 속의 춤이 어떻게 무대로 옮겨 졌는가를 보여준다. 고향의 어머니와 산과 들 그리고 바다가 길러 낸 춤꾼이 인위적인 무대로 옮겨진 예술을 여성 농민과 여성 어부에게로 다시금 되돌려 주기 위해 십 수 년째 벌여 온 춤의 전부라고 할 수 있다.

김영자 씨는 일명 해남 거리의 춤꾼이다. 김영자 씨와는 2010년 11월부터 2012년 4월까지 여덟 차례 만나 이야기를 나눴고 이것을 녹취하여 여기에 소개한다. 이 구술은 하나의 자기 완결적인 서사시이다. 한 여성이 지금은 유토피아처럼 느껴지는 삶과 하나된 예술을 기어이 실현해 내고자 하는 강한 의지로 걸어온 여정이자 다른 여성들과 함께 하는 모험담이며, 근대화 과정에서 발생한 인간의 만행을 고발하는 비판적 서사시라고 말할 수 있다. 이 서사시는 근대화 과정이 우리 삶 속의 춤이 어떻게 무대로 옮겨 졌는가를 보여준다. 고향의 어머니와 산과 들 그리고 바다가 길러낸 춤꾼이 인위적인 무대로 옮겨진 예술을 여성 농민과 여성 어부에게로 다시금 되돌려 주기 위해 십 수년째 벌여 온 춤의 전부라고 할 수 있다. 아울러 삶의 뿌리를 송두리째 빼앗아 버린 한국 근대사와의 투쟁을 통해 부드러우면서도 다부진 춤꾼의 몸으로 조그마한 돛단배를 타고 거대한 파도와 싸우는 그녀의 필사적인 노력이 여기에 담겨 있다.

어머니와 고향의 산과 바다가 길러낸 살림 춤꾼 김영자

김영자 어릴 적 엄마 손잡고 학교 운동장에 따라다녔어요. 엄마가 뛰면서 강강술래를 하면 저는 운동장 옆에 앉아 흙에 엄마를 그리거나 강강술래 대형을 그리면서 끝날 때까지 기다렸다가 엄마 손을 잡고 집에 오곤 했죠. 거기서 끼가 이어졌는지 어쨌는지 모르지만, 그런 데서 비롯된 거 같아요.

김정희　먼저 어머니에 대한 기억부터 얘기해 주세요.

김영자　제가 춤을 출 때마다 엄마 생각을 떨쳐 버린 적이 없어요. 무슨 일이 있을 때도 그렇고 위급한 일이 있을 때도 엄마는 항상 저를 위해 기도하고 계신다는 걸 알기 때문에 믿음이 가는 거예요. 서울에서 공부할 때 누가 저에게 어떻게 춤을 시작하게 되었는지 고향이 어디인지 물어서 해남! 하고 대답하면 거기까지는 잘 알지를 못해요. 이야기 도중에 "우리 엄마가 진도 분이에요."라고 하면, '아하, 엄마가 진도분이라서 그랬구나. 진도 하면 노래 같은 거, 토속적인 그런 거, 진도에서 살면 육자배기는 배워서 하는 게 아니라 그냥 흘러들어서 한다더라, 진도에서 살면 그런 것을 자연스럽게 해 내는, 그런 어머니 밑에서 자랐겠구나!'라는 얘기를 많이 하지요. 덧붙이자면, 엄마가 그렇게 소리를 잘 하셨대요. 진도에서 우수영으로 시집을 왔을 때, 너무 너무 소리를 잘 하니까, 밭에 가면 엄마는 사람들하고 일하는 게 아니라 서서 노래를 하라고 해서 노래를 했대요. 그때 당시에는 품팔이 일을 다닐 때여서 큰 농사를 하는 사람의 밭에 대여섯 명에서 열 명까지 일을 할 때라 허리를 펴는 휴식 시간에 누가 소리라도 하면 자연스럽게 밭이 굿판이 되었겠죠. 엄마가 우수영 강강술래 때는 뛰기도 하고 선소리도 했었대요. 저는 엄마 강강술래 할 때, 운동장 옆에 앉아 흙에다 엄마 그렸다가, 동그란 원 그렸다가, 마치 화가가 스케치하듯이, 막 그리면서 끝날 때까지 기다렸다가 엄마랑 같이 집에 왔어요.

김정희　엄마의 끼를 닮았다 느끼세요?

김영자　저 국민(초등)학교 때는 농악(풍물)이 굉장히 활발했어요. 농악 판이 벌어지면 학생들이 60명, 80명, 150명까지 했어요. 그때 당시 한 반에 70명 정도여서 두 학급만 모여도 150명 가까이 되었으니까요. 그러면 그 안(농악 판)에서 탈춤 추는 아이들이 네 명이 있었어요. 제가 그 네 명에 속했어요. 탈을 쓴 아이들은 자유자재로 춤을 추며 돌아다녀야 했어요. 원을 그리면서 농악을 하잖아요. 그러면 그 안에서 탈춤 추는 아이들이 춤을 아주 맛깔나게 추어야 하는데, 네 명이 춤을 추고 나면 운동회 때 춤을 보러 온 학부형들이, 꼭 와서 제 탈을 벗겨 보았어요. 네 명 중에서 제가 춤을 제일 재미있게 추기 때문에 그 탈 안에 누가 들어 있는지를 궁금해 하는 거예요. 탈을 벗겨 볼 정도로 구성지게 춤을 췄나 봐요. 그러면서 "누굴 닮아 그렇게 춤을 잘 추냐?"고들 했어요.

김정희 처음부터 춤꾼이 되려고 했었나요?

김영자 저는 국민(초등)학교 때부터 우수영 작은 공소를 다녔어요. 가톨릭 교리를 지키며 소박하게 사는 아이였죠. 커서 수녀가 되어야지 하고 수녀 활동을 준비했어요. 수녀가 되면 소록도 봉사 수녀로 가려고 국가 자격증을 따려고 신경 쓰고 있는 상황이었어요. 간호보조(지금의 조무사) 자격증을 취득해야만 소록도 가서 나환자를 돌볼 수 있는 자격이 주어졌거든요. 목포로 유학 나와 간호학원에 등록해서 자격증을 땄죠. 자격증을 딴 뒤 지방 종합병원에 들어가 실습을 했고 수습 기간이 끝나자 바로 직장 생활을 시작했어요. 그곳에서 나오는 경비로 신학원을 다녔어요. 신학원 5년을 수료했어요. 7년 과정이었는데 졸업을 못하고 말았죠. 직장은 수녀원 가기 전 준비하는 동안만 다니려고 했는데 결국 신학원 졸업을 못하게 된 결과로 수녀원에 못 들어가게 됐어요. 병원 실습이 끝나고 신학원 7년 과정이 끝나면 곧바로 제가 마음먹은 대로 뜻이 이루어질 것 같았는데 세상은 그렇게 쉽지가 않았어요. 핑계 없는 무덤 없다고 사연을 말하자면 길어요. 함께 준비했던 언니가 수녀원에 들어갔는데 그 언니가 수녀가 된 지 5년이 되는 해에 암으로 돌아가셨지요. '나와

우수영 축제 거리 퍼포먼스(2011)

함께 생활했으면 안 돌아가시지 않았을까?' 하는 죄스러움도 있었어요. 그
후 막막했지만 다시 무언가를 해야 한다는 생각을 하고 그때 선택한 게 무용
이었지요. 처음에는 무용이 아닌, 어려서 했던 농악(사물) 장구재비가 되고 싶
었는데 선생님들이 무용이 더 어울리겠다고 권했어요. 그때 시작해서 배운
무용이 지금의 나를 만들었지요. 광주로 올라가 예술회관을 처음 가 보게 되
었고 문화라는 걸 쉽게 배울 수 있다는 걸 알았지요. 너무도 놀랐어요. 해남
에 살았다는 이유로 아무것도 몰랐었어요. 제 시야가 광주의 문화를 접하면
서 펼쳐지기 시작했어요. 가서 배울 수도 있고 내가 할 수도 있다는 걸 처음
안 거지요. 무용을 하라고 권하시던 선생님이 무용 선생님을 소개시켜 주셨

어요. 그때 만난 선생님이 가톨릭 신자였어요. 그 선생님을 만나 무용하다가 무용과를 간 거지요. 대학을 가면서 지금 저에게 가장 큰 힘이 되어 주신 임이조 스승님을 만났지요. 배움이란 무엇인지 신학원에서부터 간호과, 국문과, 무용과, 지금은 민속학 공부하느라 여태껏 펜을 놓아 보지 못했어요. 죽는 날까지 배움을 그쳐서는 안 되겠지만요. 처음 광주 민속춤 연구가 김원춘 스승님께 민속춤을 배웠고, 무형문화제 제18호 진도북춤 보유자이신 고 박관용 스승님께 10년이 넘게 진도북춤을 배웠어요. 중요무형문화재 제27호 승무전수자 임이조 스승님께 15년 동안 한국 전통 춤을 모두 사사하고, 대학 무용과에서 제도권 한국무용을 배우며 신무용 창작과 현대 발레를 배웠어요.

김정희 어머니가 가톨릭 신자였어요?

김영자 예. 늘 기도하시고, 제가 자고 있으면 내 열 손가락을 하나씩 잡고 기도하셨어요. 하느님께 간구한 기도를 하셨어요. 내 딸이 손으로 춤을 추면서 살아가니까, 건강하게 해 주고 마음 편안하게 무탈 주시라고요. 제 손을 잡고 기도하면 사람이 즉각적으로 잠에서 깨어나잖아요, 그래도 엄마가 너무 열심히 기도하고 있으니까 제가 일어났다고 차마 얘기를 못하고 엄마 기도가 끝날 때까지 기다려야만 했어요. 기도를 듣고 있는 그런 와중에도 엄마에 대한 감사함 때문에 눈물이 고일 때가 많았어요. 딸이 잠든 줄 알고 기도하고 계시는 엄마께 행여 방해될까 봐 눈물과 콧물이 나도 훌쩍거리지도 못하고 베고 있는 베개에 콧물 눈물 적신 적도 많았죠. 열 손가락 깨물어 안 아픈 자식 없다고 부모는 어느 자식에게든 쉬지 않고 무한으로 기도하시는 거죠.

김정희 형제가 몇이에요?

김영자 4남매, 남동생 있고 위로 오빠 둘 있고, 딸 하나.

김정희 그러니까 각별했네요.

김영자 그런데 해남이란 곳이 여성을 배려하는 곳이 아니에요. 어릴 때 상장을 받아 가면 오빠 것만 벽에 걸지, 내 것은 걸지도 않고 밥상에서도 남자들만 먹고, 여자들은 옆에서 둥그런 회색 쟁반 같은 양철 밥상에서 먹었어요, 여자라 해 봤자 엄마하고 나하고 둘뿐이지만요. 그런 거 있었어요. 정월 초하룻날에 여자가 남의 집 가면 안 된다, 배에 여자 안 태운다 등등. 저도 어려선 그 세대를 살아온 산 증인이지요. 지금 아이들은 이런 얘기하면 외계인 취급할 거예요.

김정희 예술을, 춤을 정의한다면, 어떻게 정의할까요?

김영자 춤을 정의한다면 춤은 곧 몸의 움직임이지만 그 움직임이 흥겨워 절로 몸이 움직여지는 그 자체여야 한다고 생각해요. 꽃이 절로 피어나듯 춤도 자연처럼 절로 말입니다. 그래서 춤은 곧 자연과 함께여야 된다고 생각해요. 자연에게서 너무 멀리 걸어와 버린 지금의 춤에서 자연으로 돌아가기 위한 방향, 제 몸의 움직임이 사람과 자연 가운데 있는 고리 역할을 해야 한다고 할까요. 예를 들어 전류가 100볼트인데 220볼트로 바꾸기 위해서는 어댑터가 필요하잖아요. 그렇듯이 내 춤의 세계는 사람과 자연을 연결하는 그 어댑터 역할을 해야 한다. 사람과 자연이 연결되어 있다는 표현의 동작이랄까요. 전류가 흘러야 환한 불이 밝혀지듯, 사람과 자연이 서로 공유하는, 그래서 춤은 곧 사람이되 자연도 되는 그런 세계를 표현하고 싶은 거지요. 그 가치가 정의가 되어야 하구요.

김정희 그런 춤 관은 스스로 정립한 건가요?

김영자 어려서 엄마의 모습과 생각을 많이 닮았다고 생각해요. 딸이 하나이기 때문에 엄마와 대화를 많이 했어요. 그렇다고 그 시대에 엄마가 책을 많이 읽었던 것은 아니지만 엄마와의 대화 속에는 늘 뭔가가 살아 있는 듯한, 다시 말하면 주위의 생명이 꿈틀거리는 듯한 감정을 느낄 수가 있었어요. 혼자 있어도 심심하지 않은 곳이 저 어릴 적 살던 시골이었으니까요. 우수영 바다, 바다를 은연중에 스치면서 볼 때도 있고 앉아서 바라볼 때도 있지만 생각이란 걸 하게 되잖아요. 그곳에는 자연이 널려 있었지요. 바다 옆에 산도 있었고 섬도 있었고, 시시 때때로 갈매기가 춤을 추고 있었고…. 그런 것이 차곡차곡 그냥 하루하루 쌓여진 것이 아닌가 생각해요. 어려서는 같은 생명이 함께 산다고 생각했지 자연을 두고 자연 따로 사람 따로 그렇게 존재한다고 생각하지는 않았어요. 지금에야 자연 자연 하지만 그때는 동네 친구 이름처럼 산이었고, 들이었고, 바다였고, 장독대였고, 감나무였고, 담벼락이었고, 다들 이름을 가지고 자기 역할을 했던 거지요. 굳이 편을 가르지 않고요. 아스팔트로 도배가 되어 흙을 만나기 힘든 지금의 시대에 논두렁, 밭두렁 그런 단어들을 들으면 정답고 반가운 게 옛날 동네 친구들 소식 듣는 기분이잖아요. 이처럼 어렸을 때부터 자연과 함께 자라 온 환경이 좌우했다고 생각해요.

김정희　지금 수도권에서는 예술고 혹은 전문적 예술대학을 가기 위해 어릴 적부터 예능계 학원을 다니고 있는데, 그걸 어떻게 생각하세요?

김영자　우리가 자본주의 구조 안에서 살다 보니까, 학교를 졸업하면 어느 정도 돈을 벌어야만 생계를 유지하며 사회 생활도, 예술 활동도 해요. 지금 돌아가는 사회가 경제 전쟁터라고 해도 과언은 아닐 거예요. 전쟁에 나가 무기가 없으면 어떻게 되는지 예술인을 키우는 부모는 잘 알고 있어요. 그래서 부모는 무기를 쥐어 주려고 하는 거라고 생각해요. 사회에 나가려면 학교에서 무기를 준비해야 한다, 무기가 있어야 살 수 있다, 그러다 보니 자동적으로

우수영 용잽이 축제 거리 퍼포먼스(2011)

상업적인 예술이 되는 거지요. 저는 학교라는 테두리를 양식장으로 표현하고 싶어요. 양식을 하는 거지요, 양식! 그런데 사람들은 진짜 자연산을 원하잖아요. 양식을 먹는 건 마지 못해서 먹는 거지 원해서 먹는 게 아닌 것처럼, 처한 상황에 굴복하지 않을 수 없다는 거지요. 이런 사회를 아는 부모에 의해서, 또 그렇게 하지 않으면 이 복잡한 사회 안에서 살아나기 힘든 상황, 예술을 찾아가는 우리 본연은 세속에 물든 테두리를 벗겨 내고 자연과 하나 되기를 희망하면서 살아가야 하는데, 오히려 세속의 겉 켜를 더 둘러서 본연의 실체를 찾지 못하는 안타까움에 놓여 살고 있다고 해야 할까요? 사회적 구조나 인간의 욕심 때문에 진짜 안에 있는 자연을 만나고 싶은 본연의 마음이 나오지 못하고 그 안에서 묻혀 버려야 하는 그런 안타까움을 말하는 거예요. 사람이 희망하는 게 뭐예요? 편안한 거잖아요. 인간의 욕심을 내려놓을 때 가장 편안한 거잖아요. 그것이 자연하고 손잡는 길이 아닐까 생각해요. 사람의 욕

우수영 용잽이 축제 거리 퍼포먼스(2011)

심으로 계속 테두리를 두르다 보면 그 누구도 그 테두리를 벗겨 내지 못하고 말 거예요. 지금이라도 잘못되었다면, 테두리를 벗겨내고, 자연과 섞여 한 몸처럼 살아가려 노력해야겠죠! 세끼 밥 안 먹고, 내가 부유하게 못 살면 어때, 좋은 곳에 안 살면 어때, 천막에 살아도 내가 추구하는 어떤 것을 할 수 있다면 그 방향에 서 있어야 하지 않을까요? 지금 학생들은 초등교육부터 아예 양식장이라는 틀에 갇혀 주입식 교육을 받다 보니 성인이 되어 사회에 적응하지 못해 그 안타까움은 말할 수 없이 크지요. 모두가 느끼고 있지만 어떻게 할 수도 없는 문제가 되었지만요. 제가 처음 거리에 나가서 춤을 추었을 때 많은 사람들이 미쳤다 했어요. 하지만 나중에 김영자가 죽고 나서 '아, 김영자 뜻이 그런 거였나 보다.' 그런 생각은 할 거 같아요. 예술은 죽어야 그 가치가 남는다고들 하잖아요. 그런 확신이 있어요. '거리의 춤꾼'이란 닉네임이 붙은 이유도 그 때문이고요. 지금 현실을 살아가려면 이론으로 배우는 학교 예술이나 무대예술이 필요하긴 하지만 송두리째 무대로 가 버린 우리 문화를 보면서 이건 절대로 아니라고 느꼈기 때문에 거리로 뛰쳐나온 거예요. 거리로 나온 저를 보고 춤추더니 미쳤다는 소리 들은 지도 15년이 되었네요. 다행히 요즘 공연 문화가 거리로 많이 나오고 찾아가는 활동도 많이 하고 있어요. 왜일까요? 해 보니까 꼬집을 수는 없지만 그게 아니거든요. 답답하고 정신적 악취를 느끼는 상황을 벗어나기 위해서는 소통이 필요하다는 걸 작게나마 느끼는 것이죠! 사람이면 모두가 볼 권리가 있고 함께 보면서 공유해야 한다는 걸 몸소 느끼는 거지요. 더 중요한 건 자연도 함께 보면서 함께 풀어 가는 것이 정상적인 조화에 이르는 것이라는 걸 공감한다는 의미가 아닐까요. 저는 말해요. 지구에 있는 모든 생명이 공유해야 하기 때문에 한 사람, 살아 있는 풀 한 포기만 있어도 춤을 출 것이다. 돌이 없으면 우리가 어떻게 살겠느냐? 이 식탁이 없으면 어떻게 맛난 음식을 편히 먹겠느냐? 감사하는 마음으로 생명이 없는 하찮은 돌멩이의 존재 가치 때문에라도 춤을 출 것이다.

김정희 초등학교 때 탈춤을 가르쳐 주신 선생님에 대한 기억이 있을 텐데요?
김영자 기억은 가물가물하지만 그분의 말씀은 교훈처럼 생생해요. 그 선생님이 "영자야. 너는 크면 무용을 했으면 좋겠다."고 흘러가듯이 말씀하셨는데, 나중에 그 말이 생각나는 거예요. 내가 끼가 있었구나. 어려서 따로 무용 시간이 있어서 가르쳐 주신 것은 아니고 당시 시골 학교 운동회는 거의 동네잔치 수준이었어요. 매스게임 같은 걸 했었는데 그때 행사를 위해서 무용에 소질이 있는 아이들을 모아서 짧은 시간이지만 따로 무용을 지도해 주셨지요. 무용하는 애들이 무용도 했다가, 합창 대회가 있으면 합창 대회도 나갔다가, 이것저것 여러 가지를 중복해서 참가했었어요. 학교를 위해서 저는 그때 중요한 역할을 했었지요. 성격도 활달하고 그랬으니까요.

김정희 그 선생님은 춤을 추시던 선생님이었을까요?

김영자 아니에요. 그걸 맡았겠지요. 제가 1996년도에 해남에 내려왔을 때도 저 초등학교, 중학교 시절과 똑같은 그 시대의 방식으로 교육하고 있었어요. 해남은 무용을 전공한 선생님이 가르친 게 아니라 그냥 학교 무용을 담당한 선생님이 가르친 거예요. 광주 올라가 공부할 때 느낀 건데 제가 어려서 배웠던 건 무용이 아니라 율동이라고 해야지요. 기초도 없이 마구잡이로 행사를 위해 했던 거예요. 제가 해남 내려와 제일 먼저 주장했던 부분이 해남 학생은 전공한 무용 선생님에게 무용을 기초부터 제대로 배워야 한다는 것이었고 무용 수업을 할 수 있게 배려해 달라고 초, 중, 고등학교 전체를 찾아다녔어요. 찾아가는 곳마다 선생님들이 그러시는 거예요. 시골에서 무슨 무용하는 애가 있겠냐고. 모두가 다 못한다고 그랬지요. 그런데 해남 동초등학교에서 교장 선생님이 제 손에 끼워진 묵주반지를 보시고 고향이라고 애쓴다면서 자기도 가톨릭 신자라고 하시고 무용을 하려면 뭘 어떻게 해야 되느냐고 하셨어요. 강당에 학생들이 기초를 배울 때 잡을 수 있는 바(봉)를 설치하면 충분히 가능하다고 말했더니 그걸 설치해 주셨어요. 그 덕분에 해남 동초등학교에서 무용 전공자가 교육하는 무용부를 최초로 만든 거예요. 그때만 해도 해남에 땅끝예술제가 큰 행사였어요. 해남에 있는 전체 초중고 학생들이 문화를 경연하는 자리였거든요. 예술제에서 가장 크게 자리하는 게 무용이었지요. 다들 예전과 같이 무용 담당하셨던 선생님이 무용을 지도해서 대회를 나왔는데, 이미 그때 동초등학교 학생들은 무용 전공 선생님(필자 주: 김영자 선생님을 말함)께 작품을 배운 상태였지요. 동초등학교에서 무용과 전공 선생님에게 무용을 배워 예술제를 나오니까, 너무나 특출나게 잘해 버리거든요. 다른 선생님들이 다 이게 어떻게 된 상황이냐 하고 묻게 되죠! 이러이러해서 된 거라니까 가까운 서초등학교에서부터 다른 학교까지 무용을 전공한 선생님 섭외가 들어왔는데 그때 당시는 해남에 저 혼자밖에 없었어요. 그 당시 제가 이 학교 저 학교 다니며 발바닥이 닳아지도록 뛰었어요. 예산이 없으니까 부르는 곳에서는 그냥 가서 했지요. 지역의 문화 발전, 무용 저변(확대)이라는 것만 생각하고요. 무용 예산이 없는 터라 다른 선생님을 부를 수도 없었고 고향이라는 이유 하나로 몸을 바친 거지요. 그러면서 계속 해남에 무용 저변이 확대되었고 저 혼자 하다가 차츰 목포에서, 광주에서 선생님을 모셨고, 무용 전공 선생님이 무용을 기초부터 가르쳐야 된다는 인식이 생기면서 자리를 잡았어요. 학생들에게 아주 잘 된 일이었으니까요. 저도 그게 가장 큰 보람이었고 밀린 숙제를 한 기분이었어요.

김정희　선생님께서 주부 무용단도 많이 결성했다고 하셨는데 주부들이 어떤 계기로 무용을 하게 되었을까요? 그것도 농사를 지으시는 분들이요?

김영자　학교 무용이 어느 정도 저변이 확대된 상태에서 해남 학부형들이 무용에 대한 좋은 평을 했어요. 그러던 중 처음 여성회관에서 무용 교실을 열어 주었어요. 그 후 해남에 문화예술회관이 생겼어요. 원래는 군민회관이었는데 새로 건립을 하게 된 거지요. 작은 무용실이 있다가 큰 무용 교실이 생겼고, 그곳에서 주말에는 학생들이, 주 중에는 일반인이 공부할 수 있도록 무용의 장을 열어 놓았어요. 그런데 읍에 있는 사람들만 그 혜택을 다 누리고 면 단위 사람들은 누가 찾아가지 않으면 그 혜택을 누리지 못하는 거예요. 면 단위 부모님에게 노동만 남아 버린 현실을 고민하면서 우리 농촌 부모의 휴식이었던 문화를 해남 14개 읍면에 보급해야지 하고 마음먹었어요. 해남읍에 사는 사람들은 여성회관이나 문화예술회관을 별 무리 없이 다니는데, 면 단위 사람들은 그리 쉽게 다니지 못하는 거예요. 하고 싶었지만 그림의 떡이 되어 버린 셈이지요. 읍 말고 13개 면이 있잖아요. 해남읍에서 면을 들어가려면

40~50분, 땅끝 같은 곳은 한 시간도 걸리잖아요. 먼 거리에 사시는 분들은 어려움이 많았어요. 그래서 이걸 어떻게 할 것인가 고민고민 하다가 할 수만 있다면 면 단위에 내가 직접 다니면서 엄마들을 가르쳐 주어야겠다 마음먹은 거죠! 그러면서 제가 면에 투입되었죠. 그때 저도 경제적으로 어려운 시기라 오가는 교통비 부담도 되고 해서 여성회관 이동 강의를 했으면 좋겠다 생각했지만 그게 그리 쉬운 일은 아니었어요. 군청은 예산을 지원할 수 있는 기관이잖아요. 면 단위까지는 예산이 반영되지 않아 못했는데 면 단위 어머니들이 여성회관이란 곳을 와서 보고 우리 동네서도 하고 싶다고 한 거예요. 그 말을 듣고 제가 면사무소에 사람만 모으면 강사비 상관 없이 달려가겠다고 했더니 실제로 사람을 모은 거예요. 처음 주부 무용단이 결성된 곳이 화산면이니까 화산면 면사무소였어요. 화산면에 42개 마을이 있지만 그 마을마다 버스가 매일 다니지 않기 때문에 당시 차가 다 있는 것도 아니니까 걸어 나오려면 30~40분 걸려요, 면사무소까지 오려 해도 가까운 동네에서부터 먼 동네까지 다 다르니까요. 말이 여성회관, 문화예술회관이지 그 사람들이 면사무소까지 와서 면에서 차를 기다려서 해남까지 와서 교육받기는 너무 어려운 거예요. 오가는 시간도 있고 해서요. 이런저런 정황으로 보아 면사무소를 지정해 거기에서 하면 되는데, 면사무소도 빌려 줄 그런 상황이 아니에요. 직원들이 퇴근해야 하니까요. 군 예산이 나와서 하는 군 지침 사업도 아니고 한 무용가가 농촌 어머니들만 보고 한다는데 아무 근거가 없는 거지요. 그래서 어느 방에서 좀 했다가 어느 마당에서 좀 했다가 그러면서 다행히 면사무소를 빌려 하게 되었는데 그 이후 화산면에 주부 무용단이 결성되었지요. 그러던 중에 김영자 선생이 너무 고생하니까 뭘 좀 도와주어야겠다, 면민을 위해 고생을 하는데 강사비라도 주어야 하지 않겠느냐 해서 그 방법이 이동 강의를 수당으로 쳐주었던 거예요. 그때부터 공식적인 예산 지원이 되면서 한 개

면만 했던 일을 다른 면들도 다 하게 된 거지요. 지원을 받아서 할 수 있으니까, 이동 강의를 신청해 달라고 학교를 돌 듯 면을 돌고 해서, 10년 내에 8개 면에 20명씩 무용단을 결성하게 되었지요. 그분들이 문화예술회관에서 성황리에 발표회를 했어요. 그동안 농촌 주부들이 일만 하고 살았기 때문에 문화란 것은 보기만 했지 몸소 실천한 것은 처음이잖아요. 어느 마을에서 잔치한다 하면 그분들이 시연을 하셨어요. 밭에서 호미만 들고 있다가 의상을 갖추고 많은 사람들 앞에서 박수갈채를 받으면서 또 다른 자기를 발견하게 된 거지요. 저는 강의를 하면서 "우리 소리 우리 춤이란 것이 지금은 무대에서 하는데 옛날에는 여러분 거였습니다. 여러분이 일하는 터전에서 했던 거였기 때문에 그걸 어색해 하지 마세요. 면에 산다고 해남에 있는 여성회관, 교육하는 자리에 가서 움츠리지 마세요. 그 자리는 여러분이 내는 세금으로 운영되기 때문에 그것은 여러분의 놀이터입니다. 예술회관도 마찬가지입니다. 여러분의 것이기 때문에 여러분이 가서 놀아야 됩니다. 여러분의 안방이랑 똑같습니다. 행정을 하는 그 사람들은 여러분이 세금 낸 걸로 여러분을 위해 존재하는 것입니다. 우리가 주인입니다."라는 교육도 많이 했어요. 계속 대화하면서 문화 교실 운영하면서 하나하나씩 단계를 밟아 갔어요. 주부 무용단을 결성한지 십 년이 넘으면서 많은 일을 함께하게 됐죠. 농민으로 살아가는 것도 중요하지만, 내 자아를 찾아서 내가 하고 싶은 거 하고 사는 것도 중요하다고 함께 입을 모았어요. 전통문화가 더 훼손되기 전에 누군가 지켜야 한다면 그건 나와 여러분의 몫이기도 하다, 여러분이 노래방 기계가 나왔다고 계속 노래방 노래만 부르면 우리에게 남는 게 없다, 나중에는 뭔가 전통문화를 지켰구나 하는 자부심이 있을 것이라고도 했어요. 어찌 보면 주부 무용단 모두가 민중운동가이기도 했어요. 임하도 섬 어부의 아내들까지 10개 면에 주부 무용단을 만들어 군에서 큰 활동을 하게 되었죠. 여기저기 다니면서 공연도 하고 그분들에게는 또 다른 삶의 기쁜 변화가 찾아와서 피곤함도 감수한 거라 봐요. 스스로 보람을 느끼고 좋아했으니까요.

김정희 지금도 그분들이 춤을 추세요?

김영자 예, 지금도 춤을 추세요. 처음 이동 강의할 때는 한국무용을 많이 했었는데 무용단 하셨던 분들이 밑거름이 되어서 지금은 요가도 하고, 풍물을 배운다든가, 스포츠 댄스를 배운다든가, 일만 하는 게 아니고 스스로 무용뿐만 아닌 다른 여가 활동을 하고 있는 거지요. 해남군이 해남 군민의 삶의 질을 향상시키는 데 찾아가는 이동 강의가 큰 기여를 했다고 생각해요.

김정희 면으로 들어간 게 몇 년도예요?

김영자 1998년부터 시작해서 현재까지도 계속 들어가고 있지요. 그 전에 해남읍에 거주한 주부님들이 저한테 한국무용을 배우지 않은 분이 몇 안 될 정도로 그렇게 저변 확대가 되었어요.

김정희 다른 선생님은 해남에 거주하세요, 강사로 왔다 가세요?

김영자 강사로 왔다 가지요. 거주하시는 분이 한 분 계세요. 그분도 바로 정착하지 않았을까? 제가 1996년에 정착했으니까 2000년도 정도에 정착한 것 같아요. 그분은 나이 많이 드셔서 정착하려고 오신 거고, 저는 여기서 청소년과 학생들 문제만 풀어 놓고 서울로 올라가려 했는데 막상 올라가려고 보니까 이미 날개를 다 써 버려 날 수 있는 날개가 없어 못 날아가고 만 거예요. 이일만 해 놓고 가야지, 이 일만 해 놓고 가야지 하다 제 날개를 꺾는 일인 줄도 모르고 15년이 되어 버렸지요.

김정희 올라가려고 했던 거는 수도권 무용단에 속해서 활동하고 싶었던 건가요?

김영자 아니요. 저는 학교로 들어가고 싶었지요. 꾸준히 공부도 했고 해남에서 서울까지 먼 거리를 다니며 7년간 고대에서 석사를 받을 정도로 많은 준비를 했어요. 남원, 전주의 고등학교, 대학에 출강도 했었지요. 아이들을 교육하는 건 적성에 맞고 너무나 편했어요. 대학 강의며 고등학교 강의 때 정말 행복했었죠. 그런데 제가 여기서 가 버리면 저 주부 무용단은 어떻게 될 것이며 해남에 있는 청소년들은 어떻게 될 것인지 고민하게 됐어요. 제 양심이 나 좋다고 갈 것인가 그냥 남아야 할 것인가 엄청 고민에 싸여 버렸지요. 더군다나 대학 강의를 맡는 게 쉬운 게 아니잖아요. 엄청난 경쟁을 뚫고 들어간 건데 솔직히 그만두기 싫었어요. 한데 해남에 미쳐 있던 터라 포기가 되더라구요. 과감하게 학교 강단을 포기하고 앞만 보고 해남 일에만 전념했어요. 그곳은 다른 선생님이 많이 있고 중앙에도 많은 선생님이 있으니까 제가 안 가도 되지만 해남은 제가 아는 곳이고, 제가 할 일이 조금이라도 있겠다 해서 해남 쪽으로 마음을 먹어 버렸지요.

김정희 그렇게 해서 길러 낸 사람들이 몇 명이나 돼요?

김영자 지금 양성된 분들 중에 강사나 공연자로 활동하시는 분은 한 20명 가까이 돼요. 해남 주부들은 체험 학습 쪽으로는 거의 한 번씩은 다 했다고 봐야지요. 그동안 많은 강의를 했고, 여성회관에서도 하고 면에서도 했었고 한 면 42개 마을 부녀회장님이랑 총무님만 모이면 80명, 90명 가까이 되었어요. 그러니 10개 면을 생각해 보세요 얼마나 많은 분들이 무용을 배웠는지 상상하기 힘들 거예요. 거기서 무용단이 결성된 곳에는 단원이 20명 가까이 되고, 저에게 꾸준히 배우다가 서울이나 광주로 뒤늦게 공부하러 다니시는 분들도 계시고요.

근대화의 꼬랑지에 섰던 해남, 선소리꾼이었던 어머니 조순덕

엄마가 한글을 가르쳐 주셨는데 부엌과 방 가운데에 호롱불을 켜 놓아요, 방하고 부엌하고 터가지고요. 그러니 얼마나 어둡겠어요. 그걸 가지고 방에서도 생활하고 부엌에서도 생활했어요. 그걸 내 나이에 기억하는 사람이 없어요. 딴 나라에서 온 줄 알아요, 제 세대에는 상상할 수 없이 어려웠어요. 제가 해남에서 살았기 때문에 그걸 보고 기억하는 거죠! 중학 시절 우리는 재래식 화장실을 쓰는데 광주에서 음악 선생님이 발령 오셨어요. 음악 선생님 집에 가면 화장실에서 밥도 먹는다는 소문이 돌아가지고 애들이 그 선생님 집을 갔었는데, 집을 보러 가는 게 아니라 화장실을 보러 갔었죠. 당시 아이들은 화장실에서 종이 사용한 지도 얼마 안 되고 뻣뻣한 볏짚 지푸라기를 막 비벼 가지고 썼죠, 다 기억이 나요.

김정희 몇 살까지 그걸 쓰셨어요?
김영자 초등학교까지는 썼지요.

김정희 근대화라는 게 해남 땅끝까지 오는 데 시간이 많이 걸렸군요. 그럼 70년대까지 그렇게 살았구나.
김영자 그렇죠, 칠십 몇 년도까지. 그때 지붕 개량한다고 했고 벽마다 '김일성을 때려 죽이자.' 라는 문구가 벽화처럼 쓰여 있었어요.

김정희 서울에 '김일성을 때려죽이자' 그런 포스터가 붙어 있었나? 그런 기억은 없어요!

김영자 그때 당시 모의 간첩이 내려오면 우리도 외부 사람을 모의 간첩인 줄 알았어요. 그때는 저도 지붕 위로 간첩이 빠른 걸음으로 날아다니는 꿈을 많이 꾸었지요. 모두가 옛날 일이지만 그때를 아시는 분들은 기억이 날 거예요. 지금 이렇게 현대화된 세상을 살면서 새까맣게 잊은 듯하지만 우리 기억의 뿌리는 그때가 아니겠어요?

김정희 강진 신전 들노래 경우 전수자가 죽으니까 그게 끊기게 되는 거 같아요. 들노래는 노동을 하면서 불렀잖아요. 기계농이 되면 사라지는 건 어쩔 수 없는 건가?

김영자 보존해야지요, 역사인데요. 공연 예술화되면서 공연만 남고 보유해야할 사람은 사라지니, 보유자가 있어야 우리 뿌리인 거지! 신전 들노래라면 신전 마을에 대한 것도 있어요. 가사에 분명히 마을 역사에 관한 내용도 많이 들어 있을 거예요. 강강술래 가사 중에 '저 건너 묵은 밭에, 임자 없어 묵었는가?' 라는 그런 가사들을 살펴보면 묵은 밭이라는 건 지심이 많은 밭을 말해요, 풀이 많은 밭. '잘 된 데는 찰조 갈고 못된 데는 모조 갈아.' 옛날 우리 조상들이 모조나 찰조를 농사지어서 드셨구나! 그런 것들을 하면서 이 노래를 불렀구나! 이런 역사가 기록되어 있는데, 그런 것들이 없어지면 안타까운 일이죠. 노래 자체만이 아니에요. 노래뿐이라면 부르고 싶은 노래를 부르면 되는데 가사 자체가 그들만의 삶이 가득 들어 있는 거예요. 그분들의 노래를 들으면 영화 스크린처럼 테마별로 그들이 살았던 농경 생활이 스케치가 되는 거지요. 오래된 벽화를 보고 그들 삶을 엿볼 수 있듯이 말입니다.

조순덕 (딸이) "춤도 잘 추고 장구도 잘 치고 북도 잘 치는데, 노래가 없어."
김영자 소리를 좋아하시는 엄마는 무용만 하는 걸 서운해 하세요. 무용수인

저에게 노래를 해 보라는 말을 잘 하셔요. 엄마는 무슨 노래를 잘 하시는데 요?

조순덕 난 아무것도 못해.

김영자 엄마 시집와서 밭에서 노래하던 거 얘기해 주세요, 옛날에 했던 거요. 진도댁이 우수영으로 시집와서 노래를 하도 구성지게 잘 하니까 엄마는 밭에서 일도 안 하고 노래만 하셨대요. 엄마 옛날에 밭에서 했던 노래해 주세요.

조순덕 그때는 노래 많이 했지만 지금은 나이를 먹어 목이 나뻐.

김영자 엄마 홍타령 꿈이런가~ 그거 한번 해 보세요.

조순덕 "그날 밤에 꿈에 와서 내 사랑아 자느냐, 누웠느냐 불러 봐도 대답이 없고, 어여쁜 그 모습은 어데 두고 땅속에 뼈만 묻혀, 아무 연주를 못하네 그려. 잔을 들고 술을 부어도 잔~을 받~지~를 아~니하네, 아이고 데고 허허-허 성화~가 났~네, 임 떠나신 그날 밤~에 천년이나 만년이나 이별 없이 살자더~니 일시 이~별이 웬~일이냐 아고 데고 허허~허 성화~가 났네, 이내 맘을 말 못하는 내 심~정아 아시는지 모르시는지 은근히 든 정을 나는 못잊어, 아이고 데고 허허~허 성화가 났네, 해~ 갈까부다, 님 따라서 갈까부다, 오매불망 그린 님을 꿈에 다시 보셨다니 이제 와서 만났으니 반가워 내 마음을 진정할 수가 없네 아~이고 데고 어허 성화가 났~네."

이것이 홍타령이야. 노래는 많이 했지만 목이 딱 갈려 갖구 이제는 안돼. 젊어서는 많이 했제.

김정희 노래는 누구에게 어떻게 배우셨어요?

김영자 엄마 노래를 어떻게 그렇게 잘 하게 되셨어요?

조순덕 책 놓고도 배우고 듣고도 배우고 그랬어, 진도서 어려서. 일하면서 부르고 잠 안 오면 부르고 잠이 잔뜩 안 오면, "휘영청 달 밝은데~ 덧없는 이내 몸, 스물한 살 잠 못자고 몸~부름 치다리다 벌써 닭이 울었으니 오늘도 뜬 눈으로 이 밤~을 새우네, 아~이고 대고 어허~허 성화가 났네. 어화 청춘 고운 그대 엊그젠 줄만 알았더니 오늘 보니 다 늙었었네, 검던 머리가 희~어지고, 곱던 얼~굴이 주~름이 졌네. 원~수야 원수야, 원~수가 따로 없고 백발~이 모~도 원수로~구나 이 놈 백발을 에라 어찌 막을꺼나 한 손에는 ○○를 들고 또 한 손~에는 철대를 들고 주거니 받거니 ○○○오는 백발을 막을 수가 없네 아이고 데고 허허~ 성~화가 났네." 생각지도 않은 노래를 부르네 오늘(하하하). 옛날에는 노래 부르고 술 먹고 놀았는데, 지금은 화투 치는 것이 일이여. 노인당에서 화투치는 게 일이여 삼봉 쳐 밤낮. 옛날에는 내에(하루종일) 술 먹고 노래 불렀는데 지금은 노래 절대 없고, 삼봉만 쳐. 지금은 노래 일절 없어. 생전 노래 안 부르지. 화투치면 시간 가고 재밌어….

김영자 어머니들 홍 자체가 한이었어요. 꿈에 왔다 가신 님 얼마나 보고 싶으면 꿈에 왔다 가시는 님을 그렇게 반가워하겠어요. 엄마 젊었을 때 춤 배우셨죠? 그때 비각에서 사진 찍었죠? 그때가 엄마 뱃속에 제가 있었어요. 65년도에 사진이 있어요.

조순덕 강강술래를 15년 (공연하러) 댕겼어. 우수영 강강술래(김영자: 모르면 혼나) 유명하제. 이제는 며느리가 다니고 물려줬지. 강강술래 1기로 들어갔었어.

김영자 춤을 배웠는데 엄마가 그때 찍은 춤 졸업 사진이 65년도야, 내가 66년 생이니까 내가 뱃속에 있을 때 춤을 추러 다닌 거야. 그래서 나를 이렇게 만들어 놓은 거야. 엄마, 나 태어나기 전에 춤 배웠을 때 춤 선생이 누구였어?
진도에서 오셨어?

조순덕 아니 여기서 배웠어. 금한이 각시가 가르쳤는데 죽었어. 금한이 각시
알어?

김영자 엄마, 금한이 각시는 춤을 어디서 배웠대?

조순덕 춤 가르치는 사람이 왔었어, 양 선생이라고. (필자: 양 선생은 어디서 살았어
요?) 몰라, 어디서 살았는지. 배워가지고 우릴 가르쳤었어. 지금은 늙어 갖고
아무것도 못하고 죽을 때만 기대려…. 임하도로 춤 가르치러 다니더니 춤을
추는데 아낙들이 그렇게 잘 하더구먼.

김영자 어부 아내들을 3년 가르쳐서 해상 무대에서 공연했는데, 엄마가 '내
딸 영자가 가르쳤구나.' 하시면서 보신 거지요. 엄마가 잘 한다고 감동을 먹
었어요. 엄마, 밭두렁에서 노래하고 했던 그때 이야기… 기억나는 거 해 주세
요.

조순덕 아무 노래나 했지, 아리랑 타령도 하고 (김영자: 아리랑 타령 해 보세요.) 이
것저것(앞소리 뒷소리) 하려면 숨이 가뻐, 내가 미기기만 하지.

김영자 (어머니는) 그니까 선소리를 한 사람이지.

조순덕 "널보고 날 보아라 내가 너 따라 사냐, 연~분이 좋으니 내가 너 따라
산다. 아리 아리랑 스리스리랑 아라리가 났~네 ~~ 음음음 아라리가 났네. 오
늘 갈지 내일 갈지 모르는 세상 내가 심은 호박 박모 담장을 넘네. 아리 아리
랑 쓰리 쓰리랑 아라리가 났네~~~ 문전~새재는 웬 고갠가, 구부야 구부 구부
야 눈물이로구나. 아리랑 아리랑 쓰리 쓰리랑 아라리가 났네. 아리 아리랑 음
음음 아라리가 났네. 이 아래 저 배야 닻 놓고 가거라 꽃밭에 물들면 나도 타
~고 가련다. 아리 아리랑 쓰리 쓰리랑 아라리가 났네~ 아리랑 음음음 아라리

가 났네. 새내끼 백발은 쓸 데가 있어도 사람의 백발은 쓸 데가 없네. 아리 아리랑 쓰리 쓰리랑 아라리가 났네~ 아리랑 음음음 아라리가 났네. 청천 하늘에 잔별도 많고요 내야 가슴에 잔 수심도 많다. 아리 아리랑 쓰리 쓰리랑 아라리가 났네. 아리랑 음음음 아라리가 났네."

김정희 노래를 노인당에 가서 가르치세요.
조순덕 그 사람들은 더 잘 불러, 지금은 노래 안 불러….
김영자 놀이 문화가 사라져 버린 거지요. 우리 놀이 문화가 너무 멀리 가 버린 거에요. 우리 것을 보면 오히려 낯설어지는 거지요.
조순덕 생전 노래 안 불러, 지금은.

김정희 몇 살에 시집갔어요?
조순덕 열여덟 살에 시집갔어. 집에서 그렁저렁 살다가 열여덟 살에 시집갔어. 그때는 어째 빨리 갔냐면, 공출(위안부) 간다고 빨리 여웠제
김영자 엄마는 시집와서 동네 아줌마들과 함께하는 여행계가 있었어요. 그 자체에서 전국을 여행 다니는 거예요. 우리도 못 가본 롯데월드를 생기자마자 간다든가. 그게 문화야, 문화, 공연문화. 어떤 특정한 사람이 노래를 하는 게 아니라 친목계 가면 한 사람씩 돌아가면서 노래 부르는 게, 부담 없이 편안하게 자발적으로 부르는 문화였다고나 할까요? 무반주로요. 지금 공연장서 부르는 노래예요. 계 모임 다녔지, 강강술래 전국 공연하러 갔다 오면서, 차에서 몇 시간 동안 문화를 즐기셨던 거예요. 지금도 동네 어머니들이 물놀이라도 가시면 오며가며 차 안에서 노래하고 춤추는 건 여전하시죠!

김정희 노래하던 친구분들하고 지금도 노인당에 모여서 노래해요?

김영자 지금은 엄마 친구가 거의 돌아가시고 없어요. 84세니까 아주 고령이죠. 노인정에는 육십 좀 넘으신 분들이 총무예요. 그 안에서도 서열이 있을 거 아니에요. 엄마 세대는 왕따 세대예요. 며느리하고 같이 있으면 서로 불편하니까 시어머니가 먼저 나와 줘야 돼요. 노인정에서 왕따 당해 나온 시어머니는 먼 바닷가 보면서 클레멘타인이 된대요. 앉아서 먼 바다 보면서 무슨 생각을 할까요? 효니 예니 그도 옛날이야기고 우리가 살아가는 현주소인거죠! 노인 수명이 길어지면서 나타나는 거부할 수 없는 우리의 현실이에요. 웃고 있어도 눈물이 난다는 건 그런 서글픈 상황 아니겠어요?

마늘 밭의 여성 농부들에게까지 다가간 춤의 물결

김정희 농가 주부들 강의를 어떻게 하셨어요? 낮에는 일하시느라 저녁에 밖에 못했다면서요.

김영자 낮에는 호미를 들고 일하는 전형적인 시골 아줌마들이었죠. 저녁이면 들어가면, 농가 일 하시는 분들이라 일 다 끝나면 8~9시예요. 그러면 9시 정도 만나서 거의 10시, 11시, 어떨 때는 12시까지 면 사무소에서 각 마을의 주부 수강생이 모여서 연습을 했었지요. 진짜 하고 싶었던 거지요. 무슨 일이든 자기가 하고 싶었던 걸 기회가 되어 하게 되면 시간이라는 건 그리 문제가 안 되는 거 아닌가요? 그리고 뭔가 새로운 변화였잖아요, 그것도 엄청난 새로운 변화! 맨날 호미 들고 일만 하다가 뭔가를 배운다는 게 그분들 삶에 큰 변화가 찾아온 거였겠죠. 그것도 아주 기쁘고 행복한 변화요. 우리 인간이 행복하기 위해 살아간다면 행복한 변화처럼 좋은 게 어디 있겠어요. 또 제가 농촌 바쁜 일 때문에 바빠서 결석하신 분들은 마늘밭까지 낮에 찾아가서 호미 들고 있는 어머니들 세워 놓고 밭에서 무용을 가르쳐 주고 그랬다니까요. 그때는 미쳤었어요. 이미 미쳐 버린 상태로 마늘밭에까지 가서 동작을 가르치면서 이렇게 하고 저렇게 하면서 웃기도 많이 했어요. 그러면서 제가 왜 농가 주부들에게 미쳐야만 하는가에 대한 답을 풀기도 했어요. "우리 논과 밭은 이렇게 웃으면서 즐거웠다. 들판에 곡식들도 덩달아 손을 올려 함께 춤을 추 웠던 이곳이 농부들의 일터다. 어두운 밤과 거센 비바람을 견디면서도 꿋꿋 이 자리를 지키는 들 생명이 어쩌면 이렇게 기뻐하는 인간의 얼굴을 보고 싶 어서일지도 모른다."라고요. 이처럼 제가 지금 시골에서 농가 주부들에게 가 장 해 주고 싶은 게 바로 이들이 일하는 현장에 노동만이 아닌 기쁜 휴식을 다시 찾아 드리고 싶은 거지요.

향토 문화 복원에 가능성을 제시한 우수영 용잽이놀이

김정희 오늘은 우수영 용잽이놀이 복원한 얘기를 듣고 싶어요.

김영자 모든 역사적 원문은 목포대 도서문화연구소, 역사 전공하신 선생님들 이 발제했는데, 면사무소하고 면민들이 주체가 되어서 옛날 그대로 복원한 다고 해서 저는 그 과정에 들어갔어요. 용잽이놀이를 70년 만에 복원한 거예 요. 그런데 생존자가 딱 한 분밖에 안 계시는 거예요. 89세 최이순 할아버지 라고, 합병증으로 10년 전 시력을 잃어 앞을 못 보시는 상태였어요. 예전에는 눈이 보이셨던 터라 저희 아버지 함자를 대니까 바로 알아들으셨어요. 최이 순 할아버지도 용잽이를 했던 게 아니라 옛날에 어려서 보았던 거지요. 70년 만이니까. 옛날 어르신들이 용잽이놀이하면 최이순 할아버지도 어려서 보고 그 소리를 따라하고 그런 과정 속에 성장하면서 나중에는 어른이 되어 저절 로 소리를 하게 되신 거라고 하셨어요. 용잽이 소리를 한 게 아니라 그냥 굿 판에 뛰어들어서 마을 굿 칠 때 쇠도 치고 하면서요. 최이순 할아버지가 살아 계신다는 걸 알고 (최이순 할아버지께) 모든 걸 물어봐야 했어요. 용의 형상이나, 그때 무슨 소리를 어떻게 했으며 언제 메고 어디로 향해 가고 그런 것들을요.

그래서 최이순 할아버지를 하루가 멀다 하고 찾아다녔지요. 찾아다니면서 이것저것 용잽이놀이에 대한 걸 알게 되었어요. 용을 만들어 그걸 백 명, 오십 명이 어깨에 메요. 메고 갈 때 들고 내리고 할 때 소리를 하는데 그 소리를 줄소리라고 하더라고요. 그 소리를 누가 해야 하잖아요. 처음 앞소리를 선소리라 하는데 최이순 할아버지가 그 소리를 알고 계시는 거예요. 계속 다니면서 녹취를 했어요. 구두로 녹취해 가지고 그걸 분석해서 제가 줄소리 가사를 정리했어요. 왜냐하면, 누군가 정리를 현대적으로 해야지. 지금은 장단을 만들어서 문명화된 상태니까 진양조니, 중모리니, 단중모리니 그렇게 나오지만 그때 당시는 그냥 늦은 소리, 진 소리, 짧은 소리 그렇게 했을 거라는 추측에 우선 급한 대로 행사용으로 제가 정리를 했어요. 녹취한 것을 현대적으로 진양조, 중모리, 단중모리로 정리를 해 예전 했던 대로 그냥 긴 소리, 중간 소리, 짧은 소리 이렇게 어르신이 알아듣기 좋게 세 테마로 묶어 가지고 가사를 정리한 거죠. 녹취한 줄소리를 분석한 결과 옛날 했던 아리랑 가사나 강강술래 가사가 줄소리에 많이 있더라구요. 옛날 가사들은 다 똑 같아요. 반복되는 부분이 많아요. 강강술래에도 아리랑에도 둥덩애 타령에도 토속 민요에도요. '달 떠온다, 달 떠온다, 동해 동창 달 떠온다.' 이 가사가 아리랑 속에도 있고 강강술래 가사에도 있고 줄소리에도 있더라구요! 옛날 대보름 굿을 하면서 많은 놀이를 할 때, 그때처럼 이때도 판이 이루어지면 항상 그 노래를 불렀던 거 같아요. 달에 대한 것이 너무 많은 거예요. 그만큼 오가는 교통편이 없어 떨어져 있는 가족을 지금처럼 쉽게 만나지 못하니 가족에 대한 그리움을 달에게, 친한 친구처럼 하소연하며 살았다는 거겠죠. A4 용지 석 장으로 정리한 줄소리를 주민들에게 가르쳤죠. 풍물재비 주민들 50명 정도 모아놓고 장구 장단에 맞춰 가며 내가 아는 풍물 장단 도입해서 '이때는 굿거리로 합시다, 자진모리로 합시다, 세마치로 합시다.' 최대한 알아듣기 쉽게 정리해 교육하니까 쉽게 알아듣고 탈 없이 연습했어요. 우여곡절 끝에 줄소리를 복원해 연습해 가지고 대보름 용잽이 축제 때 그걸 같이 한 거지요. 이러한 과정을 거쳐서 70년 만에 처음, 용잽이놀이가 복원이 된 거죠. 줄소리를 하셨던 최이순 할아버지가 몸도 안 좋으신데 휠체어를 타고 연습장에 오셔서 함께했었고 축제 현장에도 나오셔서 직접 줄소리를 함으로써 행사가 성황리 끝났어요.

김정희 할아버지가 어렸을 때 보았던 거랑 흡사하게 됐다고 하세요?
김영자 응, 잘 됐다고, 잘 됐다고. 옛날에는 달 밑에서 하니까 용을 달 밑에서 했겠지요. 이번에는 잘 된 건지 못 된 건지 모르겠는데, 이번에는 전등을 써서 파란불, 빨간불, 노란불 나오게 용을 다 꾸몄어요. 할아버지 때는 자연 그대로 했었는데 이번에는 전기로 해서 어떻게 생각하냐니까, 그건 잘 됐다고 했어요. 왜냐하면 용잽이놀이가 웃(위)동네와 아랫동네, 동편과 서편, 백룡과 청룡 편을 나눠 싸움을 하는 거예요. 옛날에 웃동네 아랫동네 친해지려면, 싸움하면서 친해진다고 하잖아요. 서로 부딪쳐서 싸우는 과정도 있지만 용을 얼마만큼 예쁘게 꾸미며 잘나게 보이느냐 그것도 경쟁이었대요. 그 용을 꾸미느라고 동네 사람들이 다 모여서 용을 꾸몄대요. 이번에도 용을 꾸미느라 동네 노인정에 다 모여 예전하고 똑같이 작업을 했어요. 용 두 개 꾸미는 데 한 달 가까이 걸렸어요. 젊은 청년까지 다 모여서 만들었어요. 작년에 교수님이 보았던 남창 고싸움, 거기다가 용의 형상만 하나 더 얹는 거예요. 나중에는 용 머리 부분만 빼고 고싸움 형식으로 웃동네 아랫동네가 같이 붙어 동편은 동편 응원하고 서편은 서편 응원하며 싸움이 시작되는 거지요.

김정희 용을 만드는 데 틀을 잡아 준 예술가는 없었나요?

김영자 최이순 할아버지가 이런저런 형태라고 말씀하시니까, 그 소리를 듣고 재현한 거지요. 그림이 있는 것도 아니고 역사를 연구한 목포대 도서문화연구회에서 복원하는 데 기여를 많이 했어요. 그분들이 책자, 설문지 같은 거 내서 했으니까요. 줄소리 정리 같은 건 제가 했지만 그분들이 그런 걸 발췌했었고, 따로 자료를 정리해 두었을 거예요. 특히 이번에 민간인 주도로 복원했다는 게 옛날 협동 모습이나 옛날 삶의 방식을 그대로 보여준 셈이니 민속학을 연구하신 교수님들에게 흥미진진한 일이었을 테고 대단한 협동심으로 의미 있는 일을 하게 된 거죠.

김정희 이 동네가 무슨 동네였지요?
김영자 우수영 문내면.

김정희 이 동네 기질 있는 거 같다.
김영자 기질 있지요. 기질이라니까 좀 이상하기는 하네요. 여기서 말하는 기질은 협동심이 대단하다는 이야기예요. 우리나라 일본 식민지 시절 조선총독부가 전남 경찰부에 명량대첩비를 다른 지역으로 옮기라는 명령을 내려 서울 경복궁 근정전 뒤뜰에 명량대첩비를 파묻어 버렸는데, 8·15 해방이 되자 우수영 주민들이 '충무공유적복구기성회'를 조직해서 대첩비 행방을 찾아 우수영으로 다시 가져왔대요. 명량대첩비는 1688년 숙종(14년) 3월에 울돌목의 명량대첩을 기록한 비로 우수영성 동문 밖(현 우수영 동외리)에 세웠는데, 명량대첩비를 찾아와서는 지금의 충무리에 있는 충무사 비각에 사당을 지어 모셨는데, 비와 비각 사당을 세우기 위해 주민들이 농악(풍물)놀이로 모금을 하고 비문을 수백 장 탁본을 하여 전국을 돌며 팔아서 경비를 마련해 사당과 비각을 세워 그곳에 모셨다고 합니다. 지금은 그 어렵게 세워 놓은 충무사 비각 앞으로 도로가 나서 경관이 안 좋다 하여 처음 자리(우수영 동외리)로 옮겨 그곳에 모셨어요. 명량대첩비도 우여곡절 끝에 많은 세월을 견디다가 처음 자리로 가고 된 거죠. 그때 당시 누가 시키는 것도 아니고 주민 스스로 모여 학생까지 동원하여 하였다면 알 만하지요. 이런 걸 기질이라고 한다면 옛날부터 대단한 기질이 있었던 거지요, 주민들 단합심이나 협동심이나 뭘 한다면 하고야 마는. 이번에도 우수영 주민들이 그때를 생각하면서 한 번 해 보자 하여 하나부터 열까지 주민들이 주도해서 했던 겁니다.

김정희　우수영 사람들이 좀 잘 살지요? 그렇게 어렵지 않지요?
김영자　어려운 편이지요.

김정희　어려운 데도 이런 게 가능할까? 사람이 여유가 있어야지, 이런 거. 이건 문화인데?
김영자　어려운 와중에도 뭔가 모일 계기를 만들어 주면 모이는 거예요. 그 계기가 중요한 거예요. 아무리 어려워도 그 계기를 만들어 주면 모이는데, 그 계기가 없이 모이라고 하면 안 모인다고 봐요. 이번 용잽이놀이 같은 경우는 옛날에 했던 민속놀이로 다가가니까 모일 수 있는 계기가 된 거지요! 다른 거 현대적인 어떤 걸 가르친다고 하면 어려워서 참여를 안 했을 거예요. 한데 옛날 우리 우수영에서 했던 거를 복원한다, 옛날 어머니들이 했다, 이런 식으로 하니까 참여하게 된 거죠. 다른 새로운 거를 가져와서 하자고 했으면 사람들이 그렇게 안 나오죠. 한 2천여 명 나와서 함께 했으니까요. 인간 내면에는 누구나 내가 속해 있는 지역에 소속감으로 뭔가를 하고 싶어 한다고 생각해요. 그런데 주제 설정이 안 되잖아요. 누군가 나서 줘야 하는데, 저 같은 경우도 나설 수 없는 게, 우선 내가 어디 강의를 안 뛰면 안 되잖아요. 큰 마음을 먹지 않으면 시간을 할애해서 동네를 들어갈 수 없지요. 자기 생활만 하다 보니까, 알고 있으면서도 그 계기를 못 만들어 주는 거지요. 요즘처럼 경기가 안 좋아 생활하기가 팍팍한 현 농촌 상황에서는 더더욱 아무 대가 없이 시간을 내어 달라면 인상 찌푸릴 만큼 협조를 안 하는 거죠. 자신들이 살아 왔던 옛날 민속적인 삶 자체가 스스로 가치라고 생각을 안 하잖아요. 돈이 나와 떡이 나와? 그런 식이지요. 그런데 저희 같은 사람들은 전통 예술을 전공한 사람으로서 그 가치를 실천하지 못하고 현대적인 틀 안에 삶을 살고 있으니까 어찌 보면 굉장히 죄송스럽고 가슴 아픈 현실을 살고 있는 거지요. 이번에 용잽이놀이 복원하면서 너무너무 힘들었어요. 강의 휴강하고 왔다 갔다 하면서 경비도 많이 들고 경제적으로 어렵기도 한데 생업인 강의를 휴강하고 다니기란 쉬운 일이 아니었어요. 그래도 지역민과 함께 뭔가 일구어 만드는 협동, 이런 가치는 돈으로 환산할 수 없는 보람이었어요. 사람이 살아가는 모습이 이런 거였는데 이런 걸 어디다 다 빼앗겨 버리고 도대체 나는 뭘 추구하면서 살아가는가 하는 혼란에 빠지기도 했어요. 그런 과정을 거쳐 용잽이놀이 복원이 끝나고 나서는 제가 저 스스로에게 고맙더라구요! 왜냐하면 내 이익을 조금 버리고 내 가치라는 방향에 서서 주민과 함께 해냈다는 자부심 때문에요. 사람은 가치 있고 희망적인 삶을 사는 노력이 최고의 자유라고 생각합니다. 현실이란 굴레에서는 우리 뜻대로 호락호락 실천하도록 놓아 두지 않지만요. 왜 그런 현실에 갇혀 있는지도 우리 스스로가 풀어야 할 숙제이지만요.

민속 놀이는 선조들의 지혜였다고 생각해요. 과학적으로 풀 수 없는, 사람이 살아가는 방법이나 방식, 그 모든 게 들어 있는. 나중에 되돌아보면서 그걸 문자로 정확히 꼬집어 증명하지는 못하지만요. 최이순 할아버지 같은 경우는 혼자만의 방식으로 잘 부르고 계시는데 '진양조로 해 보세요.' 그러면 못 알아들으세요. 강강술래 문화재 선생님들도 '진양조로 하세요, 중모리로 하세요, 몇 박으로 하세요.' 그러면 그 자체를 부담스러워 해요. 예전에 그분들 방식은 '긴 소리 한 번 해 보세요.' 그러면 그 느낌으로 길게 하고 느리게 하고 짧게 하고 그러면서 감각적으로 했단 말이지요. 그런데 지금은 현대적으로 체계화시킨 악보를 갖다 놓고 해 버리면 '아이고 못 하겠네.' 하고 하던 대로 하시길 바라세요. 문명이란 것이 사람을 자유롭게 펼쳐지게 하는 도구로 쓰여져야 하는데 오히려 사람을 억압하면서 점점 더 들어가게 하는, 그냥 그분들 방식대로 해도 참 편안한 그런 상태였는데, 과학적인 문명이 들어가면서 그분들을 오히려 위협하고 옴츠러들게 하고, 하라는 방식대로 안 하면 큰일 날 거 같고, 하자니 편한 마음이 아니고 그런 상태라고 정리하면 될까요. 최이순 할아버지 같은 경우에도 처음 교수들이 와 가지고 무슨 박을 해 봐라 그러면 잘 하시던 노래도 멈춰 버리셨어요. 모르는 용어를 써 버리니까요. '혼자 옛날에 부르셨던 노래 해 주세요.' 하면 줄소리뿐 아니라 판소리도 하시고 흥타령도 하시고 편히 하시면서 술술 나오는 대로 풀었는데, 그것을 정리하고 체계화한 거지요. 따지다 보니 연구되어야 할 진짜 소리들이 쏙 들어가 버리는 안타까운 현실, 물론 정리해서 파워포인트 쏘는 거처럼 빠르게 하면 좋겠지만 그게 중요한 게 아니잖아요, 판이란 것은. 주위가 편안한 상태를 요하거든요. 소리를 하는 사람 자체가 편안해야 하는데, 이미 이리저리 하라고 그 틀 안에서 하라고 하니까, 자유로움을 빼앗겨 버리니까 스스로 소리하는 사람이 불안한 거예요. 본인이 부족한 거 같고 이제까지는 굉장히 잘 했는데 아주 무식한 거 같고 그런 거 있잖아요. 나중에는 하던 대로 느낌대로 했던 거 또 해도 되니까 '마음 편한 대로 하십시오.' 하니까 편안을 되찾아 하시긴 했지만, 한 번 얻어맞은 충격은 가슴에 남아 있었을 거예요.

교수진하고 일하면서 제가 중간에 없었으면 저분들이 얼마나 위축을 당했을까, 그런 생각이 들더라니까요. 왜냐하면 저는 어려서부터 고향에서 살았잖아요. 교수들이 진양조, 중중모리, 단중중모리, 자진모리 그런 용어를 써 버리면 그 자체가 뭔 학문인 줄 알아 버려요. 제가 옆에서 진 소리, 중간 소리, 짧은 소리, 하며 통역하듯 소통의 고리를 연결해 드리니까 그나마 편안해 하신 거지요. 가르칠 때도 동네 분들이 나이가 드셨잖아요. 그분들도 "진양조 해라, 중중모리 합시다." 그러면 모르세요. "질(길)게 합시다, 중간쯤 소리 늦춰 가지고 합시다, 느리게 합시다. (필자: 선생님, 나도 이게 좋은데.) 그렇게 나가야 된다고요. (필자: 우리 일반인들한테도 그 소리가 좋아) 원래 그 소리를 체계화한다고 이름 붙여가지고 했잖아요, 다들 불편해 하는 거예요. 그리고 그분들께 다가갈 때는 그렇게 해서는 안 되지요. 오죽하면 무용가인 제가 하도 사람이 없고 급하니까 줄소리 복원, 정리까지 했겠어요.

잃어버린 놀이 – 공연예술화된 향토 예술, 소통의 매체로 돌아온 예술

김정희 혹 내가 잘못 생각하는 지 모르겠지만, 강강술래가 문화재로 지정되면서 발표용이 되어 버린 것은 아닌지?

김영자 이것도 한 교수 논문 때문에 이렇게 돼 버린 거예요. 한 교수가, 지금은 고인이 되셨지만 강강술래 논문을 정리하려고 따로 안무를 한 거예요. 우리가 그냥 손잡고 한 것을 체계화시켜 버린 거예요. 그러니까 강강술래 단원을 뽑을 수밖에 없지요. 그래서 단원이 아니면 거기에 끼지를 못하는 거예요. 단원 백 명 뽑았다면, 그 전에는 백 명, 이백 명 손에 손만 잡으면 누구나 강강술래 단원 아닌 사람도 했거든요. 이제는 단원을 뽑아서 하니까 단원만이 하게 돼 버렸지요. 강강술래가 대통령상을 받은 뒤부터 더더욱 단원만 하게 된 거예요. 그 사람들이 시연을 하러 다니면서 옛날에는 얼싸얼싸 손에 손잡고 다 했던 걸 단원만이 하는 거처럼 단체가 강강술래를 다 빼앗아 가 버린 셈이지요. 나도 한 번을 뛰어도 잘 뛸 수 있는데 '아 강강술래는 저 사람들이 하는 거야.' 무슨 행사 때도 같이 하면서 누구나 판에서 굿소리 나면 내가 뛰고 싶을 때 뛰고 손을 잡든 안 잡든 해야 하는데 시연을 해 버리니까 따로 하는 게 어색해지기 시작하죠. 그 무엇이든 내가 내 것을 자꾸자꾸 어색해 하면 기억 속에 있더라도 결국 잊거나 잃어버리는 거예요.

김정희 그러게요. 유네스코 문화재로 등재됐지만….

김영자 시연하는 게 지정됐지요. 시연자가 하는 거예요. 그래서 '이렇게 하지 말자.' 하면서 그러면서 많은 사람들과 같이 하려 해도, 대동풀이를 해도 옛날 방식대로 강강술래 손잡고 뛰어 노는 것이 아니라, 남생이 놀아라 해버리면 그 남생이를 놀아야 하니까 다 손 놓고 나가 버려요. 체계화시키고 대회에 나가려 하니까 동작을 만들고 그 동작에 임하지 않는 사람은 '난 강강술래 못해.' 그렇게 되어 버린 거지요.

김정희 그럼 이걸 어떻게 해.

김영자 그래도 제일 많이 그나마 시연하는 게 강강술래지요. 계속 시연만 하는 거지요. 그리고 시연만 하다보니까 상업적 예술 단원으로 돼 버린 거지.

김정희 놀이를 상실한 거잖아요. 그건 우리가 문화를 잘못 전승한 거잖아요. 어떻게 해야 하나?

김영자 많은 사람들이 우리 춤을 무대에서 그 많은 고가의 옷을 입고 무대에 올라가야 춤을 출 수 있다는 그런 생각이 돼 버린 거죠. 무대 위에서 강강술래를 해야 하는 그런 것을 이제라도 제자리에 갖다 놓는 노력을 해야겠죠! 정말 이 춤을 해야 할 사람들은 옛날에 어깨를 들썩들썩 하면서 어깨 아픈 걸

워밍업(휴식으로 풀어야) 하는 것처럼 운동하는 농촌 사람들인데, 그런데 이 사람들에게 노동만을 남겨 놓고 무대로 다 가져가 버리면 그 사람들은 어떻게 하라는 거냐? 저 5일장에 앉아 있는 사람들이 언제 예술회관에 와서 춤을 보겠냐? 그러면 그 사람들은 어떻게 하란 말이냐? 어떻게 보면 춤이 저 사람들의 것이었는데 그걸 다 무대로 가져가서 저 사람들은 어깨 한 번 펴 보지 못하고 그냥 구부러져 일하다가 생을 마감해야 하냐? 민속 문화를 제 자리로 돌려 놓아야 한다, 어서 빨리 민속 문화가 무대에서 제자리로 돌아가야 한다, 이렇게 주장하면서 제가 거리로 나가 춤을 추기 시작한 거죠! 자식 학비를 위해 5일장에서 오이 호박을 파는 할머니들 앞에서, 거리 포장마차 젊은 어머니 앞에서, 공원에 백발이 되어 우두커니 앉아 있는 할아버지 앞에서…. 제가 생각하는 춤은 이웃과 편안한 소통으로 휴식이 되어야 하니까요. 특히나 춤이 무대에서 추면 한계가 있잖아요. 붓을 들고 그림을 그리는 사람도 마찬가지라고 생각해요. 예술은 우주만물을 논하는 자유라고 본다면 규격이란 틀 안에서 뭔가 한다는 것 그 자체가 자유가 아니잖아요. 그냥 화선지에다 내 느낌대로 창작하는 대로 붓을 확 펼치면서 해야 하는데, 모든 게 상업용으로 가 버리잖아. 제가 무슨 말을 하는지 알 사람은 다 알거예요. 우리가 살아가는 데 영업이나 상업이 약간의 수단은 될지 모르지만 예술인이 걸어야 할 길은 아니거든요. 그 길이란 아무도 가지 않는 길을 창작이란 이름으로 개척하여 그 길에 누구나 서 있으면 편안한 인간관계의 소통이어야 한다고 해야 할까요. 요즘 예술이 상업성을 많이 띠다 보니 다가가지 못하는, 혹시나 해서 다가갔다가 부딪쳐서 상처받고 튕겨 나오는 그런 삶을 살고 있다고 생각을 해요. 이런 기형적인 부패를 누가 서둘러서 막을 것인가, 그건 그나마 문화 예술을 하는 사람들이 다가가서 해야 한다고 생각하고 그 차원에서 일하며 걸어가고 있는 거지요. 그 길을 모든 예술인은 희망의 길이라고 믿고 있지 않을까요?

김정희 어머니 때는 놀이였지요? 근데 그 놀이가 언제 사라졌을까? 새마을 운동하면서? 기계농화하고 맞물린 거 같기도 하고.
김영자 글쎄 지붕개량 하면서 그랬겠지요!

김정희 선생님이 1997, 98년도에 왔으니까 20년 이상 문화가 단절됐었던 거야.
김영자 해남은 이미 농사지으면 잘 살지 못하고 배고프고 못 배운 사람이 농사짓는다고 해 가지고, 지금도 마찬가지지만 제가 내려왔을 때도 화이트칼라를 원했어요. 1960~70년 대통령 사진이 걸려 있지 않을까? 하는 의문이 들 정도로 공공기관에도 변한 게 하나도 없었으니까요.

김정희 지금도 옛날 사진이 붙어 있어요?
김영자 그 정도로 생각이 안 변했다는 거지. 어디가 걸려 있겠어요? 시대는 변했는데 지금도 내 자식을 공부시켜서 하얀 와이셔츠 입고 의자에 편히 앉아서 일해야만 한다는, 양반 쌍놈을 가리는 그런 사고가 변하지 않았다는 걸 이야기하는 거지요. 그걸 뒷받침하는 곳이 공공기관과 교육기관이라는 말이지, 아이고 교수님….

김정희 그건 대한민국 어디나 똑같지.
김영자 해남이나 시골로 내려오면서 더 심한 상태라 봐야지요. 그래도 위에는 자식들 적성 살려 주려고 애쓰잖아요?

김정희 아, 먹고 살 만해졌을 때.

김영자 지금도 읍에 있다가 면에 들어가 어머니들하고 상담하면 15년 가까이 차이가 나요.

김정희 면하고 읍하고요. 지역에서, 그렇게 단절이 됐어요? 그래서 선생님이 생활로 춤 문화를 복원하려고 했어요? 그런데 제 궁금증은 그 춤이 옛날처럼 놀이가 되었을까 뭐가 되었을까? 하는 궁금증이에요. 이미 시대가 변했으니까 돌아가지는 못하는 거 같애. 진도 노인정 따라가서 선생님이 춤 가르치는 거 보면서 그렇지 이제는 선생님이 와서 가르치고 옛날에는 선생님이 없어도 스스로 했는데 이제는 불가능해지고 그래도 원하니까 다리를 다쳐서 못해도 뒤에 앉아서 참관하는 거잖아.

김영자 교수님 말씀처럼 옛날에는 스스로 했어요. 선생이 없어도 판이 잘 이루어져 행복하게 놀았구요. 그 놀음 속에 춤과 소리가 있었으니까요. 지금 어머니들도 그렇게 놀고 싶어 해요. 놀고 싶은데 그리하지 못하는 건 공원에서만 모여 노래하고 춤추고 놀아도 소음으로 신고된다는 거예요. 결국 그분들을 답답한 강당(네모상자) 안으로 쫓아 버린 셈이지요. 우리 문화를 소음으로 듣는 나라, 우리는 현대식 일제강점기를 스스로 살고 있다고 생각해요. 어머니 세대에는 그 통로가 필요한데 지금 상황은 휠체어 탄 장애우의 길을 계단으로 만들어 버리는 잔인한 결과처럼 느껴져요. 제가 너무 심한가요? 지금의 현 주소지요. 뻐끔이 어머니는 위암 진단을 받고 수술을 받으러 병원으로 가야 하는데 자식들에게 내가 춤추다가 죽는다고, 그렇게 아프면서 노인복지관에 춤추러 나오시는 거예요. 나중에 수술을 받으러 올라가시긴 했지만요. 그런 현상이 왜 벌어지냐면, 하고 싶은 걸 못하고 살았잖아요. 이 사회나 주위의 환경이 지금 어머니들을 꽁꽁 잡아 매고 있었잖아요. 가부장적인 그 시대가 말이에요.

김정희 그러니까 놀이 문화가 있었어, 하지만 몇십 년 동안에 사라진 거야. 우리가 너무 각박하게 산 거지.

김영자 시대가 변하고 핵가족화되니까, 어머니들도 돌아가실 때까지 밭에서 일하고 군불 때서 자식들 밥 먹이던 시대를 살다가, 지금은 대가족이 아닌 핵가족화되면서 자기 시간이나 여유가 생겼으니까, 이제라도 와서 하는데 어머니들이 제일 하고 싶었던 걸, 원하던 걸 하게 된 거예요. 예전에 내가 하고 싶어도 못했는데 그런 수업이 열린 거예요. 어머니들은 다 장구를 치고 싶어해요. 옛날 농악(풍물)은 풍요를 상징해 좋은 이미지였으니까요. 좋은 날 굿(풍물)을 많이 쳤으니까요. 그 시대의 풍악이었던 거죠. 비 오는 날 장구 두드리며 이웃집에서 놀고 계셨던 엄마를 하루 온종일 밖에서 기다렸던 기억이 나요. 교수님 말씀처럼 그때는 춤 선생도 없이 노시는 거예요. 어머니들에게는 그게 유일한 휴식이면서 놀이였잖아요. 그렇게 스스로 놀면서 즐겁고 행복하게 휴식을 했던 문화가 사라져 버린 거죠! 지금은 노래방 기계를 놓고 가사를 보느라 화면을 보고 노래를 부르며 놀지만 전기 코드 하나 꽂지 않고 사람 얼굴을 보며 노래를 불렀던 때가 분명 있었지요.

김정희 선생님이 마을 곳곳에 들어가 다시 춤을 보급했을 때 그 옛날로 돌아가지는 못하지. 동네 행사가 있을 때 배웠던 걸 공연하고 그리고 연습을 함께 하고….

김영자 시골 사람에게도 시연이 돼 버린 거지요. 이젠 놀이가 아니에요. 아쉽지만 모여서 소통을 한다는 의미에 더 가치가 있어요. 일단 모여야지, 안 오면 '오늘 누구네 집 뭔 일 있었다냐?' 하고 안부도 묻게 되고 '엉, 그런 일이 있었어?' 하며 서로 걱정도 하면서 살아가니까요. 놀이 복원은 점점 멀어져 가고 있어요. 배워서 시연을 하는 것도 중요하지만 배우는 과정에서 느끼는 소통, 협동, 공동체에 대한 동질감이 중요한 거죠.

김정희 선생님이 가르칠 때면 사무소에서 밤 11시, 12시까지 했잖아요. 그런 건 뭐가 굶주린 게 있었던 걸까? 일을 하고 나와서 한밤중까지 한다는 것이….

김영자 춤도 춤이지만 만나서 소통하고 함께 있는 것이 싫지 않은 거지요.

김정희 그런 걸 생각하면 지금은 옛날에 비해 농촌 공동체성이 갈갈이 찢겨 나간 거지.

김영자 그 살을 다시 붙이는 과정이라고 생각할 때 시간이 필요해요. 일하는 게 도구가 되고 내가 사람들하고 대화하고 소통하는 가치가 꿈과 희망이 되어야 하는데, 지금 현실은 다들 피곤해서 쓰러져서 자고, 그런 것을 뭔가 학문으로 정리는 못하지만 함께 만나면 휴식이 되고 좋은 사람들 만나면 최고의 즐거운 표현이 노래와 춤 아닌가요? 그렇게 스스로 즐거운 판이 만들어졌었는데 지금은 시대도 변했지만 누구 한 사람 그 문화가 우리의 소중한 가치였는데 빼앗겼다고 아무도 심각하게 생각하지 않으니까요. 지금 부모님들은 그저 내 자식 건강하고 무탈하면 다잖아요.

김정희 1차 집단이 필요한 거예요. 결국 동아리, 문화 동아리가 필요한 거네요. 무슨 소리인지 알겠어요.

김영자 그 소속감, 그 소속이 안 되면 지금 현주소가 말하는 왕따, 그러면 우울증이 오고 외롭고 함께 모여야 하는데 모이지 못하는 현대적인 삶. 가족도

해남군 송지면 땅끝 조개체험장에서의 '조개들의 하루' 퍼포먼스(2012)

마찬가지인 거 같아요.

김정희 그럴 때 문화라는 매개가 좋은 거지요. 그게 앞으로 현대 사회에서 꼭
필요한 문화 동아리의 의의네요.
김영자 예.

김정희 그때 어머니 집에 갔을 때 '춤, 장구는 하는데 노래가 없어.' 하셨어.
칼같이 지적하시고 어머니가 노래를 부르셨잖아요. 나부터 자란 토양이 국
악을 즐기면서 자라지는 않았는데, 내가 국악을 친근하게 받아들인 건 〈서편
제〉였던 거 같애. 그래서 문화가 중요한데, 여전히 국악 공연 같은 걸 막 쏠려

서 듣게 되는 노래는 아니라구요. 그런데 녹음한 어머니 노래 다시 들었잖아
요. 너무 편안해. 그 정서가 너무 편안한 거야! 그래서 CD가 있으면 계속 듣
겠다 그런 생각이 들었다니까. 이렇게 편안한 소리를 들어본 적이 없어요.

김영자 그것도 엄마한테 장단 얘기하면서 "이걸로 저걸로 해 보세요!" 하면
못해 버리세요. 아는 대로 옛날 했던 대로 하시라고 하니까 편히 부르신 거예
요. 아무 장단 없이 입소리로만 해도 전달이 되고 서로 느낌을 가졌던 그 소
리의 정서가 엄마에게는 훼손이 안 되고 남아 있는 거죠. 진도가 고향이신
데다가 그대로 묵힌 진짜 소리가 그대로 나온 거예요. 진도 문화재 보유자 선
생님들도 현대적으로 장단에 맞추어 빠른 장단에 부르려니까 급해지고 많이
훼손이 되었다고 봐요.

김정희 선생님께 부탁하고 싶은 게, 어머니께 갈 때마다 녹음을 하세요, 역사
적 자료가 될 거예요.

김영자 엄마 연세에는 다들 그 정도 하신다고 해요. 엄마가 노래를 잘 하셨어
요. 어느 순간 흥얼흥얼 부르던 노래도 없어지고 말았지만요. 그 이유가 공연
문화로 바뀌다 보니 공연할 사람들을 정해 버리니까, 그 사람들 위주로만 하
다 보니 옛날에는 누구나 했던 노래를 선소리(앞소리) 하는 사람만 해야 하고
받는(뒷소리) 사람만 받다 보니 다 벙어리를 만들어 버린 거죠.

김정희 그 생활문화, 생활 노래 그걸 잃어버린 거야. 그건 복원 안 될 거 같애.
엄청난 문화인데. 자꾸 문화 동아리가 활성화되면 비슷하게 살아날지 모르
겠다.

김영자 살아나면 좋은데 환경적으로 도저히 안 될 거예요. 시멘트 위에 씨를
뿌리는 격이지! 포장된 현대를 너무 많이 살았다고 봐야지요. 그렇게 잘 하

시는 분들 판을 다 없애 버리고 입을 다물게 해 버렸으니 벙어리를 만든 거지요. 문화재 보유자라도 하던 걸 안 하면 다 잊어버리는 법이에요.

김정희　이런 지역예술 활동을 활성화하고 군·정부가 무얼 해 주면 좋을까? 아쉬운 것이 있다면 뭐가 있을까요?

김영자　아쉬운 거는 노인정에 어르신이 많잖아요. 대한민국 민속문화 산증인 이신 그분들이 앉아서 그런 대우를 받으면서 지낼 상황은 아니라고 생각해요. 지원금이 되면 각 노인정에 놀이판을 만들어 줘야 한다고 생각해요. 그 어머니들도 노는 걸 잃어버렸잖아요. 어르신들의 놀이란 우리 민족문화 그 자체거든요. 지금 노인정의 현 상황은 그냥 앉아서 화투를 친다든가 자식 자랑만 하지요. 늙은 부모들에게 어찌 잘된 자식만 있겠어요. 험한 세상 살다 보면 자식 먼저 보내는 어르신들도 있고, 사연 사연의 세월을 보듬고 있는 상처 입은 어르신들 아닙니까? 이럴수록 서로 협동을 배워 배려하는 마음 조금씩만 나눈다면, 지금처럼 노인정에서 자식 자랑해 가면서 앞에 있는 사람 속 긁어 놓고 싸우다가 돌아가시는 일은 없겠지요. 미움 받은 할머니는 돌아가셔도 '아고 아까와라.' 그런 소리 듣는 게 아니라 속 박박 긁더니 잘 돌아가셨다 할 정도로 시원해 한대요. 자식들 짐을 벗어 놓고, 돌아가실 때까지 남 헐뜯지 말고 건강 지키면서 편안히 돌아가시길 바라는 거죠. 그러려면 노인 놀이 문화를 복지관뿐 아니라 각 마을 노인정까지 저변 확대해야 한다고 생각해요. 유일하게 동네 노인정에서 하는 놀이 고스톱, 치매 안 온다고 노인정마다 그게 깔려 가지고 그게 안 좋잖아요. 고생만 하고 사셨던 어르신들의 종말이 너무 슬픈 거지요. 지원만 되면 어르신들과 춤추고 노래하고 서로 박수치면서, '그러면서 행복한 모습으로 유종의 미를 거두었으면 좋겠어요. 그런 복지가 곧 우리의 미래가 아닐까요.

김정희 그러려면 강사들이 엄청 필요하잖아요.

김영자 군에서 그런 걸 해야지요.

김정희 그런데 여기 사는 강사들이 많지 않잖아요. 외지에서 와야 하잖아요.

김영자 지역 전문 강사를 통해 지역 강사를 양성해야죠. 한 그루 나무를 심는 마음으로 교육할 수 있는 강사를 양성하는 게 미래의 힘이 되겠죠. 제가 진도 노인정에서 강의하잖아요. 관장님께 "무용부 어르신들을 잘 가르쳐 이분들을 양성합시다. 그리고 젊은 강사가 하다 확 가 버리면 그것도 좋은 현상 아닙니다. 이제는 김치 못 먹고 사는 사람 없으니까 김치 담가 자원봉사하려고 하지 말고 문화 자원봉사를 해야 해요. 노인 어머니들을 가르쳐서 두 사람씩 마을 회관으로 파견해서 일주일에 두 번씩 마을 회관으로 가서 함께 놀면서 '오른 발 내시오, 왼 발 들어 보시오.' 그러면서 하나하나 동아리가 만들어지는 거예요. 어차피 어머니들은 몸을 움직이고 운동해야 하는데 우리가 국민체조를 할 수는 없잖아요, 춤으로 운동하는 거지요. 그곳에 놀이판을 만들고 누가 떡이라도 해 오면 먹고 마시고 하면서 건강한 노후 생활로 그보다 더 자연스러운 것이 어디 있어요. 그런 것들을 자연스럽게 만들어 주기 위해서는 이렇게 해서 파견을 보냅시다."라고 관장님께 제의를 했었어요. 이처럼 노인복지관에서 양성된 어머니들이 노인당에서 가르치다 보면 노인당에서 잘 하시는 어르신이 양성될 거고 노인당에서 양성된 어르신이 이웃에까지 건강 춤을 나누며 사는 춤추는 천국의 세상을 살게 되는 거죠. 춤을 춘다는 것은 몸 운동도 중요하지만, 교수님하고 저하고 그냥 있을 때하고 박수 치고 춤출 때하고 마음이 오가는 소통은 학문으로도 표현할 수 없는 그런 게 오가거든요. 그걸 느낌이라고 하죠. 그 느낌이 좋은 감정이면 감동이겠죠. 손을 잡았을 때도 뭐라고 표현하기 전에 많은 느낌이 오가면서 이미 그 사람과 소통이 되잖아요. 그런 것처럼 춤을 추면서 확 터놓고 자유롭게 비행하는 참자유, 그런 인생을 꿈꿉니다.

김정희 할머니들을 몇 년 가르치면 그런 춤 선생님이 될 거 같아요?

김영자 한 주 2회 지도자 과정 2년. 같은 동작을 계속 반복하면서 지도하면 충분합니다. 많은 동작이 필요없어요. 많은 동작을 하면 안 배우려고 해요. 왜냐하면 모든 것이 자신감이거든. 사람은 누구나 자신감으로 산다고 생각해요. 똑같은 동작을 할 때는 똑같은 동작을 따라하며 '아, 나 이렇게 하는 데 똑같이 하는구나. 이 나이에 나도 할 수 있어.' 하는 자신감, 지도할 때는 수강자의 자신감을 먼저 심어 주면서 지도해야지 자신감을 꺾어 버리면 실패예요. 조금 늦을 뿐이지 자꾸 반복하면 되니까요. 똑같이 하는 소속감이죠. 춤 동작이 중요한 게 아니에요. 수업하면서 저는 어머니들께 이렇게 말씀드립니다. "춤 동작은 중요하지 않아요. 숨을 들이마셨다 내쉬었다 하면 성공입니다." 따라하기 복잡한 동작들은 왜 만들었냐 하면요, 많은 사람들을 지도하다 보면 함께하는 동작이 있어야 통일감 있게 할 수 있기 때문입니다. "진짜 중요한 건 숨을 들이마셨다 내쉬었다 하면서, 여러분의 오장육부를 운동시켜서 혈색도 예뻐지고 마음 편안히 건강해지는 거예요. 동작할 때 왼발들어야 하는데 오른발 들었다고 힘들어 하지 마세요." 그렇게 풀어 가야죠.

김정희 선생님과 같은 그런 식의 개념을 모든 문화 장르에 적용해 볼 수 있겠네요, 음악과 미술 분야에도요.

김영자 그러면 좋겠죠. 미술 이야기가 나와서 하는 이야기인데요. 몇 년 전 모 단체가 한 시골에 찾아가는 미술학교라는 프로젝트를 했었지요. 마을 분들이 색연필과 크레파스를 들고 그렇게 행복해 하셨어요. 마을 어르신들 어린 시절에는 학교를 가고 싶어도 못 가셨던 세대라 색연필에 대한 꿈이 있었을 거 아니에요. 인생을 살면서 하고 싶은 것을 가난 때문에 못했다고 하면 가슴에 한이 되며 나이를 드셨어도 기회가 되면 해 보고 싶은 게 그분들의 솔직한 소망 아닐까 생각합니다. 어떤 할아버지가 자화상을 그리셨는데 할아버지께서 하시는 말씀이 "사람 낯바닥 그리는 게 상(가장) 어렵당께." 하시며 좋아하셨어요. 그때 환하게 웃던 마을 아저씨 모습이 눈에 선합니다. 나눔의 결실이 이런 거 아닐까요. 환하게 웃는 행복한 웃음 말이에요.

김정희 우리에게는 문화 교육의 결핍이 있어요.

김영자 너무 결핍되었지요. 제도라는 그 속에 들어가서 못 나와 버리는 거지요. 저의 페북 친구분의 딸이 예술대학을 졸업했는데, 엄마가 걱정을 너무 너무 하면서 페북에 글을 올리셨어요. 딸을 예술인으로 키우기 위해서 들어간 돈이 얼만데 알바를 하면서 한 달에 25만 원 받는다고, 예술인은 배고프다고 하시며 마음 아파 하셨어요. 그래서 제가 '예술인은 배고프지 않습니다. 정말 배고픈 건 제도라는 틀에 들어가서 옴짝달싹 못하는 그 상태가 배고픈 거지, 정말 내 주관을 가지고 내 창작을 한다면 배고프지 않은 것이 예술인입니다. 예술인에게는 창작이 중요한 거지 제도적인 돈의 가치를 예술인들에게 견주면 안 됩니다. 두고 보세요. 잘 할 겁니다. 저도 예술인입니다. 저도 함께 서서 동행할 것입니다. 예술인들이 배고파 엎드려 있으면 같이 엎드려 있고 서 있으면 같이 서 있을 것입니다. 절대 걱정하지 마세요. 세상 잣대로 재서 생각하면 딸을 감히 세상에 내놓지 못하죠. 마음 풀어 버리세요.' 그랬지요. 5만 원만 준다고 해도 예술인의 생각은 달라야 한다고요.

김정희 시골 곳곳을 다니면서 춤 운동을 한 결과는 어떤 걸까요?

김영자 지금은 활동하지 않지만 14개 읍면에 10개 면 단위에 각 20명씩 농가 주부 무용단을 결성했었어요. 그분들이 무용을 배워서 문화예술회관 각종 행사에 참여해 공연을 직접 했다는 게 의미가 있고요. 그렇게 했기 때문에 문화예술 공연장이 그들에게 낯선 곳이 아니에요. 마치 내 집처럼 주인의식을 가지고 문화예술회관에 각종 공연을 보러 오게 된 거지요. 이제는 사물장단에 어깨 올려서 걸쭉한 춤 한판 출 수 있는 자신감도 가지게 되었고요. 그러면서 자연스럽게 문화 속에 어색함 없이 섞여 들어간 거지요. 잃었던 당신의 삶을 문화 활동을 통해 조금이나마 꽉 막혔던 숨통을 찾은 거지요. 농가 주부들의 지역 문화 팀이 양성되면서 구경하는 축제가 아닌, 함께 참여하는 축제로 바뀐 거죠. 큰 결실을 얻었다고 생각해요.

김정희 결혼 이민자 여성들을 가르쳤잖아요. 그 얘기를 해 주세요.

김영자 해남에 생각보다 결혼 이민자 여성이 많아요. 처음에서 결혼이민자 여성들만 살았는데 한 해 두 해 지나면서 그 여성들에게 아이들이 태어나고 그 아이들이 학교를 다니게 되죠. 우리 문화를 모르는 결혼 이민자 여성들에게는 자기 자녀들이 학교에서 왜 소고를 들고 있는지, 왜 장구를 치는지 알아야 한다는 생각을 했어요. 결혼 이민자 자녀들 엄마는 한국에서 학교를 다니지 않고 성인이 되기까지 각자 자국 문화를 배우고 왔기 때문에 우리 문화를 모르잖아요. 아이들이 자라는 데 엄마의 이해가 필요하고 때론 엄마가 가르쳐 주기도 해야 하는데 아무것도 모르고 있으면 어떻게 소통이 되겠어요. 결혼 이민자 여성을 위한 교육이었지만 그 자녀들을 위한 소통의 통로로 교육을 시작하게 된 거지요. 우리 문화를 교육하러 들어갔다가 그들과 먼저 한국어 소통이 되어야겠기에 무용 전공자가 한글을 4년 반이나 교육했어요. 한글과 한국 전통문화를 함께 교육하게 된 거지요. 그때 당시에는 다문화가정 교육센터가 없었거든요. 누군가 그들에게 봉사를 하지 않으면 아무것도 배우지 못하는 상태였지요. 교회 목사님들이 한글 교육에 많이 힘을 쓰시기도 했어요. 교육하면서 이것저것 사연을 들으니 동네 분들과의 소통이 문제였어요. 거의 왕따 수준이었지요. 이 문제를 고민하다가 문화 교육을 동네 분들과 결혼 이민자 여성들과 함께 하는 장을 만들었지요. 그 수업 반응이 좋았고 성공적으로 이루어졌어요. 동네 분들과 문화 교육을 받으면서 행복했던 소감을 물었는데 말은 통하지 않지만 악기(장구)라는 도구를 통해 함께 같은 박자를 두드리면서 통일감을 느꼈고 그 계기로 서로 친해져서 좋다고 했어요.

김정희 진도군립민속예술단에 들어갔잖아요. 거리의 춤꾼으로 살다가 제도권에 들어간 이것이 하나의 발전일 수도 있고 좋은 점도 있고 갑갑한 면도 있을 수 있을 텐데, 그것을 지역 문화에서 예술이 어떤 모습으로 있어야 하는가에 대한 선생님의 생각과, 그 정신을 실현하는데 어떤 게 더 유익한지, 혹은 어려움이 있다면 어떤 것인지 이야기해 주세요. 거기 들어가신 지가 얼마나 되셨지요?

김영자 2012년 4월에 위촉을 받았어요. 그 전에는 비상임제를 했었는데 상임 단원이 시행된 지 1년이 아직 안 되었어요. 진도와의 인연은 1997년 고 박관용 선생님께 진도북춤을 배우러 다니면서였어요. 남도잡가 예능보유자이신 강송대 선생님께 민요도 조금 배웠구요. 이렇게 진도는 찾아가서 연구하고 배운다 생각했지 취직이 될 거라고는 생각도 못했죠. 상임 단원을 군단위에서 뽑는 곳은 아직 없으니까요. 진도군이 큰 예산을 들여 문화유산의 가치를 크게 평가하였다고 보아야겠죠. 여기 들어오기 바로 전에 문화 예술 강사를 지원했었어요. 최초로 예술 강사가 4대 보험 혜택 받으면서 학교 강의를 할 수 있는 조건이기에 예술인이라면 누구나 지원을 할 정도로 많은 예술인들이 지원을 해 경쟁률도 엄청났어요. 전국에서 초중등 강사 68명을 뽑았는데 저는 중등교육을 신청해서 합격을 했어요. 거리의 춤꾼으로 살아도 뭔가 생계유지는 해야 하잖아요. 하고 있던 학원과 학교 강의를 하면서 민속학적인 것들이 사라지기 전에 공부해야지 하고 마음을 정리하고 있는 와중에 진도에 민속예술단 상임을 뽑는다는 정보를 들은 거예요. 바로 응모하게 됐죠. 합격을 했고 덕분에 어렵게 들어간 학교와 학원을 그만두어야 했죠!

학교 강사를 하면 자기가 수업한 시수만큼 급여가 나오지만 진도군립민속예술단에 9급 일호봉으로 들어가 보너스도 없이 생활하기는 턱없이 부족하고 배고픈 생활이에요. 일년 연가도 2일인데, 이를 고민 안 했다면 거짓말이겠죠. 그래도 그 가치에 올인했어요. 민속의 군락지 진도에서 그만큼이라도 받으면서 일할 수 있다는 게 기쁜 거죠. 오히려 수업료를 내면서 배워야 할 판국에요. 저에게는 공부할 수 있는 좋은 기회가 마련된 겁니다. 제가 추구하는 것은 거리의 춤 마당굿판이잖아요. 거리에서 사람들과 공유하고 보고 하는 그런 것을 진도 민속예술단 단원들은 지금 무대에서 공연하는 거지요. 진도를 방문한 관광객들이 공연장을 찾아와 진도가 아니면 볼 수 없는 보배로운 공연을 보고 가요. 진도가 관광객이 가서 볼 수 있는 테마촌 같은 그런 체험 무대는 아직 부족한 것 같아요. 나중에는 관광객들도 직접 못밥을 먹으면서 들노래 공연 정도는 볼 수 있는 기회가 주어지면 더할 나위 없이 좋겠지만요. 무대 예술이라는 게 꼭두각시 같고 어색하고 제한되어 있어 답답하고, 누구나 느끼는 안타까움이지요. 하지만 이 자체도 없으면 진짜 우리 민속이라는 것이 없어져 버리겠구나! 하는 그 생각에 다시 감사함을 느꼈죠. 그렇잖아요. 진짜 이제 다 없어져 가는데 그나마 진도에서 토속 민요, 남도잡가, 진도 북춤, 다시래기, 씻김굿, 진도만가, 조도닻배노래, 들노래 등을 보존하고 있으면서 이를 공연을 통해서 시연하고 있으니까요. 이런 공연들을 현장 체험

하면서 조도닻배노래는 바다에서, 들노래는 논에서, 씻김굿은 천막 아래서, 무대조명이나 마이크 없이 사람들이 귀 기울이지 않으면 못 들을 테니 최대한 가까운 거리에서 하면 좋겠죠! 옛날 방식 그대로요. 어디까지나 제 생각이지만요. 진도는 군 전부를 무대로 사용해도 될 만큼 예술인에게 자연환경이 갖추어진 깨끗한 섬이에요. 누구나 반할 수밖에 없는 그런 섬이라고 할까요. 그런 진도에 문화유산까지 곳곳에 있으니 대한민국에서 세계 브랜드로 내놓아도 손색이 없을 정도로 가치가 있는 곳이지요. 이제까지 제가 제도권에서 수박 겉핥기식으로 배웠던 그 부분을 진도에 가서 깊숙이 배우고 있어요. 지금 많은 공부를 하고 있다고 보면 돼요. 이론으로 한계가 있었던 것들을 재정립할 수 있는 기회이기도 하구요. 젊을 적 그 좋은 조건 다 포기하고 시골에 머물며 해남에 미친 여자로 불리며 굴곡의 세월 보내다가, 민속예술단에 들어와 연구하고 공부할 수 있는 기회가 주어져 얼마나 감사한 일인지, 무용계에 있으면서 가장 큰 수확이라고 생각해요. 배우기 위해서 배고픔은 참아야 한다고 생각해요. 거리에 나가 저 혼자 추는 춤도 중요하지만, 함께 거기에서 뭔가 부둥켜안고 있는 그 자체, 뭔가 그들과 함께 섞여 있으면서 끝까지 민속적인 우리의 것을 같이 공연하고 그것을 지키려고 노력하며 함께 서 있고 싶은 거지요. 그곳에 소속되니까 거리의 춤과 소박한 사람들을 찾아가 공연을 했던 것들은 제한되어 버렸죠. 그건 어쩔 수 없지요. 그런 것이 좀 아쉽죠. 소속된 직장이라는 틀과 규정이 있으니까요.

옛날 토속적인 그런 것은 많이 사라졌어요. 왜냐하면 편안하게 장단으로 했던 것, 그런 것이 다 빠른 장단이 되어 버렸다든가 하는 식으로 변했어요. 저희 어머니가 진도아리랑 불렀을 때는 뭔가 오염되지 않은 옛날 그대로 부르니까 사람이 편안하잖아, 악기가 있어서 장단을 쳐 준 것도 아닌데 그냥 진도아리랑만 부르고 홍타령만 불렀는데 아주 편안하고 좋았잖아요. 그런 관계가 소통이거든요. 대화일 수도 있고. 그런데 공연화하니까 그 무대의 규격에 맞게 하다 보니까 너무나 답답한 거지요. 그리고 사람이 뭔가를 할 때 대화하는 것처럼 편안한 마음이 서야 하는데 서로 긴장하고 그러다 보니까 누군가에게 물을 대접하려고 갔다가 엎어 버린 것 같은, 뭔가 말로는 표현할 수 없지만 관객에게 전달되지 못하는 뭔가를 느끼니까 이게 너무 답답한 거지요. 옛날처럼 길에서 논두렁에서, 잔치 나면 그 집터에 앉아서, 마당에 앉아서, 마루에 걸터앉아서 누가 잘하니 못하니도 없이, 노래하면 따라하고 그렇게 휴식을 가져다 주던 것을, 지금 무대에서 하다 보니까 그게 어색하고 답답하고 그런 거라고 생각해요. 이 시대를 살고 있는 우리로서는 어떻게 할 수 없는 거지만요. 현 시대가 변해서 그런 건데, 우리가 보존하려는 마음만 있다면 다시 우리가 돌아가지는 못하더라도 원형에 가까운 그런 것은 생각을 하고 있어야 한다는 거죠. 편안함이 사라져 버린 예술 세계, 안타깝고 짠한 현실은 예술인만이 아닌 우리 모두가 풀어야 할 숙제라 생각해요. 과학 문명의 불편함이 여기저기 혹처럼 볼록볼록 돌출되면서 예술세계도 괴물에 가깝게 변해 간다고 해야 할까요. 이런 속에서도 한 가닥 지푸라기라도 잡는 마음으로, 나라도 도망가지 않고 버티고 있으면 처음 편안한 마음으로 다시 돌아갈 수 있다는 그런 결과를 기대하며 견디고 있는 거지요.

김정희 공연 예술의 한계를 절감한 선생님으로서는 심적으로 많이 힘들겠어요.

김영자 우리가 왜 야외 공연을 하냐면, 공연은 관객에게 뭔가 전달을 해야 하는데 무대라는 유리벽을 놓고 그 안에서 뭔가 삐에로처럼 움직이는 것 같은 느낌이 들기 때문이지요. 조명, 음향, 마이크, 그 자체가 거슬리는 거죠. 안의 무대보다는 밖에서 하늘과 땅이 하나 되어 그 기운을 받으면서 함께하는 자리가 되었으면 하는데 못 그러니 답답함이 이루 말할 수 없는 거죠. 관객들도 공연자도 편하지가 않은 상태죠. 언제부턴가 우리 문화의 흐름이 편하지 않은 상태의 방향으로 흘러가고 있는 거지요. 저는 그렇게 보고 있어요.

김정희 어떻게 돌아갈 수도 없잖아요? 어떻게 할 수 있을까요, 물론 방식이 바뀌면 되겠지만….

김영자 공연 방식이 바뀌면서 지금은 밖으로 많이 나왔어요. 지금이라도 밖으로 많이 나와서 마당에서, 거리에서 이렇게라도 자연 가까운 위치에서 하는 것밖에는 다른 방법은 없어요. 계속 그렇게 과학 문명과 상업주의의 테두리 안에서 하는 게 아니라 자연 가까운 곳으로 나오기를 반복하며 자꾸자꾸 바뀌어 가야죠. 해를 보지 못한 식물이 사는 거 보셨어요? 해를 보지 못하면 금방 죽어 버려요. 사람도 마찬가지지요. 우린 이미 죽은 삶을 산 사람이 사는 삶처럼 착각 속에 사는지도 몰라요. 본연의 우리 전통문화가 살아남게끔, 포장을 하지 말고 편안하게 그렇게 가야지요. 우리 전통 방식대로요.

김정희 그렇게 하면 지금의 이런 공연 틀도 괜찮을 것 같아요?

김영자 바뀌어야죠. 그런데 이런 생각을 많은 사람들이 하지 않는 거지요. 계속 혼란 속에 있어요. 물론 아스팔트 위에 어떻게 씨를 뿌리겠어요? 콩이 나겠어요? 팥이 나겠어요? 우리 본연의 마음이 흙인데 그 흙을 이미 과학 문명이란 시멘트로 많이 덮어 버린 거죠. 자꾸자꾸 꿈틀대는 생명들을 덮어 버리니 건조해진 그 상태에서 무엇을 해도 답답함을 느끼는데, 말로 표현을 못하죠. 말로는 표현을 못하지만 다들 뭔가 걷어 내야 한다는 건 알고 있지요. 잠자다 가위에 눌린 것처럼 덮고 있는 무게가 크다는 걸 다 느끼고 있으니까요. 우리 본연의 것은 진짜 밑의 땅인데 그런 것들이 차츰차츰 시멘트로 덮여서 숨을 쉴 수 없듯이, 문화 자체도 세상 혼탁한 테두리로 둘러져 숨통이 막혀 온다고 해야 하나? 문화 공연도 그래픽이나 이런 것들로 전체적으로 포장해서 공연을 하고 있거든요. 전자파가 사람한테 해롭다는 것은 다 알아요. 전자파는 생명과 생명끼리의 교감에 아무 도움을 안 주니까요. 우리가 원하는 것은 소통이 되는 자연이거든요. 요즘 선진국 같은 곳에서는 아스팔트도 다 걷어내고 흙으로 된 길과 산을 복원한다는 기사를 많이 보고 들을 거예요. 왜 그러겠어요? 그들은 이미 자연도 사람과 한몸으로 살아야 한다는 걸 느끼고 그것을 적극 실천하는 거지요. 요즘 거리에 박스 줍는 할머니들이 엄청 많아졌어요. 예전에 어머니들은 자기 땅이 아닌 노는 땅 조금만 있어도 그곳에 콩을 심어 콩 한 쪽이라도 나눠 먹고 살았어요. 그런데 지금은 모든 땅을 시멘트로 포장해 버리니까 뭐를 심어서 먹고 살 수도 없어요. 이제는 시멘트 위에서 모든 것을 해결해야 된단 말이에요. 그러니 박스를 주워 고물 장수에게 팔고 그 푼돈으로 마트 음식으로 곡기를 채워야 하는 현상이 벌어진 거죠. 아스팔트만 조금 걷어낸다면 한 뼘 정도의 땅만 있어도 그곳에 감자라도 심어 먹는다는 거죠. 그런데 그런 땅이 없다는 거예요. 그러니까 우리 예술 문화도 시멘트 포장처럼 포장이 되어 버렸다는 거예요. 생명을 보고 창작하고 생명을 사랑하면서 예술의 가치가 성장 발전해 가야 하는데 우리 몸의 살 같은 흙에 두껍게 깔려진 과학 문명 때문에 예술인에게 가장 큰 소재인 생명이 보이지 않는다는 거지요. 이렇게 가다 보면 우리 본연의 모습은 없어져 버리고 돌출된 혹덩어리만 남고, 그걸 예술혼이라고 부르겠죠, 무대 예술이 다인 것처럼 그러다가 어느 순간 폭발하겠죠. 형체 자체도 없이 말이에요. 왜? 뿌리 없는 나무가 어떻게 오래 살겠어요? 예술의 뿌리는 처음 생명으로부터 시작이라고 생각하니까요.

바다 생명 퍼포먼스 - 갯벌에 누워

김정희 군립민속예술단 공연을 야외에서 하면 안 될까요?

김영자 진도군립민속단원들도 밖에서 하면 좋죠. 그런데 여기는 그런 시스템이 안 되어 있어요. 관광객들이 왔을 때 공연장 객석에 모셔 놓고 공연하고 있거든요. 진도국립국악원이 무대 공연을 하니까 우리 군립민속예술단은 뭔가 차별화된 공연을 하면 좋겠다는 바람이죠. 무대라는 틀을 벗어나 하늘과 땅의 기운이 샘솟는 난장에서 하면 좋겠다는 생각이죠. 진도 문화유산을 찾는 관광객에게도 세종문화예술회관에서 공연하듯이, 도심 속에서 마음만 먹으면 볼 수 있는 그런 공연 말고 꼭 진도에 와서만 볼 수 있는 그런 공연문화가 정착되면 좋겠다는 제 바람인 거죠. 진도는 거리 자체를 무대로 활용한다고 해도 손색이 없을 정도로 좋은 환경이라고 생각해요. 그렇게 해야지 문화유산 보존 가치도 변하지 않고 그대로 보존할 수 있는 큰 계기가 되니까요. 진도에 있는 모든 문화유산은 진도 것만이 아닌 한국의 역사적 문화유산이니까요.

김정희 공연 시간을 지정하는 것은 여행자를 위한 거니까 어쩔 수 없다 치더라도 밖으로만 나오면 훨씬 나은 거잖아요.

김영자 밖으로 나오면 좋죠. 여행자들도 둘러앉아서 보면 좋고요. 이번에 명랑축제 행사 심사를 갔었어요. 그런데 너무 좋은 거예요, 난장에서 판이 벌어지니까요. 열다섯 팀이 강강술래 공연을 했어요. 난장에서 소리가 울려퍼지면서 강강술래를 재현하고, 그런 것을 하루종일 했으면 좋겠더라구요. 우리나라는 아직 축제라는 개념 정리가 안 되었다고 보아야죠. 행사를 즐겨야 하는데 행사를 치르기 위한 축제이니 얼굴에 웃음보다는 피곤함뿐이죠. 외국을 비유해서 죄송합니다만 그들은 축제를 참가해 함께 즐기기 위해 12시간,

하루 꼬박 혹은 이틀 걸려 걸어온다고들 해요. 참여만 하는데두요. 축제를 온전히 우리 것으로 만들고 스스로 절로 즐기기 위해서는 많은 시간이 걸릴 것 같아요. 길을 가다가 보고, 오다가 보고, 스스로 좋아서 남아서 보는 그런 축제 판이 이루어져야죠. 이런 판을 위해서라도 어서 빨리 무대 공연 문화가 거리로 나와야겠죠. 나와서 전시형 문화가 아닌 생명 중심의 문화, 사람만이 그것을 누린다는 개념도 버리고 모든 생명이 함께 공유한다는 방향으로 나아가야 한다고 봐요.

김정희 문화 나눔, 자선 공연 같은 것 많이 하시잖아요. 그 얘기를 듣고 싶어요.

김영자 어린아이들이 불치병에 걸려서 고통을 받고 있는데 내가 다른 것을 해 줄 수가 없잖아요. 저는 춤꾼인지라 춤으로 최선을 다해서 그 옆에 함께 하며 힘이 되어 주고 싶은 거지요. 면에 사는 준영이란 아이가 많이 아팠어요. 다른 분들도 준영이를 돕고 싶어서 포장마차, 일일찻집 등 뭔가를 했어요. 그때 저도 아픈 준영이를 위해 춤이라도 추겠다고 난장에서 맨발로 춤을 추었어요. 내가 공연을 한다는 생각이 아니라 나도 거기에서 같이 준영이를 위해서 함께 하겠다는 의미가 더 큰 거죠. 그때를 생각하니 눈물이 나네요.

김정희 그런 행사를 얼마나 자주 하셨나요?

김영자 어려운 이웃이 있다고 하면 기회가 주어질 때마다 맨발로 달려갔어요. 한참 활동할 때 한 달에 두세 번, 일 년을 합하면 이삼십 차례 정도, 쉴 틈 없이 전국을 돌아다니며 춤을 추었어요. 얼굴 검게 그을린 시골 농민들 더도 말고 덜도 말고 내 몫만 달라는 목소리에 함께 했고, 바른 교육을 하겠다는 전교조 교사들과도, 문화유산 구럼비 바위를 살리겠다는 제주 강정마을, 가장들의 해고로 고통 받는 쌍용과 한진 부산 영도 85호 크레인 희망버스까지 힘들고 지친 이들이 있는 곳은 스스로 다 찾아가 함께 했어요. 그곳을 향해 걸어야만 했던 이유는 지구상에 있는 모든 생명들은 괴롭힘 없이 서로 배려하며 자유롭게 살아야 한다고 생각하니까요. 제 춤의 길이자 방향이기도 하구요.

은행나무를 위한 거리공연

교수님, 마지막으로 은행나무 얘기 들어볼래요. 제가 해남YMCA에 있을 때 2층이 제 연구실이었어요. 2층에서 아래층을 내려다보면 큰 은행나무가 수호천사처럼 건강한 모습으로 서 있었죠. 은행나무를 보면서 사계절 무언의 이야기를 하며 한 식구처럼 지냈죠. 전 출근을 하면 은행나무를 가장 먼저 보았으니까요. 봄가을이 지나 은행나무에 열매가 열리기 시작했어요. 어느 날 부턴가 은행나무 열매를 따기 위해 사람들이 은행나무를 너무너무 때리는 거예요. 은행이라는 것은 때가 되면 땅에 다 떨어지게 되어 있어 인간은 그것을 그냥 주우면 되거든요. 제가 이층에서 그 광경을 바라보는데 가슴이 너무너무 아팠어요. 하루는 내려가서 은행나무 때리지 말라고 애원하듯 사정을 했어요. 은행도 살아 있는 생명이니까 그러지 말라고요. 그런데도 아랑곳하지 않고 또 때리는 거예요. 그런 광경을 보면서 2층에서 울기도 많이 했네요. 나중에는 아예 몇 명이 올라가 막대기로 때려서 싹 따 버렸어요. 인간의 욕심의 정체를 본 거죠. 저 나무 한 그루가 얼마나 많은 일을 하고 사람과 같이 있으면서 알게 모르게 균형을 잡아 주고 그러는데 저게 인간이구나 하는 생각이 들어 회의가 느껴지기까지 했으니까요. 한없이 미안한 마음에 은행나무에게 무언의 약속을 했죠. '내가 어떻게 위로를 해야 할지 모르겠지만 내가 너를 위해서 춤을 출게.' 라고. 제가 은행나무를 위해서 뭘 하겠어요.

금목걸이를 달아 주겠어요, 사람들에게 맞은 만큼 날 때리라고 하겠어요. 춤꾼이니 위로의 춤을 추는 수밖에요. 사람들에게 너무나 억울한 일을 당한 은행나무를 위해 춤을 출 거라고 여기저기 이야기를 했어요. 그날 필요한 흙하고 물을 구했어요. 꽃을 사랑해서 꽃집을 일평생 한다는 옆집 조명옥 선생님께서 누가 북한에서 구해 온 아주 좋은 흙이라고 가져왔어요. 흙은 그곳에서 구하고 물은 해남에서 제일 좋다는 오심재 물을 부어 주고 흙 덮어 주면서 은행나무를 위한 공개 퍼포먼스 공연을 했어요. '은행나무를 위해서 춤꾼인 제가 인간으로서 사죄하는 마음으로 춤을 추노라.' 라는 메시지를 전달했어요. 때마침 YMCA 수련회 참가한 대학생들을 앉혀 놓고 했어요. 내가 왜 이 은행나무를 위해서 춤을 추는가 설명했어요. 은행나무에는 우리가 모르는 더 많은 생명이 그 곳에 둥지를 만들어 살고 있는지도 모르는 일이라고 하면서요. 대학생들도 많은 생각이 오갔을 거예요. 나무의 억울함을 위해 춤추는 사람도 있구나 하고요. 그러고 나서 그다음 해에는 아무도 은행나무를 때리질 않더라고요. 이처럼 누군가 진실로 가슴 아파하며 바른 방향을 위해 걸어갈 때 그 길은 꼭 후세들이 걷기 좋은 아름다운 길이 되어 있으리라 생각해요. 나중에 아주 나중에 우리가 지구를 떠나고 후세들이 이 아름다운 길에 서서 우리에게 아름다운 감사를 전하게 되는, 그런 아름다운 세상을 바라는 겁니다.

04
농촌 살림예술의 지속가능성과
한국 농업의 위기

살림예술이 생태 위기 시대에 한 유력한 대안으로 제시되는 생태마을의 핵심 요소라고 할 때, 이 위태로움을 넘어서서 굳건하게 뿌리내릴 수 있는 방안, 조건은 무엇일까? 그 첫 번째 조건은 예술적 대안이 아닌 농업 살리기라는 것이 3년째 농촌 현장을 관찰하고 있는 내 결론이다. 경제적으로 지속가능한 유기농이나 자연농 수준의 친환경 소생산의 확대는 농촌의 지역예술을 살리기 위한 전제 조건이다.

1. 사라짐의 위기와 생성되는 활력

지역예술가 김영자는 지역예술의 의의를 단순히 예술적인 데 있는 게 아니라 서민들의 역사를 담고 있는 예술이라는 점에서 찾으면서, 그래서 보존되어야 한다고 말한다(본문 31쪽).

그러나 지역예술은 속절없이 사라져 가고 있다. 임진왜란 당시 병영 남자들이 경상도 지역으로 의병을 갔다고 한다. 당시 의병 나간 남편을 기다리는 심경을 담은 민요가 불렸고, 병영에 그 민요를 부르는 한 할머니가 계시다고 하였다. 할머니 민요를 채록하고 싶어 2010년 연락을 부탁했지만, 돌아온 답은 돌아가셨다는 것이다. 가사를 채록해 놓은 것도 노래를 녹음해 놓은 것도, 아무것도 없었다. 이렇게 해서 여성사와 민중사의 한 중요한 '살아 있는 사료'가 사라져 버렸다.

"엄숙하지만 슬프지 않고 무겁지만 골계가 살아 숨쉬는 상여소리"인 신전상여소리는 2007년 제34회 남도문화제에서 최우수상을 받았다.[48] 도는 최우수상을 주었지만 상여소리는 죽을 때 부르는 소리이기 때문에 공연도 쉽지 않을 것이고 따라서 버틸 수 없다고 판단하고 문화재 지정을 하지 않았다. 신전들노래보전회 이영학 씨는 신전 상여소리는 이미 그때 작파되었다고 표현한다(구술 24). 한편 이 문화제에서 상여소리 소리꾼 이정옥 씨는 상여소리를 원형대로 시연해 개인 연기상 수상의 영광을 안았다. 이정옥 씨를 인터뷰하기 위해 찾았을 때, 이정옥 씨 역시 2010년 작고한 상태였다.

신전 들노래 예능보유자 이만동 씨를 찾았을 때도 마찬가지였다. 실을 잣고 천을 짜 온 여성의 유구한 역사를 담고 있는 비자동 베틀놀이 역시 회원들의 고령화로 언제 공연이 멈출지 모른다. 특히 잉아를 걸 줄 아는 할머니는 80대 한 분만이 남았다. 이 분도 치매기가 있어 언제 돌아가실지 모른다. 이를 지역 분들에게 걱정스럽게 얘기했더니 지역 분들은 "에이, 잉애(필자주: '잉아'의 사투리) 그게 그리 끼기 어렵지 않은데…." 하며 넘어갔다. 전통 기술은 대수로운 기술이 아니고 따라서 군이 공들여 배우는 절차가 필요하지 않다는 생각이 주민들 자신에게도 은연중 퍼져 있었다. 공무원에게 얘기해 보니, 그 기술이 뭐 강진에만 있겠냐, 베틀 작업을 하는 다른 지역에서 잉아를 낄 줄 아는 사람이 있지 않겠냐는 반응이 돌아왔다. 요컨대 군이 나서서 잉애 끼는 기술 전승을 위해 뭔가를 할 필요는 없다는 태도였다. 함께 베틀놀이 춤을 추는 60~70대 할머니들도 그 할머니가 돌아가시면 큰일이라고 말하면서, 어릴 적 베틀 작업을 보기만 했지, 해 보지는 않아서 할 줄 모르고 쉽지 않다고 말하면서도 스스로 배울 생각은 하지 않고 있었다. 농사일로 바쁘고 배워 봤자 아무도 알아주지 않는 일이니, 애써서 배울 의욕이 아예 없었다. 지금 하는 베틀놀이 춤도 나이 들어 가면서 흥에 겨워 한판 놀아 보는 굿판이기보다는 힘든 게 곱의 곱절로 다가오고 군에서 하라니 어쩔 수 없이 연명해 가는 판이니, 적극적으로 나서서 잉애 끼우기를 배울 생각은 나지 않는 것이리라.

강진에는 이 외에도 선돌감기(작천면 교동마을), 천제, 풍어제와 갯제, 수백 년 된 나무들에 올리는 당산제 등이 대보름 굿으로 약 40개 마을에서 행해지고 있다. 해남에는 해남문화원 전 사무국장이었던 박필수 씨가 2000년대 초반 조사했을 당시 100여 개 마을에서 이런 굿과 놀이가 행해지고 있었다. 대보름 굿을 할 때면 면마다 있는 풍물 놀이패는 집집마다 돌면서 풍물을 치고 지신밟기를 통해 지난해 액운을 물러가게 하고 신년에는 복이 오기를 기원한다. 마을 풍물은 일제시대와 6·25전쟁 등을 겪으며 한때 단절되었던 것으로 보인다. 그러다가 1980년대 후반 한국 사회의 민주화의 여파 속에서 지역 문화운동이 활발해지면서 마을 단위로 복원되는 경향이 있다. 이때 30~40대였던 마을 청년, 중년 아줌마, 아저씨는 이제 60대 중반, 70대의 할머니, 할아버지가 되었지만 여전히 이들은 대보름, 면민의 날 등에 꽹가리와 북을 치면서 사물놀이를 한다. 한국의 지역예술과 농촌의 소농은 운명을 같이하는 것으로 보인다. 소농에 희망이 없다고 보고 대농과 수출농 위주의 지원 정책을 펴는 것이 국가의 농업 정책이다. 국가의 농정이 성공하는 날 소농은 사라지고 더불어 지역예술도 씨가 마르게 될 것으로 예견된다.

한편, 지역예술이 사라지게 되는 가장 중요한 요인은 마을 단위 품앗이를 사라지게 한 기계농의 도입이라 할 수 있다. 기계농 도입 이전의 공동 노동은 힘든 노동의 수고로움을 잊게 해 주는 들노래, 풍물과 함께했다. 놀아도 노래부르면서 놀았다. 젊었을 때 선소리꾼이었던 해남의 할머니는 할머니가 젊었을 때는 비가 오고 일을 못 나가는 날이면 노래 부르고 술 먹고 놀았는데 이제 노인당에서는 화투만 친다고 말한다. 화투가 재미있다고 말은 해도 "노래 일절 없어."라는 말에는 노래 문화가 사라진 것에 대한 아쉬움이 배어 난다.

옛날에는 노래 부르고 술 먹고 놀았는데, 지금은 화투 치는 것이 일이여. 노인당에서 화투치는 게 일이여, 삼뽕 치지 밤낮. 옛날에는 내에 술 먹고 노래 불렀는데 지금은 노래 절대 없고, 삼뽕 만 쳐. 지금은, 노래 일절 없어. 생전 노래 안 부르지. 화투 치면 시간 가고 재밌어(구술 40).

한편 지역예술이 풍전등화의 위기에 처해 있기만 한 것은 아니다. 지역에는 지역예술이라는 거대한 뿌리의 굵은 줄기를 이루는 마을 단위의 유구한 전통예술과 달리 지역예술의 중간 뿌리라 할 수 있는 다양한 지역예술과 지역예술가들이 또한 존재하며, 이 예술들은 상대적으로 고령화된 지역예술보다는 활기가 있다. 이 예술의 수행자들은 이미 굵은 뿌리 줄기 어머니를 나날이 닮아 어느 순간 이 굵은 뿌리와 하나가 되고 있는 이들이다. 이들은 남도에서 태어나 남도를 떠난 적이 없거나 잠시 대도시 생활을 했지만, 못내 고향이 그리워 혹은 반 강제적으로 고향으로 떠밀려 와, 자각하든 않든 거대한 뿌리의 한 지체인 자신을 받아들이고 자신의 일/예술을 좋아하면서 살고 있는 이들이다. "김광석 노래도 좋지만 우리의 소리가 더 애절하게 다가오고 별 볼일 없어도, 의식적이지 않은 춘향가가 더 다가오는" 것이 이들의 미학이다.

앞 장에서 보았듯이 지역예술을 활기차게 하는 이들은 요즈음과 같은 예중, 예고, 대학의 예술 전문 학과라는 직선 코스를 밟은 이들이 아니다. 그녀들은 생활인으로서 지역예술가가 되었다. 화려한 조명과 무대장치 위의 춤보다는 거리, 논밭, 바닷가에서의 춤을 더 좋아하며 이 생활 현장이 바로 춤의 무대라고 역설하는 한국무용 전문가, 젊은 시절의 꿈을 좇아 자신만의 작품을 만들고 있는 청자 도예가 들이다. 식당 경영자, 보험사 직원, 화장품 강사 등의 이력 속에서도 자신이 좋아하는 것을 발견하고 한길을 걸어 이제는 대상까지 타거나 사회적 기업가로 우뚝 선 도예가, 한지 공예가, 천연 염색가 등과 같이 다양하다. 앞 장에서 독립 사례로 소개하지 못했으나 지역예술의 뼈와 살이 되고 있는 다양한 여성 지역예술 활동이 있다. 강진 도서관은 한지 공예 동아리 회원들에게 넓은 공간을 지원하고 이곳 회원들은 전문가 수준의 작품들을 만들어 내고 있다. 이 책에서 소개하지 못한 또 다른 천연 염색

가는 강진읍 촌 구석에서 염색 체험장을 운영하고 홈페이지도 없고 별다른 홍보도 하지 않지만, 전국에서 알아보고 주문을 해 오는 고급 고객을 갖고 안정적인 운영을 한다. 강진은 최옥산류의 가야금 산조의 가락에 자신의 독특한 가락을 얹어 자신만의 가야금 산조를 만든 함동정월(1917~ 1994년)을 배출했을 만큼, 소리의 고장이기도 했다. 예전에는 강진 귀명창들에게 소리 인정을 받아야 제대로 된 소리꾼이 되던 시절이 있었다. 비록 소리의 고장으로의 명성은 잃었지만, 남편을 따라 귀촌한 한 여성 국악인은 유치원과 학교로 촌 할머니들 강강술래 팀에 소리를 열심히 전수하고 있다. 해남의 경우 이러한 지역예술가들이 자기 기량을 맘껏 펼쳐 내고 주민과 흐드러지게 한판 노는 장을 기꺼이 마련해 주는 〈해남우리신문사〉가 있다.

전문적인 지역예술뿐만 아니라 삶 속에서 예술에 대한 감각이 살아 있고 예술을 가까이 하려는 삶의 태도가 살아 있다는 것, 이것이 남도 문화의 특성이다. 밭 한 구석에 예쁜 수선화를 심고 이제는 쓰지 않는 사기그릇들로 마당한 모퉁이를 장식하며, 집 안팎을 쓰는 빗자루까지 멋들어지게 벽 장식 소품으로 활용할 수 있는 남도민 특유의 생활예술감이 살아 있다. 장사하는 사람도 가게로 서예 선생님, 그림 선생님을 초빙해서 서예, 그림을 배우고, 식당 아주머니는 새벽에 한국 춤을 몇 시간 배우고 나서 식당 문을 연다. 교회 신도인 여성 어민들은 열심히 배운 한국춤 공연으로 부활절을 축하한다. 다산(茶山) 이전부터 야생 차를 덖거나 발효시켜 먹던 이 지역 사람들은 차를 마실 때 차의 향기뿐만 아니라 차 물에 풀어진 찻잎이 훼손되지 않고 본래 녹차 잎 모양이 그대로 살아나야 제대로 된 차로 인정한다. 맛과 미(일고여덟 번의 유념 과정을 거쳐도 제 모양을 상실하지 않은 잎)를 다 살려야 차 명인이다.

이러한 생활예술감과 생활 속에서 예술을 표현하고 즐기는 것은 풍류 속에서 살아온 남도민의 전통에 닿아 있다. 그러나 이를 단순히 전통으로만 설명하기는 어렵다. 들일을 못 나가면 함께 모여 춤추고 소리하던 어머니들 문화 속에서 그녀 자신이 자라기도 했지만, 다시 귀촌해서 끊어지려는 지역 생활예술의 불꽃을 살리고자 마을 밭까지 달려가 여성 농민, 여성 이민 어머니들에게 춤을 가르치고 보급해 온 김영자 씨와 같은 지역 전문 예술가들의 예술적 노고가 있다. 해남에서는 민예총 같은 단체도 6·25전쟁 이후 단절된 줄다리기를 복원해 내는 등, 이러한 매개 역할을 충실히 수행하고 있는 것으로 보인다. 이러한 지역의 생활예술은 여성 노인들이 힘겹게 지켜 오는 오랜 역사의 여성 집단 예술의 지속가능성의 위기와 달리 지역예술의 뿌리를 단단하게 해 주는 또 다른 동력이다.

2. 농촌 살림예술의 지속가능성과 한국 농업

고개를 돌려 현실을 보면, 각광받는 한국 문화는 당당히 국제 무대로 뻗어 가고 있는 K팝이나 국제 영화제의 수상이 낯설지 않게 된 한국 영화이다. 촌구석의 향토색 짙은 지역예술은 한국의 세련되고 진취적인 도시 문화에 소외된 낙후 지역 사람들의 문화적 자위로 보일 만큼 무력해 보인다.

이런 현실에서 생태마을을 현대 산업 문명의 유력한 대안의 하나로 보면서, 생태마을의 한 차원으로서의 살림예술은 주민들의 마음·영성을 고양시키는 역할을 하며, 시골 지역의 지속 가능한 경제의 토대가 될 수 있다는 1장의 논의가 얼마나 설득력을 지닐 수 있을까? 향토·지역예술이 지속가능할 거 같냐는 나의 질문에 해남의 굿쟁이 박필수 씨는 "간장을 당장 먹으려고 하는 건 아니고 3년간은 묵혀 났다, 꼭 먹어야 할 때 뚜껑을 열듯이, (지역예술이) 반드시 필요로 할 거라는 확신은 들기 때문에 지금은 당장에 끊어진 거 같이 보이고 힘이 없어 보이지만 그런 것들을 준비해 놓는 것이 지속 가능한 게 아니니까. '장을 안 담지.' 하면 안 되지요. 내가 담아야지 얻어먹거든요. 줄 수도 있고."라고 답을 해 주었다. 지역예술 보유자의 고령화와 계승할 젊은 세대의 부재를 보며 농촌 지역예술이 지속가능할지에 대한 확신이 서지 않은 내게 박필수 씨의 이 답은 가르침을 주는 답이었다. 도시 문명과 대비해서 보면 참으로 초라해 보이는 준비이겠지만, 극히 소수라도 생태적 대안을 찾을 때 이렇게 살고 행하면 된다는 것을 보여줄 수 있는, 조그마한 뭐라도 해가는 것, 이것이 답일 것이다. 하지만 이 책에서 살펴본 촌에서의 지역예술, 특히 향토색 짙은 살림예술은 보유자들의 고령화와 함께 사라지거나 위태위태하게 간신히 연명해 가고 있고, 이에 대한 불안이 사라지지 않는 것 또한 사실이다.

살림예술이 생태 위기 시대에 한 유력한 대안으로 제시되는 생태마을의 핵심 요소라고 할 때, 이 위태로움을 넘어서서 굳건하게 뿌리내릴 수 있는 방안, 조건은 무엇일까? 그 첫 번째 조건은 예술적 대안이 아닌 농업 살리기라는 것이 3년째 농촌 현장을 관찰하고 있는 내 결론이다. 경제적으로 지속 가능한 유기농이나 자연농 수준의 친환경 소생산의 확대는 농촌의 지역예술을 살리기 위한 전제 조건이다. 경제적으로 지속 가능한 환경 농업 소생산의 월 소득 혹은 소비 수준을 정하는 기준은 경제 전문가들의 논의와 국민과의 공감대 속에서 결정되어야 하므로 여기서는 그 필요성만을 지적한다. 여기서는 농촌 살림예술의 존립 조건이 왜 소생산이고 왜 유기농인가의 두 주제에 초점을 맞추어 논의를 전개한다.

한국의 산업화는 농민을 희생시키는 저곡가 정책 위에서 이루어졌고 급기야 노무현 정부에 와서 농업정책은 6ha 정책으로 불리는 대농으로의 전환을 표방하기에 이르렀다. MB 정부는 '수출농업'과 '돈버는 농업'을 기치로 농식품 수출을 강조하였고 이 또한 대농 위주의 정책이다. 수출액은 애초 목표치를 달성한 적은 없지만,[49] 사실 더 심각한 문제는 농식품 무역역조다. 2011년 10월 30일 현재 농식품 수출액은 59억 355만 7215달러. 반면 수입액은 271억 382만 4926달러. 적자 규모가 212억 26만 7711달러다. 2008~2011.10.30일까지 농식품 수출·입의 정산서는 '-821억 4472만 6065달러', 한국 돈 -92조 9056억 8517만 9515원(2011.12.08일 환율 기준)이다. 2008년 이후 매년 서울시 1년 예산 21조를 넘는 21~27조의 농수산 식품 무역역조가 발생하였다.[50]

이것은 우리의 집과 식당의 밥상을 외국 농산물이 잠식했다는 것은 물론이고, 또 하나의 중대한 사실을 함축한다. 소농의 사라짐, 그로 인한 농촌 마을과 농촌 마을 문화의 사라짐이다. 현재 농민은 전체 인구의 약 8%인데 경제 관료는 농민의 수를 선진국 농민 수준인 3~4%로 줄여야 농업 선진국이 된다고 생각한다. 이에 대해 우석훈은 현재의 농업 정책이 지속되면 장기적으로는 2%도 지키기 어렵다고 말한다.[51] 이러한 전망은 타당해 보인다. 1960년 13만 1936개였던 자연 마을이 2007년 10만 5377개, 2010년 5만 175개로 줄어들었다. 이런 추세라면 20년 안에 한국의 농촌 마을은 거의 소멸될 것으로 예측된다.[52]

2010년 현재 우리나라 65세 이상 노인 인구는 542만 명, 전체 인구의 11.3%인데 농가 인구의 고령화율은 31.8%로 전체 인구의 고령화율보다 약 3배가 더 높다.[53] 이는 곧 젊은 세대가 충원되지 않음을 의미한다. '2011년 귀농, 귀촌 가구 수가 2010년의 4,067가구보다 158% 증가한 10,503가구, 23,415명이고 베이비붐 세대(1955~1963년 출생 세대)의 은퇴가 본격화됨에 따라 이런 현상은 지속적으로 증가할 것으로 보인다.[54] 그러나 이러한 귀농, 귀촌의 증가도 도시로의 재귀환 인구를 고려하면 통계적으로 유의미한 수준은 아니고, 이들 또한 은퇴 세대이므로 농촌 고령화의 대세를 막을 수는 없으며, 출산이 이루어지지 않는 지역의 인구 감소는 필연적이다.

한국이 장기적으로 농업 인구 2%도 지키기 어렵다는 진단이 타당해 보이는 또 하나의 이유는 외국이 농업 인구를 유지하거나 유입하기 위해 동원하고 있는 수준의 정책이 없을뿐더러, 한국은 앞서 언급했듯이 소농의 퇴출을 전제로 하는 대농 위주의 지원 정책을 쓰고 있기 때문이다. 유럽은 제2차 세계대전이 끝난 후 식량 자급을 달성하고 이농 현상을 막기 위해 농업보조금 제도를 포함한 공동농업정책(CAP. Common Agricultural Policy)을 1953년부터 시행하고 있다. 보조금 가운데서도 가장 대표적이고 우리나라에 없는 것이 1946년부터 시행한 '구릉지 농장보조금(HFA.Hill Farm Allowance)'이다. 구릉지 등 농사지을 조건이 불리한 지역에도 농사를 짓도록 장려하고 그 대가로 보조금을 주는 것이다. 이런 조건 불리 지역 보조금은 2004년을 기준으로 EU 25개국의 농민에게 모두 30억7천만 유로나 지원됐다. 영국의 경우 농가 소득의 50% 이상은 이런 다양한 보조금에서 나온다. 최근 EU의 농업 지원 정책에서는 농촌의 환경·경관 보존이 중요한 비중을 차지하고 있다. EU가 2009~2013년에 시행할 공동농업정책 개혁안의 핵심은 생산과 연계된 농가 보조금 규모를 줄이는 대신 근본적인 농촌 개발에 자금을 중점적으로 투입한다는 것이다. 2013년까지 시행되는 영국 농업 정책 목표 중 두 번째 목적은 환경 보전이다.[55] 영국은 농촌 환경 보전의 목적을 '농촌 경관(landscape) 자원의 복원 및 관리를 통해 농촌 경제 발전에 이바지한다.'고 규정했다. 7년간 57억 유로를 지원하기로 한 농촌 개발 예산 가운데 76%인 43억 유로가 농촌의 환경 보전 사업에 투자된다. '농촌 환경'은 영국 농촌 발전의 새로운 패러다임이 됐다.[56] 유럽 제1의 농업국으로 알려진 프랑스 농가도 2005년 기준으로 농업 수입에서 농산물의 직접적인 판매 수익이 차지하는 비중은 14%에 불과하다. 나머지는 정부 보조금이다. 보상 지불이 72%, 환경 지불과 조건 불리 지역 지불이 각각 5%에 이른다. 미국의 경우도 농업 소득의 26%가 직접 지불금

(쌀의 경우는 58%)이고, 2005년 농업 생산액 대비 농업 보조금 지원 규모는 미국 14.6%, EU 22.3%, OECD 국가 평균 15.5%인 반면, 한국은 5.0%에 지나지 않는다.[57]

일본도 농촌 지역의 고령화와 농업 활성화를 위한 대안으로 2012년부터 45살 미만으로 농업을 새로 시작하는 사람에게 비정규직 일본 젊은이(20~24살)의 연간 평균 소득인 212만 엔의 약 70%인 연간 150만 엔을 7년간 최대 1,050만 엔(약 1억 5000만 원) 지원하는 제도를 도입하였다. 이 취농지원 제도는 8,200명의 대상자를 처음 선발할 계획이었으나, 3월 말까지 거의 갑절에 이르는 1만5000명이 지원을 신청했을 정도로 지원이 쇄도하고 있다.[58]

한국은 FTA 대응으로 노무현 정부부터 이명박 정부까지 119조 원을 농촌에 퍼부었다. 식품 산업, 농협, 수출농, 농촌 토목 사업에 대한 보조금 지급으로 하림과 같은 축산 대기업이 형성되었고, 1,000개의 농촌 종합개발 마을이 형성되었지만 농촌 인구는 계속 감소하고 있고 자급률은 계속 떨어져 2011년 22%에 이르렀다. 100% 자급이던 쌀은 자급율 87%로 떨어졌고, 나머지 주요 곡물 자급률도 1% 미만에서 10%대에 불과하다.(보리쌀과 서류 제외)

'식량 안보'라는 말이 말해 주듯, 한국의 낮은 식량 자급률은 매우 심각한 수준이다. 그의 대안으로 최근에 제시되는 방안이 해외 식량 기지 건설을 통해 자급률을 높인다는 것이다. 해외 식량 기지 건설이라는 대안은 매우 위험한 발상이다. 수천 년~1만 년 이상을 온대 식량에 적응해 온 한국 사람들이 우리와 온도대가 다른 지역에서 생산되는 농산물을 주 식량으로 먹을 수 있는지에 대한 영양학적이거나 생태 건강적인 검토가 없다. 또한 식량 기지가 건설될 아시아 각국이 도로와 같은 기반 시설이 구축되지 않은 상태에서 재배된 농산물을 수입하는 데 장애가 없을지, 경제성이 보장되는지에 대한 검토도 없다. 무엇보다도 이러한 발상은 자기 지역의 24절기, 물 때, 바람, 흙,

<표3> 곡물 자급도

연도	계	쌀	보리쌀	밀	옥수수	두류	서류	기타
1970	80.5	93.1	106.3	15.4	18.9	86.1	100.0	96.9
2011	22.6	83.0	22.5	1.1	0.8	6.4	97	6.7

자료 : 식량정책관 식량정책과(「2012년 농림수산식품주요통계」, 300쪽)
주 : 양곡년도(전년 11월 1일부터 당년 10월 31일까지) 기준임. 서류는 감자와 고구마 등을 지칭함.

자기 땅에 적응한 농사의 온갖 노하우, 문화적 앎과 의례와 같은 토착적인 생태적 앎과 문화를 가지고 있는 농민층이 한 사회에서 사라진다는 것의 재앙적 의미를 읽어 내지 못하고 있다.

위의 자급도 표가 보여주듯이 현재의 농업 위기는 밭농사 위기라 해도 과언이 아니다. 밭농사는 여성농이라 할 수 있으며 소농 농사이기도 하다. 자급률을 높이기 위해서 소농, 밭농사, 이를 책임지고 있는 여성 농민에 대한 지원은 필수적이다. 독립 소생산을 하는 소농의 든든한 바탕 위에서만 유네스코 무형문화유산으로 등록된 강강술래도 계속 남도의 각 농촌 마을에서 추어질 수 있다. 최근 유네스코 세계무형문화유산 등재가 확정된 김장 문화도 농촌 문화로 지속될 수 있다. 도시 주부들은 점점 더 김치를 담지 않는다. 공장에서 생산되는 산업형 김치 문화를 유네스코 세계무형문화유산으로 등재할 수는 없다. 인류 무형문화유산의 가치를 갖는 농촌의 장 문화, 김장 문화는 소농을 바탕으로 한다. 이 소농을 바탕으로 이 책에서 살펴본 농촌의 살림예술 문화도 가능하다. 농민이 소작농이 되거나 일일 농업 노동자로 전락하는 것은 곧 플렌테이션 농업의 경우처럼 농민의 노예화를 의미한다. 노예에게서 문화를 기대할 수는 없다. 소농이 안정된 생산과 유통을 지속하는 바탕 위에서 향토색 짙은 지역예술에 자기 세대의 색깔들을 더해 가는 신세대 농민이 뒤를 이을 수 있다.

한편 이 독립 소생산은 유기농이나 자연농 수준의 친환경 농법과 결합될 때 생태마을을 구성하는 살림예술이 될 수 있다. 생태마을은 온 생명의 공생을 핵심 가치로 한다. 흙 1g에는 2억 마리의 미생물이 산다. 새 시대, 새 세대의 예술은 각 존재가 어울림 속에서 자기 자신의 길을 가게끔 촉발하는 감성적·예술적·미적인 감동을 주는 예술이다. 이는 2장에서 살펴보았듯이 생활 속의 예술이며, 각자가 생명이며 생명 아닌 것이 없다는 뭇 생명의 생명성에 대한 자각과 공경으로 합일의 기쁨과 감동을 주는 예술이다. 이는 곧 한국 고대의 '접화군생'(接化群生)의 생명 사상에 닿아 있다. 이러한 생명 미학이 뭇 생명을 학살하는 농법과 함께할 수 없다. 제초제를 뿌린 밭에 씨를 심고 농약을 뿌리는 농법은 접화군생의 농심(農心)을 상실한 농법이다. 낮에는 이 농법으로 농사를 짓고 밤에는 강강술래를 춘다 한들, 그것은 세계무형문화유산으로 지정된 화석화된 과거의 예술물을 형식적으로 공연하는 것일 뿐, 그 춤은 뭇 생명이 함께 하는 대동(大同)의 춤이 될 수는 없다. 이미 함께할 생명이 다 죽어 없어진 불임의 땅 위에서 추는 춤이 어찌 대동의 춤이 될 수 있을까? 선소리꾼 남성 농민이 선창을 하면 후렴으로 여성 농민들이 집단적으로 받고, 마을의 여성들이 베틀놀이 춤을 추면 기꺼이 깃발을 흔들어 주는 보조 역할에 흡족해 하는 남성 농민들의 모습은 전통적인 마을 공동체가 가부장제 위계만 존재하는 사회가 아니었음을 말해 준다. 또한 들노래에서 여성들의 뒷소리가 여성들의 종속으로 해석되지 않는다. 거기에는 공생, 대동의 얼이 또렷하게 작용하고 있을 뿐이다. 그러나 전통 지역예술의 끄트머리를 붙들고 있는 여성, 남성의 이 어울림이 명실상부한 대동의 얼을 회복하기 위해서는 그 노래와 춤에 기꺼이 자신들의 일터인 논밭의 일체 생명들을 초대할 수 있어야 할 것이다. 그럴 때 위태위태해 보이는 흙과 흙의 생명들은 살림예술이 든든하고 단단하게 자기들에게 뿌리내릴 수 있도록 자신의 몸을 내줄 것이다. 이때 온전한 대동이 실현되고, 이것이 바로 생태마을일 것이다.

우리에게 필요한 지역 문화 예술 정책은 연고 없는 도시 문화 단체나 비정규, 반(半) 실업의 문화 활동가들이 지역 문화 사업이라는 미명하에 1박 2일의 일회적인 공연을 마치고 도시로 올라가는 유의 문화 정책은 아님이 분명하다. 우선은 온 생명이 함께 하는 생명 농법으로 농사를 짓는, 상대적으로 안정된 소·중농의 확산을 지원하는 운동적·정책적 바탕 위에서 소멸 위기의 집단 마을 예술의 유지를 위한 응급 처방이 필요하다. 비자동 베틀놀이 춤을 마을 할머니들이 출 수 없는 상황이 임박하고, 이제는 그 마을 주민이 아닌 군 전체 여성들을 대상으로 무용 단원을 선발해서 마을 할머니들이 그나마 뛸 수 있을 때 춤을 전수받아야 할 것이다. 젊은 세대가 거대한 뿌리를 느끼며 자기 세대의 색깔을 더해 그 거대한 뿌리의 잔뿌리에서 굵은 뿌리가 되어가는 과정을 지원해 주는 정책이 필요하다. 예를 들면 젊은 귀농자들이 뿌리를 내릴 수 있도록 단기 지원이 아닌 중장기 전망에서 이들을 지속적으로 지원하는 정책과 단체가 필요하다. 농촌의 전문적인 지역예술도 소농, 중농의 마을이 유지되는 속에서 함께 유지될 수 있다.

그 외 구술자들이 전하는 세세한 정책들은 다음과 같다.

- 할머니들이 노인정이나 마을회관에서 화투만 치게 할 게 아니라 강사를 마을 단위로 파견해서 노래와 춤을 가르쳐야 한다.
- 변방의 지역예술가는 생활 예술가이고 이는 예술을 산업 예술로만 이해 하는 현대 사회에서 문화의 귀중한 뿌리이다. 그러나 이들이 전통 예술 을 유치한 수준에서 재현하는 데 머무르지 않게 하기 위해서는 미학 교 육이 필요하다. 이 미학 교육은 레지던스 프로그램과 같은 타지역 예술 가와의 문화 교류, 지역예술의 가치를 공감하는 전문 예술가들의 참여

형 미학 교육 등과 같이 다양한 방식으로 이루어질 수 있다.

– 관광사업이 아니라 지역예술 자체에 대한 투자가 이루어져야 한다.

– 지역 동아리 문화 활동이 이루어질 수 있는 지원, 예를 들면 동아리 활동 공간을 지자체가 마련해 주어야 한다.

– 향토 지역예술을 문화 자원화 하는 방안의 모색이 필요하다.

– 지역예술가들과 지자체와의 문화 거버넌스가 이루어져야 한다.

우리는 마드리드에 가면 '캉캉 춤'을 보지 않으면 안 된다고 생각한다. '캉캉 춤'은 마드리드 장소성의 일부이며 스페인스러움의 일부이다. 강남스타일로 대변되는 K팝은 서울 장소성의 일부이며 한국스러움의 일부이다. 한국 문화의 핵이면서 이러한 장소의 개성이 서울에만 존재하는 것이 아니다. 촌스러움의 온전성을 그대로 간직한 하노이 공예축제가 글로벌 축제가 되었듯이(신지영, 2011) 한국 사회의 변방에는 촌스럽기도 하지만, 미학적 향상의 가능성에 열려 있으며 그 장소의 개성을 지닌 한국 문화의 원석인 것, 향토색 짙은 지역예술·살림예술이 위태위태하게 연명하고 있다. 디사나야케와 같은 진화론적 예술 이론가나 공동체 예술 활동가들은 예술이 전문가의 손에 있는 것이 아니라 일반 사람들 곁에 있어야 한다고 한다. 변방의 주민들은 근대 전부터 그렇게 살았고 산업화의 400년을 40년 만에 겪은 그 속에서도 여전히 위태롭지만 그렇게 살고 있다. 이들의 자연사와 함께 하나의 박물관이라는 마을과 지역예술은 사라진다. 원석을 보석으로 만들 수 있는 시간이 많이 있다고 보이지 않는다. 오히려 지역예술은 원석이 돌멩이로 내팽개쳐 버릴 것 같은 그러한 지경에 놓여 있다.

생명감수성, 〈가배울〉에서 길을 찾다

나는 이 책에 실린 연구를 진행하면서 한편으로는 50대 중반의 나이에 농촌의 한 마을을 중심으로 생태문화 마을을 만들어보겠다는 '미친 짓'을 시작하였다. 30년을 쉼 없이 달려와 심신이 지쳐 잠시 쉼표를 찍고 나자, 이 나이에 맞게 설렁설렁 하면서 할 수 있는 일이 아니라 20년 혼신을 다해도 성과가 보일동 말동한 일을 시작했으니 '미친 짓'이다. 또 '미치지' 않고는 해낼 수 없을 일이기에 '미친 짓'이다. 이 글은 2013년 2월 16일 여성학과 30주년 행사에서 발표한 내용으로 내가 왜 이 연구를 시작했고 왜 〈가배울〉이라는 단체를 만들어 남도 생태 지킴이를 자처하고 나섰는지를 보여줄 뿐 아니라 이책의 내용을 압축하고 있다는 생각에서 에필로그로 소개를 한다.

이 자리에 앉게 되어서 기쁘고 감사합니다. 불교 공부를 하면서 불교가 저한테 굉장히 힘을 줬던 게 중심이 따로 있고 주변이 따로 있는 게 아니라 하나하나가 중심이라는 거였어요. 그게 굉장히 힘을 줬어요. 오전에 동문들 발표를 들으면서 동문들 하나하나가 중심이고 빛이 났어요. '그래 나도 이따 발표할 때 저럴 수 있을까? 아마 되겠지.' 그러면서 올라왔습니다. '생명 감수성, 〈가배울〉에서 길을 찾다' 이건 사실 제가 붙인 제목이 아닙니다. 이게 어떻게 보면 건방진 제목인데 조순경 선생님이 붙여 주셨습니다. 원래 제목은 '농촌 문화와 농업의 위기', 뭐 이런 맵시 없는 제목이었어요. 생명 감수성으로 농촌의 여성 문화를 보다가 이 농촌의 여성 문화라는 게 농촌의 위기, 마을의 위기와 맞닿아 있다는 메시지를 담은, 이런 재미 없는 제목이었습니다. 조순경 선생님이 이런 제목을 멋있고 근사하게 고쳐줬는데 이 제목에 맞게 발표할 수 있으면 좋겠습니다.

이 생명 감수성이라는 게 저한테는 방법론이요 전환입니다. 불교를 공부하고 수련을 시작하면서 입장론을 버려야 된다는 게 제일 먼저 다가왔습니다. 그건 저한테 굉장한 고통이었습니다. 남성 중심 질서와 주변부 여성 질서가 성차별적으로 구조화되어 있는 질서 속에서는 주변인 여성의 입장에서 보고 행동할 때 그 인식과 행동이 객관적이라는 입장론이 너무 팽배할 때였습니다. 그렇기 때문에 입장론을 넘어서는 방법론에 대해 누구와 담론 토론을 할 수도 없었습니다. 혼자 씨름할 수밖에 없었습니다. 그렇게 몇 년 혼자 서구 생태주의와 유불선 동양철학을 공부하면서 내린 결론이 영성이고 마음에 정초하는 학문입니다.

학문이 수행도 아닌데, 이걸 어떻게 사회과학적으로 받아들여지게 할 수 있을까 굉장히 고민하다가 생명 감수성이란 걸 들여온 겁니다. 2005년에 발간된 제 책 『생명여성정치 전망』 48쪽에서 55쪽에 걸쳐 생명 감수성을 말하고 있습니다. 거기서 저는 생명감수성을 '만물이 차별 없는 생명 가치를 지니는 생명이라는 것을 지식적으로 아는 것이 아니라 체험적으로 아는 것이고 체험적인 앎은 지행(知行)이 통합적으로 체질화되어 있음을 의미한다.'고 정리하였습니다. 그런데 대개 우리는 항상적으로 온전한 생명 감수성을 유지해 가지는 못합니다. 기독교적으로 보면 사랑의 부족이죠. 불교적으로 보면 탐진치(貪瞋癡) 삼독심 때문에 늘 여여(如如)한 부처가 못 됩니다. 그렇기 때문에 생명 감수성 자체보다는 '성찰적 생명 감수성'이 현실적인 방법론의 기초가 됩니다. 이것이 입장론과는 어떻게 다르냐 하면 '내가 누구를 대변한다거나 어느 입장에 서겠다.' 이런 소리를 감히 못하는 것이죠. 왜냐하면 내가 가진 계급적 기반을 내가 버릴 수 없다는 것을 자각했기 때문이지요. 내가 연구교수라는 타이틀 이면에 학진에서 급여를 받는 비정규 지식노동자였음에도 불구하고 가족 단위로 보면, 돈을 조금만 벌어도 하루하루 밥 먹는 거, 잠자는 거 걱정하지 않아도 되고 내 아이에게 부모의 자식 교육 의무라는 명목으로 하층 계급에서는 불가능한 교육비를 쓸 수 있는, 기득권을 가진 입장에 위치해 있다는 것을 자각하는 것이죠. 온전한 생명 감수성은 마더 테레사라든가 이태석 신부쯤 되면 말해 볼 수 있을 것 같습니다. 우리가 이분들처럼 온전한 생명 감수성으로 살아가지는 못하지만, 그래도 공생의 욕구를 완전히 저버린 건 아니잖아요. 공생에 기여하는 무언가를 하지 않으면 양심에 가책이 느껴지잖아요. 그래서 노력한다는 거지요. 이렇게 되면, 자기가 한계 속에서 공생을 위한 노력을 할 뿐이라는 것을 자각하게 되면, 사람이 겸손해지고 기다릴 줄 알게 되는 것 같아요. 이게 저의 방법론이구요.

〈가배울〉을 하게 된 것은 이화여대 한국여성연구원 연구교수로 있을 때 문광부의 양성평등 지역문화 확산사업(2008~2009)을 한 것이 계기가 되었습니다. 저한테는 물론이고 지역 여성문화의 발전이라는 측면에서 굉장히 좋은 프로젝트였는데 MB정부 들어와서 없어졌습니다. 컨설팅 책임자로서 자주 지역에 찾아가면서 백문이불여일견(百聞而不如一見)이라고 현장을 보게 된 거죠. 산업형 공장이 없는, 수십 년 근대 발전에서 소외된 오지, 소외되었기 때문에 유지된 장소성, 즉 장소가 가진 개성을 본 거지요. 도시 문제 중의 하나는 도시의 개성이 상실됐다는 거잖아요. 이와는 달리 남도 문화라는 그 거대한 뿌리를 느끼게 된 거지요. 그다음에 자연이죠. 전 서울에서도 늘 산 밑에서 산 사람이거든요. 자연이 주는 평안함을 가까이 하면서 사는데, 도시를 떠나 남도의 길을 걸으면 한 시간만 걷다 보면 심신이 확 깨어남을 느끼는데 그 편안함, 하여튼 그건 말로 표현할 수가 없습니다.

그래서 연구를 시작했는데 현지 조사를 위해 한 달을 방을 빌려 숙박을 하는데, 동네 논밭 가에 풀들이 제초제를 뿌려 다 죽어 누렇게 되어 있는 거예요. 이 축복받은 자연의 땅에 생명을 몰살시키는 제초제라니…. 친환경 농사를 해야 하는데…. 그런데 친환경 농사 해도 도시에서 온 중간상인들에게는 친환경 농산물 인정을 받지 못한다는 거예요. 풀 뽑고, 벌레 잡고, 친환경 퇴비를 만들어야 하는 등 땅이 완전히 살아나기까지는 한 5년은 관행농보다 몇 배 더 힘든 친환경농의 수고로움이 인정받지 못하는데 누가 친환경을 하겠어요? 그래서 친환경 농사를 하라고 하면서 직거래를 연결시키자는 취지에서 가배울을 만들어 남도 공정여행을 진행하면서 여행객들을 직거래 고객으로 연결시키는 일을 시작하게 된 거지요. 2010년부터 시작해서 그동안은 고추, 배추, 차 등을 이 농산물들이 수확될 때 중심으로 직거래를 했어요. 그러다가 2013년 2월부터 한 달에 한 번 신청자 회원들에게 농산물을 정기적으로 보내주는 꾸러미를 시작합니다. 여행을 하고 나서 여행객들을 그냥 보내지 않죠. 직거래로 연결시키려 하고 그 방법으로 꾸러미를 선택한 거지요. 당신들이 쉬고, 힐링하고 간 이곳의 땅을, 그 땅 속의 지렁이와 미생물을 살리는 데 동참해 달라는 거지요. 직거래 지원 사업을 통해서 도시 친환경 소비자 네트워크를 구축하고 이 네트워크는 남도의 친환경 공동체를 만들어가는 원군이 됩니다. 도시 300가구가 농가 6~7가구에서 10가구를 친환경 농가로 바꿔가고, 남도 아짐과 할머니의 손맛을 살려 가고 하나의 박물관보다 더 가치 있다는 농촌 마을을 살려 갑니다.

이런 문제의식을 갖고 옛길을 찾아 걷는데, 논길 가운데를 벼들한테 미안해하고 감사하면서 걸었습니다. 탐사하면서 너무 행복하죠. 현장을 자주 가면서 보게 된 것이 이분들이 풍물을 참 자주 친다는 거였어요. 여기가 서울보다 부익부 빈익빈이 더 심할 수 있습니다. 수출 농업을 하는 사람들은 몇 억을 벌고, 소·중농에게는 그 많은 농업 보조금도 그림의 떡이지요. 소·중농은 현금은 귀하지만 자급자족농이라도 하는데 읍에 살면서 농사도 안 짓는 서민들 삶은 더 팍팍하죠. 여자는 식당 일, 학교 통학버스 아르바이트 등 일자리라도 있지만 남자들에게는 일자리가 더 귀합니다. 그런데 풍물을 자주 치는 거예요. '저 사람들이 이 팍팍한 삶에서 어떻게 풍물을 저렇게 자주 칠 수 있을까?'가 제가 첫 번째 가진 의문이었습니다. 그래서 무슨 작업을 했냐면 예술이란 게 뭐냐를 공부를 합니다. 이 연구가 담긴 책이 출판사에서 곧 나올 건데요, 그래서 도달한 결론이 예술도 결국 종교와 마찬가지라는 겁니다. 인간이 소외·분열되면 불행해요. 근데 소통하고 합일될 때 행복한 거예요. 예술도 그거 더라구요 이렇게 안 하면 못 사는 거죠. 괴로운 현실에서 어떻게든 합일의 경험을 해야 하는데 예술이 그 합일의 경험을 주는 거지요. 풍물은 서민들이 현실의 난장판에서 잠시 쉴 수 있는 초월·합일의 시공간을 제공합니다.

그다음에 이곳에 차문화가 서민 문화로 자리잡고 있습니다. 여러분 보이차를 굉장히 비싸게 사 먹으시죠? 여기는 할머니들이 보이차를 떡차라고 해서 만들어 먹는데 이게 전혀 브랜드화가 안 되어 있어요. 보이차는 우리는 없고 중국 차라고 알고 있는데 우리 역사에서 보면 삼국시대, 아마도 그 이전부터도 내려왔다고 보입니다. 이런 보석 같은 자원들이 있는데 그런 것들이 그대로 있는 거구요. 또 5천원 짜리 밥상에 나물이 십여 가지가 나옵니다. 풍성한 남도 인심을 느낄 수 있어요. 근데 이 식당 할머니는 딱 11시부터 1시까지만 식당을 하고 문을 닫습니다.

또 여성들의 집단 예술이 보존되고 있습니다. 군동 비자동 마을 할머니들은 아직까지 베틀놀이라는, 마을 여성들이 모두 참여하는 춤을 축제 때 추십니다. 80년대 중반, 아마 그 이전부터 있던 것을, 산업화 되면서 없어져 가니까 한 공무원이 마을 전 여성들, 그 당시는 60여 명이었다고 하는데, 이 마을 여성들과 함께 베틀놀이라는 춤과 노래 공연을 시작했어요. 그게 지금까지 이어져 오는데 자연사하면서 인원이 줄어들면서 지금 40여 명 남았습니다. 그런데 저 베틀이 손베틀입니다. 저 손베틀은 일제시대 때 기계래요. 그런데 제 짐작으로는 일제시대 손베틀은 삼국시대 때 손물레에서부터 내려오는 그 형태의 물레라고 보면 될 거라고 생각합니다. 지금의 물레는 기계 베틀로 좀 바뀌었죠. 그런데 이것이 할머니들이 돌아가시면서 자연적으로 사라지게 될 수 있죠. 그다음에 이제 강강술래가 살아 있습니다. 아직도. 옛날에는 마을마다 있었는데 지금은 아홉 개 마을이 합쳐서 겨우 하나의 강강술래를 구성합니다. 여행 온 우리한테 밥해 주다가 싹 한복 치마, 저고리로 갈아 입고서 강강술래를 하는데 아이들이 너무 흥겨워합니다. 우리들 중 자기 손자가 생겼을 때 이만큼 아이들을 기쁘게 해 줄 수 있는, 그런 능력이 있을까요? 이런 체험은 아이들한테 원형적인 경험이 될 겁니다.

　문인화는 과거에는 남자들만 했었죠. 근대화의 여파로 여자들도 하게 되었는데 젊어서는 소를 키우신 여성 어르신이 자식들 키우고 여유가 생기시니까 이렇게 문인화를 배워서 이제는 문인화 강사를 하시고 예순이 넘은 나이에 대학 미술학과에 진학하셨습니다. 강진은 고려청자 도요지였습니다. 요즘은 여성 도예가들이 활동을 하십니다. 이 시골에서 작품 활동을 하면서 자기 작품을 중앙박물관에 내기도 합니다. 자연이 본연의 무대라며 들, 바닷가, 배추밭, 시장통, 절의 앞마당 등등, 거리·야외 공연을 해 오신 멋진 한국 무용가가 해남에 계십니다. 요즘 진도국립민속무용단에 들어가셨는데 무대에서 공연한다는 걸 너무 갑갑해합니다. 이분은 무대 공연을 죽음 공연이라고 정의합니다. 요즘 도시에서는 자연 염색이라고 나오는 제품들이 있습니다. 그거는 사실 화학 염색입니다. 남도에는 정통 천연염색을 하시는 분들이 계십니다. 경상도는 대부분 자연 염색으로 갔습니다. 황토 가루 넣어서 큰 드럼세탁기 돌려서 딱 나오면 그걸 자연 염색이라고 파는데 그건 천연염색 아니죠. 천연 염색은 제가 하시는 분과 인터뷰를 했는데 발이 엉망입니다. 그래서 사진 찍자니까 차마 그건 못하겠다고 하세요.

무위사에는 마고상이 있습니다. 강진에서는 미륵, 여자 미륵이라고 합니다. 전 이걸 딱 보고 나서 마고라고 불렀습니다. 『부도지』라는 책이 마고신화의 책인데요. 설문대 할망도 마고죠. 이 연구를 계속하시는 분이 미국에서 활동하시는 황혜숙 박사입니다. 책들이 영문이라서 소개가 안 되고 있어 안타까운데요, 사실 한국의 거대한 마고 신화는 율려라는 우주적인 음악으로 이 세상을 창조합니다. 너무 근사해요. 제가 이 신화를 읽어 보고서는 '아 이런 근사한 신화가 있었다니' 감탄할 수밖에 없었습니다. 저는 이 마고를 읽지도 이해하지 못하는 우리는 토착 페미니즘을 시작하지도 못했다고 생각합니다. 미륵이란 거는 오십육억 칠천만년 후에 와서 인간을 구제한다는 보살입니다. 자기가 부처되기를, 인간이 부처될 때까지 미루는 겁니다. 이 미륵보살인데 영락없는 푸근한 남도 아짐의 얼굴 형상입니다. 그런데 재미있는 건 80년대 없앴던 절의 산신각들이 다시 생겨났다는 겁니다. 절의 산신각들이 80년대에 사라집니다. 새마을운동 하면서 무속이라고 하면서 탄압했지요. 근데 요즘 다시 다 들어섰어요. 그래서 요즘의 삼신각의 그림들은 최신 건데요. 산신각이 없어지니까 할머니들이 절에 안 오는 거예요. 그래서 다시 생깁니다. 그래서 이게 화석화된 신앙이 아니라는 거죠

마지막으로 제가 발견한 게 음식입니다. 음식 얘기하려면 너무 긴데 '김

치와 김장문화'를 지금 우리 정부가 유네스코 세계 무형문화재로 등재하려고 신청하려고 했는데 아직 못한 것 같습니다.(2013년 등재 확정됨) 정부가 '김치와 김장 문화'를 세계문화유산으로 자각했다는 소리인데, 그런데 획일화된 균일한 맛을 내는 산업형 공장 김치가 세계문화유산이 될 수 있을까요? 세계문화유산은 손맛입니다. 그 손맛을 누가 지키고 있냐? 농촌 마을의 아짐과 할머니들이라는 말이지요. 이런 점에서 농촌의 해체는 곧 한류 문화의 핵이 해체되는 것이기도 합니다. 2007년에 10만 개가 넘었던 마을이 5만 몇 개로 줄어든 상태고 내가 현장을 보면서 느끼는 건, 딱 15년 남았다는 거예요. 쌀 뺀 나머지 농산물 자급률은 1~10% 대입니다. 요 자급률을 누가 지키고 있냐면 마을의 밭농사를 하고 있는 60대 이상의 아짐, 할머니들입니다. 현실이 이런데도 식품산업법은 전부 대기업 위주로 가고 있습니다. 인류 무형문화재는 손맛이죠. 수공업이죠. 음식 관련 수공업의 보고가 남도라는 거죠. 왜냐하면 산업화가 안 되었기 때문에, 공기 좋고 물 좋은 곳에 장과 장아찌를 2년, 3년 발효시켜 먹는 그야말로 슬로푸드, 힐링푸드가 지속되어 온 거지요. 그런데 이 세계문화유산의 가치를 갖는 손 문화, 한식 문화를 쥐고 있는 소·중농 여성들의 솜씨를 대물림하려는 정책은 찾아보기 쉽지 않습니다. 김장을 절이는데 소금도 두 번 안 넣고 딱 한번 넣고, 간을 할 때 딱 한 번에 하는데 그 정확한 맛이 탁 나오는 게, 그거는 왜 자개를 하는 공예처럼 그만한 가치가 없는 건가요? 아니죠. 그런데 그분들이 많이 배우지는 못했어요. 잘 해야 국졸이고, 그나마 50대에서는 중졸을 찾아볼 수 있지요. 그런데 이 분들의 가치는 그게 박물관급의 가치를 갖는단 거죠. 이것을 여성학에서 아무도 안 봤던 거죠. 저도 이제 나이 드니까 보이는 거죠. 이 여성 어르신들이 이 손맛들을 어떻게 배우느냐면 시어머니 구박 속에서 배웁니다. 시어머니 입맛이 까다로우니까 그 까다로운 입맛을 맞추려다 보니까 손맛을 기르게 됩니다. 여러 유형을 보는데요. 식당으로 성공한 아줌마 CEO도 있어요. 광주에 가면 귀향정이라는 식당을 가 보세요. 그 식당은 매실 장아찌를 2년 절입니다. 고추장도 전통 방식 그대로 담급니다. 날림 식당하고 다릅니다. 그게 시어머니 구박 속에서 배운 솜씨인데 CEO로 성공을 합니다. 한편 시어머니 구박 속에서 열심히 손맛을 길렀지만, 나이 들어 심신이 지치고 아픈 며느리들도 있습니다.

이렇게 죽 남도 여성문화를 일별해 봤습니다. 요약하자면 '남도문화는 토박이 남도 여성문화라 해도 과언이 아니다. 농업, 농촌 마을이 사라지면, 이 토박이 여성문화도 함께 사라지는 거다.' 라는 겁니다. 임진왜란 때 여기 분들이 경상도로 의병을 갔습니다. 그때 남편을 기다리며 부른 민요가 전수되어 왔습니다. 이 노래 보유자인 할머니가 있다 해서 인터뷰 하려 했을 때 그 할머니가 그 전 해에 돌아가시고 없었습니다. 이렇게 여성 문화가 사라져 가고 있지요.

결론은, 농촌의 문화로 시작을 했는데, 보니까 이는 농촌, 농업의 위기구요, 농업의 위기는 벼농사의 위기보다는 밭농사의 위기입니다. 벼농사는 자급률이 100프로였다가 떨어져서 87프로이구요 밭농사는 감자, 고구마와 같은 서류를 제외하고는 자급률이 1퍼센트에서 8퍼센트 대입니다. 그 밭농사 누가 짓냐면요 여성들이 짓습니다. 굉장히 힘들고 자기들이 힘들게 지어 봤자 보상이 안 됩니다. 그리고 고령화됐고 그래서 농사를 안 짓는 거죠. 일을 할 수 있는 분들은 농사보다는 식당 일, 요양보호사 일 나가서 한 달에 백만 원 버는 게 농사짓는 거보다 낫습니다. 도시에서는 질 나쁜 돌봄 노동이 농촌에서는 밭 농사보다는 훨씬 질 좋은 노동입니다. 정책이 무엇을 살려야 할까요? 수출농이나 대기업 식품 산업에 몇십 억, 몇천 억을 지원하는 FTA 대응 농업 정책이 농촌을 살릴 수 있을까요? 밭농사, 여성 농사의 위기임을 직시하고 여성 소농, 중농을 살리는 정책이 필요합니다. 이분들의 손맛을 브랜드화해 주는 것, 이것이 유효하고 필요한 정책 중의 하나입니다. 젊은 요리사 지망생들이 남도의 손맛을 전수받으러 중단기 귀촌할 수 있는 사회 분위기 조성과 같은 정책도 유효할 거라고 생각됩니다. 그런데 법은 대기업 식품 산업 위치에서 규제 위주로만 가고 있습니다. 중·소농이 사라진다는 건, 24절기를 알고 영농 일지를 쓰고 물 때를 읽는, 가방 끈은 짧지만 토착 지식의 측면에서는 고도의 전문가인 농민, 어민이 사라진다는 말입니다. 이 층의 사라짐이 얼마나 큰 재앙인지 우리 사회는 전혀 예측조차 못하고 있는 듯이 보입니다. 절망적입니다. 이런 절망 속에서 〈가배울〉을 시작한 것입니다.

마지막으로 이제 얼마 전에 경희대 교수님들이 꾸러미를 하는 '달마지 마을'에서 숙박하고 가셨는데 이문재 시인이 칼럼을 하나 썼어요.('고향의 땅 위에 서서', 경향신문 2013.2.7) 그 칼럼에서 "다행스럽게도 대월마을은 '예언의 현장'이었다"라고 써 주셨어요. 너무 긍정적인 시인의 예언을 해 주셨는데, 희망이 있다면 이 마을에 최근 대학을 갓 졸업한 젊은이가 귀촌을 해서 마을 사업의 한 기둥을 담당하고 있다는 것입니다. 내가 오십 넘어 보기 시작한 농촌 마을의 보물을 젊은 나이에 볼 줄 아는 성숙한 젊은이들이 들어오는 농촌 마을, 이걸 이뤄 내면 절망을 희망으로 바꿀 수 있을 것입니다. 그러면 농촌 마을은 예언의 땅이 될 수 있을 것입니다.

부록

베틀놀이

군동면(80년대)

□ 입장

천하 천상에 올라서니

(후렴) 베틀 놀이나 하여 보세

달 가운데 계수 나무 동으로 한쌍 뻗은 가지
일등 대목 디려 다가 굽은 나무 굽우 치고
처진 나무 저리 치고 지었네 지었네
베틀 한쌍을 지었네 틀 놀디 전히 없어
회회 칭칭 둘러 보니 봉당간에가 비었네
봉당간에다 베틀 놓고 앞다리는 높이 놓고
뒷도다리는 얕치 놓고 베틀 다리는 사형제요
개조 다리는 팔형제라 넘어 간다 도투마리

정결 고비로 뒤넘고 슬프도다 원산 소리는
슬픈 고개로 넘어간다 앞내 깽변에 맞어디려
지었네 지었네 도복 한쌍을 지었네
앞짚에 김선부야 우리 선부 안오든가
오기야 오데마는 칠성판에 실려오데
서른 두메 상부꾼들 니다리 발마차
외씨 같은 보신발에 짚세기 신발이 이 웬일
은가락지 찌든손이 상정 막대가 이 웬일
네모 빤듯 장판방에 둘이 자라고 하였건만
한자리가 이 웬일 새별같은 요강 대강
둘이 보자고 하였건만 혼자 보기가 이 웬일
석자 세치 방안 수건 둘이 딱자고 하였건만
혼자 딱기가 이 웬일

□ 인사(원형, 후방 큰절)

〈목화 따기〉

다래야 다래야 주렁 주렁만 열려라
시부모님 중의 적삼 다헤져 간다

(후렴) 해야라 난다 신바람이로구나
대야라 난다 홍이 절로 난다
미영아 미영아 곱게 곱게만 피어라
우리 낭군 외벌 도복 다헤져 간다
다래야 다래야 주렁 주렁만 열려라
시집살이 행주치마 다헤져 간다

미영아 미영아 곱게 곱게만 피어라
금자동이 은자동이 명절 옷감할란다
다래야 다래야 주렁 주렁만 열려라
여우같은 시누이님 채단 밑천 할란다
미영아 미영아 곱게 곱게만 피어라
필베 팔아 전답사고 시부모 봉양 할란다

선소리 여보시요 아낙네들
일동 : 예
선소리 목화는 다 땄으니 집으로 돌아가서 베짜기 품앗이나 하여 보세
일동 : 그러세

〈길 놀이〉(베짜기 장소로 이동)

가세 가세 집으로 돌아가세 일락 서산에 해 떨어진다

(후렴) 가세 가세 품앗으로 가세
　　　 가세 가세 집으로 돌아 가세
　　　 금자동이 은자동이 젖먹이러 가세
　　　 가세 가세 집으로 돌아 가세
　　　 시부모님 우리 낭군 저녁 지러 가세
　　　 가세 가세 집으로 돌아 가세
　　　 베틀 놀디 어디맨가 둘러보러 가세
　　　 가세 가세 집으로 돌아 가세
　　　 팔영살 물레 가락 바로 잡으로 가세

〈베짜기 시연〉(베틀가 테이프)

〈필베 놀이〉

선소리 여보시요 아낙네들
일동 : 예
선소리 금년 길쌈도 다 끝냈으니 우리 다함께 필베 놀이로 한마당 윽씬 윽씬 뛰
어 보세
일동 : 그러세
필베 놀이나 하여 보세

(후렴) 필베 놀이나 하여 보세

이 솜씨가 뉘 솜씨란가
비자동댁 솜씨로세
반필인가 온필인가
마흔자 짜리 온필일세
몇세 보두로 짰다든가
열엿세 보두로 마감했다 하네
필베 팔아 뭣 한다든가
개똥뱀이 산다 하데
짜치베는 뭣 한다든가
행주 치마 진다 하데
　□ 퇴장

베틀놀이소리(청자축제 때)

〈목화 타령〉

잘 피었네 잘 피었네 올 목화 잘 피었네
여름 내내 흘린 땀이 눈송이로 둔갑했네

고울시고 고울시고 부드럽고 화사한 꼴
젊어 내 몸 닮았는가 사월 명월 영락없네

송이송이 맺힌 목화 상강전에 곱게 따서
씨앗이로 실을 빼서 활질하여 성긴 다음

몰대로 곱게 몰아 물레질로 실을 빼서
고무레에 실을 당겨 끝실만큼 가래짖고

밤새도록 보두새에 가느다란 실을 꿰어
화덕 위에 솔질하고 도투마리 감았다가

동지섣달 기나긴 밤 보두질로 실을 짜서
가래베는 옷감하고 짜치베는 수건하고

시집 못 간 시누이님 장농안을 뒤져보소
시집 밑천 가래베는 따로 챙겨 두었으니

오래비댁 험담일랑 잊을 나이 됐소이다
드문세는 제쳐두고 보름세로 내오시오

다듬이질 오두깨질 밤새워 함께하며
부모봉양 시집살이 마다않고 일러줌세

바느질 솜씨 내어 시부모님 옷 지으면
시부모님 홍겨워라 동네방네 맴돌면서

솜씨 자랑 자부 자랑 해지는 줄 모를 걸세
행여 낭군 질투하여 옷 벗어 던지거든

시집갈제 활로탄솜 겹옷질라 감췄다소
둥게야 둥게야 어화둥둥 내 사랑

〈물레 잦는 놀이〉

물레야 자세야 어리빙빙 돌아라

물레살은 팔형제요 건구지는 세 매듭
물레테는 북두칠성 둘렸구나

괴머리 노는 양은 삼신간 노선이요
쇠 좋은 가라소리 발짐싣고 논다네

야담살 물레살은 거미줄로 놀고요
두다리 개머리는 가락타고 논다네

(후렴) 둥게야 둥게야 어화둥둥 둥게야

〈긴소리 베틀놀이〉

긴소리 베틀놀이나 하여 보세
베틀다리 선다리는 이형제요

빙어리는 사형제요 꾸술쿠는 홀애비요
잉애대는 이형제요 눈섭대도 홀애비요

빗자나무 보두집에 참배나무 북에다가
하늘에다 베틀놓고 구름잡아 잉애걸고

왈그닥 달그닥 짜노라니 편지왔네
편지왔네 어디에서 왔는가 서울에서

편지왔네 앞문으로 받아들여 뒷문으로
펼쳐보니 첩이 죽은 편지로세 이내 팔자

한이로다 고깃국도 쓰던 밥이 소금에도
입맛나네 소상때나 갈랬더니 춤추느라

내 못 가고 대상 때나 갈래더니 비가 와서
내 못 갔네

(후렴) 둥게야 둥게야 어화둥둥 둥게야

여보세요 아낙네들 베틀놀이나 하여 보세
해지기 전에 돌아가세 베틀놀이나 하여 보세

목화송이 곱게 따서 베틀놀이나 하여 보세
시앗이로 씨발긴 후 베틀놀이나 하여 보세

활잘하여 솜을 타서 베틀놀이나 하여 보세
동지섣달 기나긴 밤 베틀놀이나 하여 보세

물레질로 실을 뽑고 베틀놀이나 하여 보세
고무레에 합사하여 베틀놀이나 하여 보세

부두세 만큼 실을 날고 베틀놀이나 하여 보세
화덕 위에 불 지펴서 베틀놀이나 하여 보세

기름 발라 손질한 후 베틀놀이나 하여 보세
잉애잡아 베틀에 걸고 베틀놀이나 하여 보세

마실나간 우리 낭군 베틀놀이나 하여 보세
오시기 전에 서너합 베틀놀이나 하여 보세

잠든 애기 깨기 전에 베틀놀이나 하여 보세
왈그락 달그락 서너합 베틀놀이나 하여 보세

댕기다 보면 한가래요 베틀놀이나 하여 보세
날 밝으면 한필일세 베틀놀이나 하여 보세

신나무 오락가락 베틀놀이나 하여 보세
강태공 첨대 닮았는가 베틀놀이나 하여 보세

한시름 잊게 하고 베틀놀이나 하여 보세

세월간 줄 모르겠네 베틀놀이나 하여 보세

둥게야 둥게야 어화둥둥 둥게야

〈베널기 놀이〉

날리세 발리세 미영베를 말리세
가레베는 옷감하고 짜치베는 수건하세

시집 밑천 가레베는 따로 챙겨 두었으니
드문 세는 제쳐두고 보름새로 내오시오

다듬이질 홍두깨질 밤새워 함께하며
우리 손부 짜는 베는 잘도나 짜졌구나

(후렴) 날리세 발리세 미영베를 발리세 둥게야 둥게야
　　　 어화둥둥 둥게야

주석

1 향토예술과 민속예술의 사전적 정의는 다음과 같다: "향토예술은 일정한 지방에서 전통적으로 육성된 예술, 민속예술은 민간에 전해 내려오는 풍습, 습관, 신앙 따위와 결부된 예술을 말한다. 민속예술은 산업화되지 않은 사회에서 대체로 도시와 멀리 떨어져 살고 있는 농부와 목동·뱃사람·기능공 및 상인들에 의해 형성된 예술양식으로 민속예술은 문화적으로, 그리고 대개는 지리적으로 외따로 떨어져 생활함으로써 옛날의 특징을 보존하고 있는 사회적 소외계층이나 소수민족의 예술일 수도 있다"
(http://enc.daum.net/dic100/contents.do?query1=b08m2090b(2010.6.8 다운).

2 Culture/Spirituality: The Cultural/Spiritual dimension of an ecovillage, http://gen.ecovillage.org/about/index.html 2010. 1. 10 다운.

3 화학물질들의 복합오염 현상으로 추정되며 성 교란 작용을 하는 환경호르몬 문제를 가리킨다. 환경호르몬은 특정 화학물질이 생물체 안에 들어가면 호르몬처럼 작용해 성기능을 마비시키거나 자웅동체 현상의 야기와 같이 생리 균형을 깨뜨리는 환경 호르몬으로 작용함이 밝혀지고는 있지만, 수십만 종의 화학물질이 인체에 어떤 작용을 하는지 우리 인간은 아직까지 거의 아는 바가 없다.

4 http://suprememastertv.com/kr/bbs/board.php?bo_table=sos_video_kr&wr_id=74&goto_url=

5 How many species are we losing?, http://wwf.panda.org/about_our_earth/biodiversity/biodiversity/2013. 8.1 다운).

6 '70년 대에 서구에서 출현한 에코페미니즘보다는 불교나 노자 같은 오래된 아시아의 생태·생명 철학과 참으로도 깊고 웅대한 '살림' 이란 언어를 발화한 우리 여성 선조들의 얼과 그 할머님들이 일구어 놓은 살림 문화 토양 위에서 생태여성주의를 할 수 있다고 판단했고 이를 생명여성주의로 칭했다. 근데 박사논문을 쓸 당시 내심 쓰고 싶은 말은 살림여성주의였다. 하지만 주류 학계로부터 여성학의 학문적 정체성이 지속적으로 의심받고 있는 여성학 박사과정 초기의 연구자는 좀 더 그럴듯하게 학문적으로 보여야 했고 그래서 타협으로 선택한 언어가 생명여성주의였다. 이제는 살림여성주의라는 말을 눈치 볼 것 없이 쓴다. 사실 여성 공공 살림꾼들이 1995년 북경대회에 참여하기 전 한국 여성 살림꾼들의 입장을 정리한 문건에서 환경과 개발 위기를 극복할 수 있는 새로운 개념으로 제시한 것이 '살림' 이었고(여성과 환경, 지속 가능한 개발에 관한 한국 NGO 네트워크, 1995: 132-133). 고인이 되신 공공 살림꾼들의 대모(大母) 박영숙 선생님이 만든 마지막 단체도 '살림정치행동' 이었다. 최근 여성주의 의료생협을 표방하는 살림의료생협의 활약도 눈부셔 보인다.

마찬가지로 보다 일반적인 용법대로 쓰자면 살림문화라는 용어 대신 생태문화나 생명문화라는 말을 썼어야 할 것이나, 궁극적인 생태 가치는 '(온 생명을) 살림' 이라는 점에서 나는 이 책에서 이들 용어 보다는 '살림문화' 라는 말을 쓰고자 한다. 살림여성주의는 사상적 지평은 인본주의를 넘어선다. 온 생명이 아픔을 느끼고 보며 그 중심에는 패권적인 남성중심주의가 있다고 본다. 살림여성주의자 살림꾼들의 사상적 자양분은 동서양의 다양한 생태·생명 사상이되, 이들은 살림꾼으로서의 체험과 감수성을 공유한다. 살림/생명 여성주의에 대한 이론적 논의는 졸저(2005, 1장과 2011)' 의 두 책을 참고할 수 있다.

7 2004년 기준으로 북미와 유럽은 전 세계 인구의 12%가 살고 있으면서 전 세계 물자와 서비스의 60%를 소비하고 있다. 반면, 세계 인구 3분의 1이 사는 남아시아와 사하라 이남 아프리카는 3.2%만 소비하고 있다(Worldwatch Institute, 2004). 전 세계 인구의 60%를 차지하는 아시아인의 20%는 약 1달러 이하로 절대 빈곤층을 형성하고 있다. 또한 아시아 빈곤층의 70퍼센트는 여성들이다.

8 여기서 빈곤은 전체 가구의 중위소득(가구균등화 가처분 소득) 수준의 50% 이하 소득 수준을 가지고 있는 경우를 지칭한다.

9 보통 '의제 21' 로 불리며 이하에서는 이렇게 칭함.

10 여성환경연대가 편저한 『여성이 짜는 세상』에 '행동의제 21' 의 24장과 '북경여성대회 행동강령 K장 여성과 환경' 의 전문이 번역, 소개되고 있다.

11 http://gen.ecovillage.org/about/index.html

12 http://www.gaia.org/gaia/ecovillage/whatis/

13 사회적 차원은 공동체 차원을 의미한다. 생태마을은 그것에 의해 사람들이 부양받고 있다는 것과 책임감을 느끼는 공동체들이다. 생태마을은 집단에 속해 있다는 깊은 소속감을 제공한다. 모든 사람들이 안전하고 힘이 있다고 느낄 수 있을 만큼, 또한 투명한 기초 위에서 그들 자신의 삶과 공동체 삶에 영향을 미치는 결정을 해가는 데 참여할 수 있을 만큼 충분히 작아야 한다.(http://gen.ecovillage.org/about/index.html). 웬델 베리(Wendell Berry)는 공동체를 한 장소에서 함께 살며 계속 그렇게 살아가기를 희망하는 사람들의 단체와 공통의 이해관계를 의미한다고 말한다. 다시 말하면, 공동체는 한 지역의 사람들과 문화, 경제, 자연의 상호 의존 관계다.(2004: 134) 생태적 차원은 사람들이 살아 있는 지구와의 개인적 연관을 경험하는 것이다. 사람들은 흙, 물, 바람, 식물과 동물과 매일 상호 교류하는 것을 즐긴다. 이것들은 음식, 옷, 보금자리와 같이 사람들이 매일 필요로 하는 것들을 제공한다(http://gen.ecovillage.org/about/index.html).

14 '새로운 창조 엔진' 영국의 싱크탱크(http://magazine.hankyung.com/apps/news?popup=0&nid=22&nkey=2011101100828000231&mode=sub_view(2012.3.20 다운).

15 http://gen.ecovillage.org/index.php?option=com_content&view=article&id=119&Itemid

=216(2012.3.20 다운).

16 이때의 감정은 마음의 고양, 영적 각성의 효과를 갖는 감정을 일컬을 것이다.

17 국제 관광이 대중화되기 시작한 것은 바로 1960년대의 일이었는데 그러나 이마저도 국경을 넘는 관광이라 대부분 북부 유럽 사람들이 스페인, 아프리카 등지로 햇빛이 부족한 북유럽 국민들이 남쪽으로 싼 햇빛을 구매하기 위한 일방향의 한정된 여행이었다(Greg Richards, 11-13쪽: 신지영, 2010 재인용).

18 유럽의 문화도시는 문화적 맥락을 바탕으로 문화 존중 풍토, 문화적 환경 등의 문화 토양이 자연스럽게 형성된 도시이다. 이를 바탕으로 다양한 도시 문화 컨텐츠를 수용하고 여기에 문화 거점으로서 박물관, 공연장, 문화 거리, 문화산업 클러스터 등이 곳곳에 입지해 있다. 이러한 사회적 분위기 속에서 유럽의회에서는 '문화유산의 보존과 유럽의 문화적 통합에 기여한 도시'를 1985년부터 매년 문화도시로 지정해 오고 있다(전영옥, 김재윤, 2006: 4-5, 23).

19 http://www.copperwiki.org/index.php/Fair_Trade_Tourism

20 http://www.cittaslow.net/index.php?method=section&id=2017&title=Philosophy

21 "그 남녀가 서로 결혼하여 몇 대를 거치는 사이에 족속이 불어나 각각 삼천 사람이 되었다. 이로부터 열두 사람의 시조는 각각 성문을 지키고, 그 나머지 자손은 향상을 나누어 관리하며 하늘과 땅의 이치를 바르게 밝히니, 비로소 역수(曆數)가 조절되었다."(박제상, 2004:31).

22 이 글과 다음 글은 『통일인문학 논총』제51집(2011.5)에 실렸던 「생태문화로서의 예술 이해」라는 글을 다소 수정한 글이다.

23 佛者心淸淨是. 法者心光明是 道者處處無애淨光是. 三卽一, 皆是空名, 而無寔有. 如眞正道學人念念心不間斷.(『임제록』:205)

24 천지는 영원무궁하다. 천지가 영원무궁할 수 있는 까닭은 자신을 위해 사는 존재가 아니기 때문에 영원히 살 수가 있다.(天長地久. 天地所以能長且者, 以其不自生, 故能長生.(『노자』7장) 이외에도 9, 29, 37, 44, 46장 참고.

25 何謂貴大患若身 伍所以有大患者 爲吾有身 及吾無身 吾有何患(『노자』13장).

26 『장자』「추수(秋水)」편에 나오는 개구리와 거북이의 우화이다. 개구리는 우물 안을 지극한 경지로 자랑하다가, 자라는 망설이면서(개구리가 알아들을 수 있을까 하는 마음에) 거리와 깊이를 말할 수 없는 자기가 사는 망망대해 동해에 대해 들려 준다. 우물안 개구리는 이 말을 듣고 놀라서 얼이 빠져 버린다.

27 天地與我竝存, 而萬物與我爲一. 旣已爲一矣, 且得無言乎?(『장자』「齊物論」).

28 내재론 존재론적 성향으로서의 합일에 대해서는 졸저(2011) 51~58쪽에서 좀 더 상세하게 논의하고 있다.

29 이는 우리가 예술의 대상을 1) 의지가 없는 순수한 인식 주관으로 의식한다는 것과 2) 대상
    에 대한 우리의 고찰이 근거율에 얽매이지 않고, 객관 자체에만 근거하고 있음을 의미한
    다(Schopenhauer, 1977〈홍성광 역, 2009: 353쪽〉).

30 '설 · 대보름 맞아 전남도내 세시풍속 다채'
    http://www.kbsn.kr/sub_read.html?uid=51916&section= , 2008.2.4(2012.3.10 다운).

31 http://www.igj.co.kr/news/articleView.html?idxno=6672)

32 '[강진] 대보름 풍년기원 행사 풍성'
    http://www.gwangjuin.com/news/articleView.html?idxno=72460, 2012.2.7(2012.2.10 다
    운).

33 '[강진군] 다채로운 정월대보름행사 열려-군동 '선돌감기', 마량 '영동별신제', 도암 '달집
    태우기', http://woorihim.com/him_pre/?cate_2=250100&uid=13693&start=4175,
    2012.3.10 다운).

34 구술 16~18과 구술 29의 구술 면접을 채록한 내용에 기반하여 집필함.

35 http://100.nate.com/dicsearch/pentry.html?s=K&i=299780&v=45(2012.3.10 다운).

36 남도에서는 무속인이 주재하는 굿만이 아니라 마을 사람들이 함께 참여하는 마을 의례,
    마을 놀이도 모두 '굿'으로 표현된다.

37 이 부분은 주로 구술 24의 자료에 근거하여 서술되었다.

38 신전들노래 전남도무형문화재 지정.
    http://www.gjon.com/news/articleView.html?idxno=8222, 2006.1.6(2012.3.5 다운).

39 '국악인 이종재 옹, 장단 속에 흠뻑 취해 보낸 인생…강진민요의 산 증인 우뚝'
    http://www.gjon.com/news/articleView.html?idxno=2196, 2003.7.3(2010.1.10 다운).
    '신전 들노래 예능보유자 이만동 옹 별세'
    http://www.gjon.com/news/articleView.html?idxno=20299, 2010.11.19(2012.3.5 다운).

40 '노인대학 전국대회 3관왕', http://www.gjon.com/news/articleView.html?idxno=2698,
    2003.10.13(2012.3.4 다운).

41 '국악인 이종재 옹, 장단 속에 흠뻑 취해 보낸 인생…강진민요의 산 증인 우뚝'
    http://www.gjon.com/news/articleView.html?idxno=2196, 2003.7.3.

42 '영동별신제'는 2008년 목포대 국문학과 라승만 교수가 전 과정을 영상 촬영하여 보관하
    고 있다.('[강진군] 다채로운 정월대보름행사 열려 - 군동 '선돌감기', 마량 '영동별신제',
    도암 '달집 태우기', '20088/02/22, http://woorihim.com/him_pre/?cate_2=250100
    &uid=13693&start=4175)

43 '영동별신굿'
    http://cafe502.daum.net/_c21_/bbs_search_read?grpid=17ewo&fldid=D1IV&contentval

=0000Gzzzzzzzzzzzzzzzzzzzzzzzzzz&nenc=&fenc=&q=&nil_profile=cafetop&nil_menu=
sch_updw(2007.2.2)

44 구술 13, 33, 34, 41 면접 자료에 바탕하여 서술됨.

45 강진 성전 '녹향월촌 강강술래단 떴다', 2010.11.11.

  http://www.namdonews.com/?xmode=contents&uid=290213&section=%EC%A7%80
%EC%97%AD

46 상감은 나무·도자·유리 등의 표면에 무늬를 파고 그 안에 금·은·나전·흙·보석·자
개 등을 넣어 채우는 장식 기법으로 가구공예·금속공예·나전칠기 등에 널리 사용되었
다. 상감청자는 도자기를 꾸미는 기법의 하나로 반 건조된 그릇 표면에 무늬를 음각한 후,
그 안을 백토(白土)나 흑토(黑土)로 메우고 초벌구이로 구워 낸 다음, 청자유(靑瓷釉)를 발
라 다시 구워 내는 재벌구이를 하여 무늬가 유약을 통해 투시되도록 제작된다. 상감기법
은 고려의 도공들이 처음 창안해 낸 방법이었다. 상감청자의 처음 제작 시기는 보통 12세
기 중엽으로 본다.

  (http://terms.naver.com/entry.nhn?docId=1109605&categoryId=200000888).

47 '강남 스타일'의 전 세계적 열풍은 좋아하는 그 노래가 노래를 그대로 불러 보는 노래방 문
화에서 한 단계에서 더 나아가 모방 욕구를 충분히 충족시킬 수 있는 춤−창조는 모방을
첫 단계로 한다−이 있고 더 나아가 마음만 먹으면 쉽게, 무한하게 패러디할 수 있는, 즉 손
쉽게 창조적 변형이 가능한 가사와 춤의 세트를 갖추고 있기 때문일 것이다.

48 신전상여소리 남도문화제 최우수상.

  http://www.gjon.com/news/articleView.html?idxno=12123, 2007.11.16.

49 정부의 농식품 수출 목표치는 △2008년 45억 달러 △2009년 53억 달러 △2010년 64억 달
러 △2011년 76억 달러 △2012년 100억 달러 △2017년 200억 달러. 반면 실제 농식품 수
출액은 △2008년 44억 달러 △2009년 48억 달러 △2010년 58억 달러 △2011년 59억 달러
(10월 30일 현재 확정치)에 머물러 있다('집중분석 - 농식품 무역의 현실, 'MB수출농업' 4
년 정산해 보니… '-92조 9056억원', http://www.nongupin.co.kr/news/articleView.
html?idxno=29714).

50 '집중분석 - 농식품 무역의 현실, 'MB수출농업' 4년 정산해보니… '-92조 9056억원''
  http://www.nongupin.co.kr/news/articleView.html?idxno=29714).

51 우석훈, '농업, 정치의 중심으로' (경향신문, 2011.8.23)

52 「농림어업총조사」2010; '고향 마을이 사라졌다'
  http://www.seoul.co.kr/news/newsView.php?id=20090120001011, 서울신문, 2009.1.
20.

53 http://kosis.kr/wnsearch/totalSearch.jsp(2012.3.10 다운).

54 '지난해 귀농 · 귀촌 가구 사상 최고인 10,503가구, 23,415명'
http://www.krdf.or.kr/xe/?document_srl=36257&mid=krdf_information&sort_index=re
gdate&order_type=desc(2012.3.25 다운).

55 2013년까지의 영국 농업정책은 혁신적이고 경쟁력 있는 농업 및 식품 산업 육성, 환경 보
전과 동물 복지 기여, 농촌 지역사회의 지속성 등 세가지에 목적을 둔다.

56 '농업, 해외서 길을 묻다 … 영국, 영국의 핵심, 농촌 정책…경관을 보전하자.
http://women.nongupin.co.kr/news/quickViewArticleView.html?idxno=8520(2012.3.28
다운).

57 "해외식량기지 건설은 해외판 삽질"-『이야기가 있는 경제』, 윤병선 교수, "애정 없는 경제
학이 위기 불렀다"
http://www.pressian.com/article/article.asp?article_num=60090902155335

58 '취업대신 '취농' …일본 젊은이들 '농촌 보내주오' 열풍.
http://www.hani.co.kr/arti/international/japan/534076.html(2012.5.22.다운).

참고문헌

1. 원전과 해설서

『쌍윳타 니까야』(Saṃyutta-Niākaya)7권, 전재성 역, 한국빠알리성전협회, 1999.

『원불교전서』, 원불교 교화훈련부, 원불교출판사, 2008.

『감산의 노자 풀이』, 오진탁 옮김, 서광사, 1990.

『임제록』, 야나기다 세이잔(주해), 일지(역), 고려원, 1993.

『장자』(內篇)(外篇), 한용득 역해, 홍신신서, 1993.

『부도지』, 박제상 지음. 김은수 번역 · wngO, 서울: 한문화, 2004.

『삼국유사』

2. 논문과 저서

강동욱, 「지역문화단체의 새로운 흐름 - 경남권 문화예술단체를 중심으로」, 거창국제연극제를
   중심으로」, 진주지역문화포럼(2007. 9.1~2, 장소: 진주 큰들문화예술센터), 2007.

강진문화원, 「함동정월 재조명 연극제작을 위한 기초조사 자료집」, 강진문화원, 2009.

권은영, 「여성농악단을 통해 본 근대 연예농악의 양상」, 『실천민속학연구』Vol.11, 2008, 197-
   228쪽.

김기석, 이향규, 「구술사: 무엇을, 왜, 어떻게 할 것인가」, 서울대학교사범대학 「한국교육사고
   연구노트」제9호(창립 5주년 기념 연구노트 집성 합본호), 1998.

김미숙, 오수성, 「생애사 연구를 통해서 본 진도 여성의 삶과 예술」, 『남도민속연구』15집,
   2007.

김병수, 『사람에게 가는 길』, 마을의 숲, 2007.

김봉준, 「지역문화예술의 이해」, http://cafe.daum.net/sanary (2010.9.6 다운), 2010.

김상수, 「강진의 문화관광개발 방향」, 『강진문화』제24호, 강진문화원, 2006.

김성례, 「무속전통론의 창출과 유용」, 『동아시아의 근대와 민속학의 창출』, 이상현 외, 민속원,
   2009.

김수남, 「모든 이들이 예술가더라-아시아의 여러 민족들」, 『한국의 생명담론과 실천운동』(세
   계생명문화포럼-경기2004자료집), 생명과평화의 길, 경기문화재단, 291-298쪽, 2004.

김용호, 「여성과 공예문화산업」, 「지구화시대 여성 임파워먼트: 아시아 여성과 공예」
   (Women's Empowerment in the Age of Globlaization: Asian Women and Craft), 2010
   International Symposium, 2010.11.12(금), 이화여자대학교아시아여성학센터 주최, 15-
   16쪽, 2010.

김자현, 「강진군 병영면 지로리 지로마을 당산제」, 『남도민속연구』16집, 남도민속학회, 2008.

김정희, 『생명여성정치의 현재와 전망』, 서울: 푸른사상, 2005.

김정희, 『불교 여성 살림』, 서울: 도서출판 모시는사람들, 2011.

김정희, 『생명여성정치의 현재와 전망』, 푸른사상, 2005.

김정희, 신지영, 김주혜, 「2009 양성평등 지역문화 확산사업 평가·컨설팅 연구」, 문화체육관
광부, 2010.

김지하, 『김지하 전집3-미학사상』, 서울: 실천문학, 2002.

김희만, 「원교 이광사아 백련사 편액」, 『강진문화』24, 강진문화원, 2006.

나승만, 「부활하는 대지의 소리, 강진 들노래의 현장기록」, 『부활하는 대지의 소리-강진 들노
래』, 나승만·이경엽·이윤선, 강진군·목포대학교 도서문화연구소, 2003.

나승만, 이경엽, 「강진의 농경문화와 들노래」, 『부활하는 대지의 소리-강진 들노래』, 나승만·
이경엽·이윤선, 강진군·목포대학교 도서문화연구소, 2003.

로지 브라이도티, 에바 챠르키에비츠, 자비네 호이슬러, 자스키아 비에링가, 『여성과 환경 그
리고 지속 가능한 개발』, 서울;도서출판 나라사랑, 1995.

미하이 칙센트미하이, 최인수 옮김, 『Flow : 몰입, 미치도록 행복한 나를 만난다』, 서울 : 한올
림, 2004.

박영자, 『이데올로기에 갇힌 해남의 근·현대사』, 해남신문사, 2005.

박원순, 『마을에서 희망을 만나다』, 서울: 검둥소, 2009.

박창호, 「폐교를 통한 지역문화공동체의 모색」, 지역문화발전을 위한 전국문화단체 활동가 대
회(2005. 9.3 지역문화네트워크 주최, 전라남도 장흥군 유치자연휴양림), 2005.

박홍주, 「삼신세상의 구현체로서의 굿」, 『한국의 생명담론과 실천운동』(세계생명문화포럼-경
기2004자료집), 생명과평화의 길, 경기문화재단, 257-282쪽, 2004.

백계현, 「강진군 작천면 평리 하평마을 당산제」, 『남도민속연구』16집, 남도민속학회, 2008.

백미영, 「강진군 옴천면 정정리 송용마을 당산제」, 『남도민속연구』16집, 남도민속학회, 2008.

사를렌느 스프레트낙, 프리초프 카프라, 강석찬 옮김, 『녹색정치 : 전지구적 위기에 도전하는
녹색당의 이념과 활동』, 서울 : 정신세계사, 1990.

서해숙, 「강강술래의 생성배경과 기능」, 『남도민속연구』3집, 1995.

송승환, 「내 고향 강진 의미찾기」, 『강진문화』제26호, 강진문화원, 2008.

송준·나경수·이소영, 「강진군 군동면 파산리 생동마을 세시풍속」, 『남도민속연구』16집, 남
도민속학회, 2008.

신지영, 「지구화 시대 베트남 공예와 여성」, 『한국여성학』제27권 2호, 73-101쪽, 2011.

심광현, 「한류의 미학적 특성과 문화정치적 의미」, 「한류의 미학적 근원과 발전 방향」, 생명과
평화의 길, 경기문화재단, 21-38쪽, 2005.

아르투어 쇼펜하우어, 홍성광 옮김, 『의지와 표상으로서의 세계』, 서울: 을유문화사(Arthur Schopenhauer, Die Weltals Wille und Vorstellung, Diogenes, 1977), 2009.

양보경, 「경기지역 향토문화의 이해」, 『경기지역 향토문화의 이해』, 서울:한국정신문화연구원, 1997.

양효실, 「유럽 미술관에서 엉엉 울다」, 시사IN 2011.8.20, 2011.

에른스트피셔, 한철희 옮김, 『예술이란 무엇인가』, 서울: 돌베개(Ernst Fisher, The Nessity of Art, Penguin Books, London, 1978), 1984.

엘렌 디사나야케, 김한영 옮김, 『미학적 인간 : 호모에스테티쿠스』, 고양 : 예담, 2009.

여성과 환경, 지속 가능한 개발에 관한 한국 NGO 네트워크, 「여성과 환경, 그리고 지속 가능한 개발」, 1995.

여성환경연대, 『여성이 새로 짜는 세상』, 서울: 박영률 출판사, 2001.

오일영, 「기후변화와 우리나라의 대응현황」, 「우리와 다음」46호, 환경정의시민연대, 2007.

원용호, 『검은 땅에서 꿈을 캐다-태백에서 전하는 한국판 몬드라곤 이야기』, 서울: 이매진, 2009.

웬델 베리, 문채원 · 정혜정 옮김, 『희망의 뿌리』, 서울:산해, 2004.

유홍준, 『나의 문화유산 답사기』, 서울:창작과 비평사, 1993.

윤택림, 「기억에서 역사로: 구술사의 이론적, 방법론적 쟁점들에 대한 고찰」, 『한국문화인류학』25집, 1995.

이경엽, 「서남해의 여성 주체의 신앙과 의례」, 『남도민속연구』8집, 2002.

이동옥, 「생태여성과 여성의 지역문화: 태국의 Elephant Nature Park를 중심으로」, 아시아여성학센터 포럼, 2010.12.23

이미영, 「수공예와 여성의 경제, 사회적 성장」, 「지구화시대 여성 임파워먼트: 아시아 여성과 공예」(Women's Empowerment in the Age of Globlaization: Asian Women and Craft), 2010 International Symposium, 2010.11.12(금), 이화여자대학교아시아여성학센터 주최, 15-16쪽, 49-50쪽, 2010.

이영숙, 「여성과 자연의 관계, 여성적 원리의 지역맥락성: 한국여성활동가들의 경우」, 『지구화시대의 현장 여성주의』, 서울: 이화여자대학교출판부, 2007.

이옥희, 「강진군 칠량면 송로리 구로마을 당산제」, 『남도민속연구』16집, 남도민속학회, 2008.

이윤선, 「강진 들노래의 음악적 특징」, 『부활하는 대지의 소리-강진 들노래』, 나승만, 이경엽, 이윤선, 강진군 · 목포대학교 도서문화연구소, 2003a.

이정덕, 「생태문화의 개념과 범주에 대한 일고찰」, 『아시아 생태문화』, 문화체육관광부 아시아문화중심도시추진단, 문화체육관광부, 2009.

이춘아, 「여성문화 활동의 현황과 전망」, 『지역, 문화 그리고 여성』, 대전문화연대, 2006.

이해준, 「문화시대와 지방문화원의 역할」, 『강진문화』제24호, 강진문화원, 2006.

이황복, 「강진만 수산업의 나아갈 길」, 『강진문화』제24호, 강진문화원, 2006.

임세경, 「강진군 군동면 금사리 덕마마을 당산제」, 『남도민속연구』16집, 남도민속학회, 2008.

임재해, 『지역문화와 문화산업』, 서울: 지식산업사, 2000.

임재해, 『지역문화 그 진단과 처방』, 서울: 지식산업사, 2002.

잰 코언-크루즈, 권영진 옮김, 『지역예술운동-미국의 공동체 중심 퍼포먼스』, 미메시스(Jan Cohen-Cruz, 2005: Local Acts: Community-Based Performance in the United States), 2009.

전민규, 「큰들 공동체와 지역주민의 문화예술교육 사례-거창국제연극제를 중심으로」, 진주지역문화포럼(2007.9.1~2, 진주 큰들문화예술센터), 2007.

전병태, 「공동체예술과 지역문화의 새로운 흐름-영국의 공동체예술 지원정책을 중심으로, 거창국제연극제를 중심으로」, 진주지역문화포럼(2007.9.1~2, 진주 큰들문화예술센터), 2007.

전영옥, 김재윤, 「신문화도시 전략과 시사점」, 삼성경제연구소, 2006.

전진성, 「경제·문화적 발전과 여성 역량강화 도구로서의 공예」, 「지구화시대 여성 임파워먼트: 아시아 여성과 공예」(Women's Empowerment in the Age of Globlaization: Asian Women and Craft), 2010 International Symposium, 2010.11.12(금), 이화여자대학교아시아여성학센터 주최, 15-16쪽, 51-63쪽, 2010.

정명철, 「강진군 작천면 야흥리 부흥마을 당산제」, 『남도민속연구』16집, 남도민속학회, 2008.

정수진, 이상현 외, 「무형문화재의 창출」, 『동아시아의 근대와 민속학의 창출』, 민속원, 2009.

정윤섭, 『해남』, 향지사, 1997.

제임스 러브럭, 홍욱희 옮김, 『가이아의 시대-살아 있는 우리 지구의 전기』, 범양사출판부, 1993.

조경만, 「교섭과 체현 속의 자연, 몸, 의례와 예술」, 『아시아 생태문화』, 문화체육관광부 아시아문화중심도시추진단, 문화체육관광부, 2009.

조연현, 『세계 어디에도 내 집이 있다: 나를 찾아 떠나는 여행 2』, 서울: 한겨레신문사, 2002.

조호연, 「동네에서 예술하기」, 「2010 희망이 있는 인문예술콘서트 동북시민학교」, 덕성여대 인문대학, 2010.

짐 아이프, 김형석·여지영 옮김, 『인권과 사회복지실천』, 인간과 복지(Jim Ife, *Human Rights & Social Work*, Cambridge: Cambridge Uni, 2001.)

차영순, 「여성과 공예문화산업」, 「지구화시대 여성 임파워먼트: 아시아 여성과 공예」(Women's Empowerment in the Age of Globlaization: Asian Women and Craft), 2010 International Symposium, 2010.11.12, 이화여자대학교아시아여성학센터 주최, 1-14쪽,

2010.

최상일, 「민요 속에 나타난 공동체 문화」, 『한국의 생명담론과 실천운동』(세계생명문화포럼-경기2004자료집), 생명과평화의 길, 경기문화재단, 283-290쪽, 2004.

폴 톰슨, 「과거로부터의 목소리」, 「기억으로로부터 역사쓰기: 구술사 논문모음집」(미간행)(Thompson, Paul, "The Voice of the Past: Oral History", in Robert Perks and Alistair Thompson, eds., *The Oral History Reader*, New York: Routledge, 1998), 2005.

표인주, 「남도 지역축제의 현황과 특징」, 『중앙민속학』제11호, 143-65쪽, 2006.

하이데거, 『형이상학이란 무엇인가』, 박영사, 1961.

한국보건사회연구원, 「사회양극화의 실태와 정책과제」, 2007.

한국여성정책연구원, 「한국여성노인현환」, 2011.

한도현, 박승현 외, 「2단계, 5개년 창조시민, 창조공간, 창조도시」, 성남문화재단, 2009.

한미옥, 「강진군 성전면 수양리 수암마을 당산재」, 『남도민속연구』16집, 남도민속학회, 2008.

해남군, 「해남군의 문화유적」, 해남군, 1986.

허영란, 「구술과 문헌의 경계를 넘어서」, 『현황과 방법: 구술, 구술자료, 구술사』, 구술사편찬위원회, 2004.

홍백의, 김혜연, 「빈곤의 여성화: 경향 및 원인」, 『한국사회복지학』59권 3호, 2007.

환경부, 「지속가능하고 성인지적인 환경 거버넌스의 기반조성 연구」, 2004.

Snyder, Gary, "Bioregional Perspectives", *Home! A Bioregional Reader*, Van Andruss, Christopher Plant, Judith Plant and Eleanor Wright eds., Philadelphia: New Society Publishers.1990.

Berg, Peter and Raymond Dasmann, "Reinhabiting California," The Ecologist 7, No 10, 1977.

Booth, Annie, "Way of Knowing: Acceptable Understandings", The Trumpeter Vol 16, No 1, 2000.

Kheel, Marti, "Ecofeminism and Deep Ecology: Reflections on Identity and Difference," *Reweaving the World*, Diamond I. and Orenstein G.F. eds., San Francisco:Sirra Club, 1990.

King, Ynestra, "The Echology of Feminisms and the Feminism of Ecology," Healing the Wounds, ed. Judith Plant, Philadelphia:New Society Publishers, 1989.

King, Ynestra, "Healing the Wounds: Feminism, Ecology and the Nature/Culture Dualism", *Reweaving the World*, Diamond I. and Orenstein G.F. eds., San Francisco:Sirra Club, 1990.

Nguyen Phung Le, "Negotiating Female Role and Space in Traditional Craft in a Craft

Village, Northern Vietnam", presented in '2010 International Symposium: Women's Empowerment in the Age of Globalization: Asian women and Craft'(2010.11. 12, LG Convention Hall, Ewha Womans University), 2010.

Plant, Judith, "Searching for Common Ground: Econofeminism and Bioregionalism," *Reweaving the World*, Sanfrancisco: Sierra Club Books, 1990a.

Plant, Judith, "Revaluing Home: Feminism & Bioregionalism", *Home! A Bioregional Reader*, Van Andruss, Christopher Plant, Judith Plant and Eleanor Wright eds., Philadelphia: New Society Publishers, 1990b.

Richaards, Greg., ATLAS: Cultural Tourism in Europe, ATLAS, 2005.

Richaards, Greg, *Cultural Toruism*; Global and Local Perspectives, The Hawthorn Press, 2007.

Slicer, Deborah, "Wrongs of Passage; Three Challenges to the Maturing of Ecofeminism," *Ecological Feminism*, K. J. Warren ed., London: Routledge, 1994.

Snyder, Gary, "Bioregional Perspectives," *Home! A Bioregional Reader*, Van Andruss, Christopher Plant, Judith Plant and Eleanor Wright eds., Philadelphia: New Society Publishers, 1990.

UNWTO, *Tourism Highlights 2008 Edition*, 2008.

UNWTO, *Tourism Highlights 2012 Edition*, 2012.

Worldwatch Institute, *State of the World*, 2004.

Zimmerman, "Deep Ecology and Econofeminism:The Emerging Dialogue," *Reweaving the World*, Diamond I. and Orenstein G.F. eds., San Francisco:Sirra Club, 1990.

Zohar, Danah and Ian Marshall, SQ, New York:Bloomsbury Publishing. SQ 영성지능 : 인간 지능의 완성, SQ의 과학적 규명과 증진법 / 도나 조하, 이안 마셜 [공]지음 ; 조혜정 옮김, 2000.

3. 신문 · 인터넷 자료

「'문익점' 보다 800년 앞선 백제 면직물 발견 능산리 절터 출토 유물서」, 서울신문, 2010.7. 16.

Tammet, Daniel(2011), 'Different ways of knowing', http://www.ted.com/talks/lang/en/daniel_tammet_different_ways_of_knowing.html

http://www.copperwiki.org/index.php/Fair_Trade_Tourism

http://www.gjwoori.com/board/bbs/board.php?bo_table=woori04&wr_id=168&sca=%C6%F7%C5%E4%B4%BA%BD%BA&page=2)

http://www.nongupin.co.kr/news/articleView.html?idxno=29714).

http://www.nongupin.co.kr/news/articleView.html?idxno=29714).

http://www.seoul.co.kr/news/newsView.php?id=20090120001011, 서울신문, 2009.1.20.

http://kosis.kr/wnsearch/totalSearch.jsp(2012.3.10 다운).

http://www.krdf.or.kr/xe/?document_srl=36257&mid=krdf_information&sort_index=re
gdate&order_type=desc,(2012.3.25 다운).

http://women.nongupin.co.kr/news/quickViewArticleView.html?idxno=8520(2012.3.28 다
운).

http://www.pressian.com/article/article.asp?article_num=60090902155335

http://www.hani.co.kr/arti/international/japan/534076.html(2012.5.22 다운).

http://www.cittaslow.net/index.php?method=section&id=2017&title=Philosophy

http://magazine.hankyung.com/apps/news?popup=0&nid=22&nkey=20111011008280002
31&mode=sub_view, '새로운 창조 엔진' 영국의 싱크탱크(2012.3.20 다운).

http://gen.ecovillage.org/about/index.html, 'Culture/Spirituality: The Cultural/Spiritual
dimension of an ecovillage' (2010.1.10 다운).

http://www.gaia.org/gaia/ecovillage/whatis/

http://gen.ecovillage.org/index.php?option=com_content&view=article&id=119&Itemid=2
16(2012.3.20 다운)

http://www.yonhapnews.co.kr/society/2012/01/19/0706000000AKR20120119138600054.
HTML, 2012.1.19(2012.3.10 다운).

http://www.kbsn.kr/sub_read.html?uid=51916&section=, '설·대보름 맞아 전남도내 세시
풍속 다채', 2008.2.4(2012.3.10 다운).

http://www.gwangjuin.com/news/articleView.html?idxno=72460, '[강진] 대보름 풍년기원
행사 풍성', 2012.2 7(2012.2.10 다운).

http://woorihim.com/him_pre/?cate_2=250100&uid=13693&start=4175, '[강진군] 다채로운
정월대보름행사 열려-군동 '선돌감기', 마량 '영동별신제', 도암 '달집 태우기'(2012.
3.10 다운).

http://100.nate.com/dicsearch/pentry.html?s=K&i=299780&v=45(2012.3.10 다운).

http://www.igj.co.kr/news/articleView.html?idxno=6672

'How many species are we losing?'

http://wwf.panda.org/about_our_earth/biodiversity/biodiversity/(2013.8.1 다운).

찾아보기

남도 여성과 살림예술

등 록 1994.7.1 제1-1071
1쇄 발행 2013년 12월 20일

지은이 김정희
펴낸이 박길수
편집인 소경희
편 집 조영준
관 리 김문선
디자인 이주향
펴낸곳 도서출판 모시는사람들
      110-775 서울시 종로구 경운동 88번지 수운회관 1207호
전 화 02-735-7173, 02-737-7173 /팩스 02-730-7173

인 쇄 ㈜상지사P&B(031-955-3636)
배 본 문화유통북스(031-937-6100)
홈페이지 http://blog.daum.net/donghak21

이 도서의 국립중앙도서관 출판시도서목록(CIP)은 e-CIP 홈페이지
(http://www.nl.go.kr/ecip)에서 이용하실 수 있습니다.
(CIP제어번호:2013022635)